国家社科基金
后期资助项目

普通话声调感知研究
——以民族地区为例

陆尧 著

北京大学出版社
PEKING UNIVERSITY PRESS

图书在版编目（CIP）数据

普通话声调感知研究：以民族地区为例 / 陆尧著. ——北京：北京大学出版社，2025.6. ——ISBN 978-7-301-36118-4

Ⅰ.H116.4

中国国家版本馆CIP数据核字第2025F9P951号

书　　　名	普通话声调感知研究——以民族地区为例 PUTONGHUA SHENGDIAO GANZHI YANJIU——YI MINZU DIQU WEI LI
著作责任者	陆　尧　著
责 任 编 辑	宋思佳
标 准 书 号	ISBN 978-7-301-36118-4
出 版 发 行	北京大学出版社
地　　　址	北京市海淀区成府路205号　100871
网　　　址	http://www.pup.cn　新浪微博：@北京大学出版社
电 子 邮 箱	zpup@pup.cn
电　　　话	邮购部 010-62752015　发行部 010-62750672 编辑部 010-62753027
印 　刷 　者	北京溢漾印刷有限公司
经 销 者	新华书店
	720毫米×1020毫米　16开本　15印张　292千字 2025年6月第1版　2025年6月第1次印刷
定　　　价	78.00元

未经许可，不得以任何方式复制或抄袭本书之部分或全部内容。
版权所有，侵权必究
举报电话：010-62752024　电子邮箱：fd@pup.cn
图书如有印装质量问题，请与出版部联系，电话：010-62756370

国家社科基金后期资助项目
出版说明

　　后期资助项目是国家社科基金设立的一类重要项目，旨在鼓励广大社科研究者潜心治学，支持基础研究多出优秀成果。它是经过严格评审，从接近完成的科研成果中遴选立项的。为扩大后期资助项目的影响，更好地推动学术发展，促进成果转化，全国哲学社会科学工作办公室按照"统一设计、统一标识、统一版式、形成系列"的总体要求，组织出版国家社科基金后期资助项目成果。

全国哲学社会科学工作办公室

序　言

　　语言是人类用于交际的工具，随着人类的演化逐步形成。语言也是人类文化传承的载体，在人类演化和发展的历史进程中起着至关重要的作用，可以说没有语言就没有人类今天的文明。语言的重要性很早就被人们所认识，在此基础上，语言学应运而生。由于涉及人的思维和信息的传递，语言学也是一门极其复杂和深奥的学问。语言学将语言的研究分为语音学、音位学、词汇学、句法学、语义学等学科，推动了人类对语言本质的认识。在这些学科中，语音学和音位学主要研究人类语言信息的传递方式，语音学通过记录语言口语材料，采用音位学的方法对语言的音位系统进行构建，并开展语言学的研究，可以说语音学和音位学是语言学的基础。

　　传统的语音学主要是"口耳之学"，通过听音、辨音、模仿和记音来进行语言的调查和记录，在大量调查语言语音材料的基础上构建语言的音位系统。音位学主要是研究语言音位系统的构建，传统的音位学主要是基于语言学的结构主义理论和方法。结构主义音位学在长期的语言学研究实践中被证明是一种操作性较强、能有效地构建语言音位系统的方法，至今还在使用。虽然结构主义音位学在语言学的调查和研究中起了非常重要的作用，但结构主义音位学的原理和方法在处理不同的语言时也显现出了一些问题。如，当不同的研究者去调查同一种语言或方言时，人们惊奇地发现调查到的音位系统常常不完全相同。这就产生了一个疑问，为什么同一个语言会有不同的音位系统？研究发现，语言的音位系统在语言的演化过程中形成了结构上的复杂分布，其中最常见的是互补分布。因此，基于结构主义的理论和方法，在构建音位系统时就出现了选择上的两难现象，如，藏语拉萨话的声调来源与声母和塞尾有关，声调的调型有6个，但它们与声母和塞尾形成互补，因此，在声调的音位系统构建上，有学者处理成2个声调，有学者处理成4个声调，还有学者处理成6个声调。类似的情况在汉藏语的音位构建中经常出现，这个问题在结构主义音位学层面上很难解决，为此赵元任先生写了《音位标音法的多能性》一文对此进行了解释，认为这种处理音位的方法不是对和错的问题，而是好与差，或者是是否适合自己研究需要的问题。从结构主义音位学理论的角度，这种观点是正确的。赵元任先生的这篇经典论文结束了大家的争论，但问题并没有解决。

语音学研究的是语言信息承载的物质部分。随着科学技术的进步，语音的实证研究得到了迅速发展，形成了声学语音学、生理语音学、语音信号处理技术、病理语音学、司法语音学、语音合成技术等。这些技术和语音学理论及方法的发展，促进了现代语音科学的形成，为解决结构主义音位学中的问题带来了曙光。二十世纪六七十年代，美国哈斯金斯实验室的科学家们利用电子技术做了一台电子语音合成器，由于当时还没有语音数字信号处理技术，无法提取语音合成所需要的精确的参数，这台语音合成器的输入是在透明胶片上画出的简单的语图特征。利用这台语音合成器，语音学家合成了不同元音、辅音、声调等两个音位之间的语音连续体，并进行了听辨实验，发现两个音位之间存在音位感知的边界，并发现了"连续感知"和"范畴感知"两种感知的模式，这些研究为认知音位学奠定了基础。

首先，认知音位学认为，同一母语人群具有一个统一的音位系统，而不是多个，因此，需要解决结构主义音位学无法确定某些音位的问题。基于语言合成技术和语音感知的研究方法，语音学家解决了音位处理中多重选择的难题。其次，认知音位学认为，语言的音位系统是一个认知系统，而不是单纯的结构系统，因此，基于音位感知的研究为建立基于感知的音位结构系统奠定了基础。另外，认知音位学还发现，母语的音位系统对二语音位系统的习得有很大的影响。这些基于语音感知和认知的研究推动了语言学理论和方法的发展。

陆尧的这本专著对汉藏语系的藏语拉萨话、藏缅语族的载瓦语、苗瑶语族的石门坎苗语、侗台语族的德宏傣语和阿尔泰语系满–通古斯语族的延边朝鲜语的母语者感知汉语普通话声调的情况进行了研究，在方法上基于认知音位学的理论，采用现代语音信号处理技术合成汉语声调的语音连续体，通过语音感知实验，在理论上做了如下探索：

1. 深入探讨了音位范畴、范畴感知的判断与比较标准。首先认为"音位范畴"与语音的"范畴感知"应当区分开来；其次，通过感知边界宽度来确认是否建立了音位的范畴；最后，将区分波峰分为尖峰型、平台型和平缓型三类。

2. 分析了不同民族地区人群对普通话声调的感知模式及感知距离，并通过聚类分析，发现从感知范畴化程度上，各组民族地区发音人的感知范畴化程度都弱于普通话母语者。

3. 验证了母语声调系统中的基频对二语声调感知的影响。首先，发现各民族母语者对汉语普通话上声的声调范畴都感知困难；其次，具有更为复杂声调系统的语言背景者对感知二语声调范畴化程度没有实质性的帮助。

4. 发现了母语声调系统中的发声类型对二语声调感知的影响，即在声调感知中声调的感知范畴具有多区别性特征，并都具有语言学意义。

中国的语言大部分属于汉藏语系，声调是汉藏语言音位的主要特征，这项研究紧跟现代语言学的学科前沿，采用了声学分析、语音合成和语音心理感知的方法，抽样选取了汉藏语系和阿尔泰语系的 5 个不同的语族的语言，通过实证的感知研究从理论上探讨了"音位范畴"和"范畴感知"的概念和定义，"连续感知"和"范畴感知"对音位感知范畴的贡献和意义，以及不同民族地区语言声调系统对汉语普通话二语声调系统的习得的影响，这种二语声调系统的习得涉及语言的接触和演化的感知以及认知特性。

因此，这本研究专著除了揭示了认知音位学的基本概念、定义和特性外，也为语言感知理论和语言演化问题的深入研究提供了新的证据，为深入探究中华民族语言接触、交融和融合的复杂层次，以及结构功能和内在规律提供了理论依据与材料支撑，对民族地区普通话的声调教学有较强的指导和借鉴意义，是一本非常优秀的语言学研究专著。

孔江平
2025 年 2 月 10 日
于北京大学李兆基人文学院

前　言

在人类语言演化的长河中，不同的语言逐渐形成了各种不同的音位系统。人类天生即具备识别多种语言、同时学习多种语言的能力。因此，有不少群体建立了不止一种音位系统，来进行群体间的沟通和交流。不同的音位系统在人脑中是如何工作的，相互之间又有何影响，一直是学界关注的问题。从声调的角度上来看，大量研究已经证实，母语经验能够影响声调的感知。但是声调语言经验对非母语声调的感知存在何种影响，目前尚无一致的结论，研究的分歧与研究对象的语言背景和语言习得水平有关，与研究范式和研究方法也有一定的关系。

众所周知，中国境内语言丰富，除了普通话，很多民族地区语言中都存在着声调系统，且与普通话的声调系统有着较大差异，甚至比普通话的声调系统更复杂。目前，对我国民族地区的人群进行普通话声调感知的研究并不鲜见，但将不同民族地区的人群对普通话声调的感知与习得进行系统性对照分析的却不多见。在国家通用语言文字推广普及的大背景下，如果能够对不同民族地区的人群进行普通话声调感知实验，不仅可以广泛考察声调语言母语者对非母语声调的感知模式，探讨其母语声调经验对非母语声调感知的影响，而且能对声调感知本身的内涵与确认标准进行广泛而深入的探讨。

为此，本书紧跟现代语言学的学科前沿，采用了声学分析、语音合成和感知实验的方法，抽样选取了五组被试，在国内首次开展了不同民族地区人群对普通话声调感知的实验研究。研究结果能够为语言感知理论和语言演化问题提供新的证据，为探究中华民族语言文字接触、交融和融合的复杂层次，以及结构功能和内在规律提供材料支撑，同时也为国家通用语言文字在民族地区的普及、教学和推广提供意见与建议。

目 录

第一章 研究综述 ……………………………………………… **1**
    一　语音的感知研究……………………………………………… 1
    二　声调的感知研究……………………………………………… 12
    三　前人研究中尚待解决的问题………………………………… 43
    四　本书研究意义、目的、内容………………………………… 44

第二章 研究方法 ……………………………………………… **45**
    一　实验材料设计………………………………………………… 45
    二　实验流程设计………………………………………………… 47
    三　数据分析方法………………………………………………… 48

第三章 普通话母语者对普通话声调的感知 ……………… **50**
    一　普通话声调系统……………………………………………… 50
    二　实验被试……………………………………………………… 50
    三　实验结果……………………………………………………… 51
    四　讨　论………………………………………………………… 59
    五　小　结………………………………………………………… 65

第四章 藏语拉萨话母语者对普通话声调的感知 ………… **66**
    一　藏语拉萨话声调系统………………………………………… 66
    二　实验被试……………………………………………………… 68
    三　实验结果……………………………………………………… 68
    四　讨　论………………………………………………………… 77
    五　小　结………………………………………………………… 88

第五章 德宏傣语母语者对普通话声调的感知 …………… **89**
    一　德宏傣语声调系统…………………………………………… 89
    二　实验被试……………………………………………………… 91
    三　实验结果……………………………………………………… 91
    四　讨　论………………………………………………………… 99
    五　小　结………………………………………………………… 108

第六章 载瓦语母语者对普通话声调的感知 …… **109**
    一　载瓦语声调系统 …… 109
    二　实验被试 …… 113
    三　实验结果 …… 113
    四　讨　论 …… 121
    五　小　结 …… 131

第七章 石门坎苗语母语者对普通话声调的感知 …… **133**
    一　石门坎苗语声调系统 …… 133
    二　实验被试 …… 136
    三　实验结果 …… 136
    四　讨　论 …… 144
    五　小　结 …… 155

第八章 延边朝鲜语母语者对普通话声调的感知 …… **157**
    一　延边朝鲜语语音系统 …… 157
    二　实验被试 …… 159
    三　实验结果 …… 159
    四　讨　论 …… 167
    五　小　结 …… 178

第九章 综合讨论 …… **179**
    一　各组被试对普通话声调的感知模式与感知距离 …… 179
    二　各组被试对普通话声调的感知范畴化程度 …… 186
    三　母语声调系统对被试普通话声调感知模式的影响 …… 191
    四　母语声调系统对被试普通话声调感知范畴的影响 …… 197
    五　再论声调范畴感知的判断和比较标准 …… 198

第十章 结　语 …… **203**
    一　研究成果 …… 203
    二　研究不足与展望 …… 209

参考文献 …… **210**
附　录　实验刺激基频值 …… **223**
后　记 …… **226**

第一章 研究综述

一 语音的感知研究

语言的发展与人类对世界的认知密不可分，人类区分世界上千差万别的各类事物的基本方式之一是"分类"，而这种分类的"心理过程"就是"范畴化"（categorization）。也就是说，我们在看到具体事物时，往往只会重视它们之间明显的区别性特征（distinctive features），而忽略掉其他羡余性特征，然后对相同或相似的事物进行归类，形成"范畴"，储存于我们的记忆之中。比如说，幼儿能够把绘本上出现的不同种类、不同颜色的兔子形象通通归为一类，把各个大小高低不同的椅子都归类为"椅子"。我们对语言的认知也是如此，比如说，每个人说话的声音都有高有低，哪怕是同一个人，在不同的情境中说话也会时高时低，但是我们在感知语音的时候，能把不同的人或者同一个人在不同时间、不同情境中所发出的高低有差别的声音归为少数的几类，并且描写出每种语言中语音的种类，也就是语音的"范畴"。那么，是不是我们对所有语音的感知模式都是类似这样范畴化的呢？究竟哪些是语音感知中的决定性因素呢？现代语音学为了讨论这些问题，通过合成语音样本，使其中的某个语音变量不断变化来进行实验。20世纪30年代，随着技术的不断进步，用电子方法合成语音开始成为可能。1939年，贝尔实验室（Bell Labs）的工程师Homer Dudley在纽约的世界博览会上展示了利用共振峰原理制作的早期语音合成器Voder。之后，美国耶鲁大学哈斯金斯实验室（Haskins Laboratories）的Cooper等人在Voder的基础上改进制造了Pattern Playback合成器。真正意义上的语音感知研究伴随着人工合成语音技术的发展开始兴起。

（一）辅音的感知模式

早期的感知研究主要集中在音段层面（辅音和元音）。哈斯金斯实验室（Haskins Laboratories）的Liberman et al.（1957）率先进行了辅音的感知实验。他们通过Pattern Playback合成器，改变第二共振峰音轨的频率（声学分析认为，塞辅音的感知主要是由后接元音第二共振峰的走向决定的,即由"音轨"的性质决定),以单元音 /a/ 为载体,合成了跨越 /b/、/d/、/g/ 三个塞辅音的 14 个声学连续统,如图 1-1 所示。之后,他们将这些合成的声学样本进行编排,通过识别和区分两项实验,分别播放给美式英语母语者进行听辨。识别任务为每次播放一个声音,要求被试判断听到的声音是 /ba/、/da/、/ga/ 中的哪个音节,选择为二选一的强迫选择。区分任务为 ABX 方式,即每次播放三个声音,B 为合成的连续统中与 A 相邻、相隔 1 个步长或相隔 2 个步长的声音,X 可能是 A,可能是 B,被试要判断所听到的 X 是 A 还是 B。对于每个语音刺激的连续统,这两个实验可以分别得到识别曲线和区分曲线。识别曲线是对每个刺激听成二者之一的音节的比率进行统计得到的,区分曲线是对每个刺激对被正确区分的比率进行统计得到的。

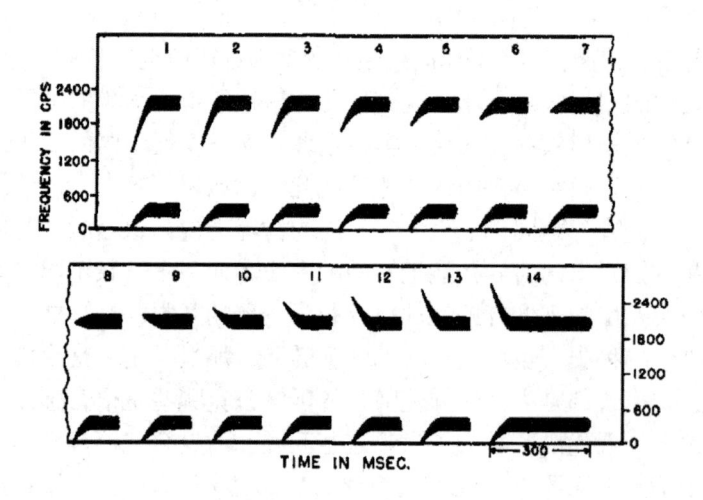

图 1-1 Liberman et al.(1957)合成的跨越 /b/、/d/、/g/ 三个塞辅音的 14 个声学连续统

资料来源:Liberman et al., 1957: The discrimination of speech sounds within and across phoneme boundaries, *Journal of Experimental Psychology*, 54(5): 358-368.

实验结果显示,被试在识别任务中能够清楚地将刺激连续统划分为 /b/、/d/、/g/ 三个范畴,范畴边界十分陡峭,区分任务正确率的峰值也正好对应于范畴边界处,如图 1-2 所示。根据实验结果,他们认为,被试对塞辅音的这种感知模式是范畴感知。

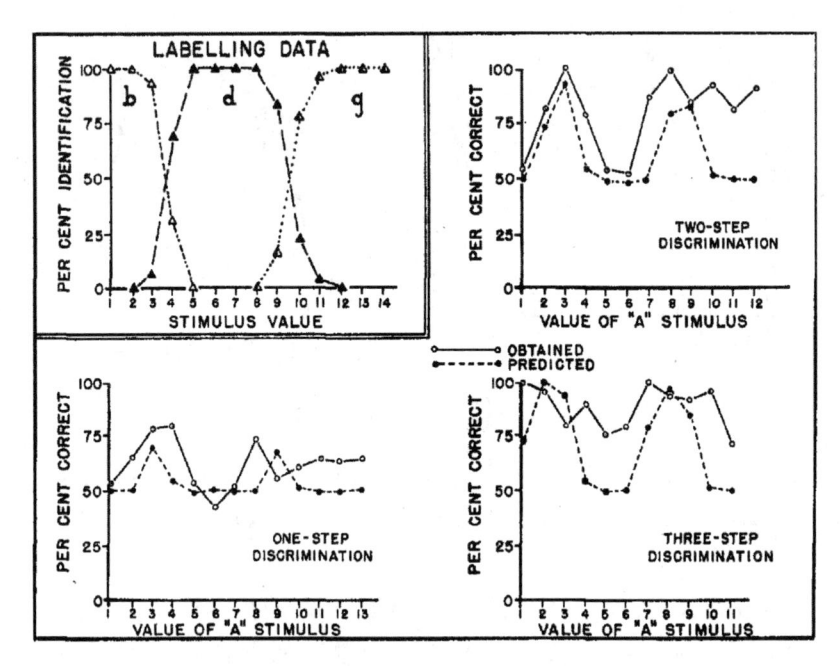

图 1-2　Liberman et al.（1957）的实验结果

说明：左上图为识别曲线，左下图、右上图、右下图分别为 1 个步长、2 个步长、3 个步长的区分曲线。

资 料 来 源：Liberman et al., 1957: The discrimination of speech sounds within and across phoneme boundaries, *Journal of Experimental Psychology*, 54(5): 358-368.

Liberman et al.（1961）也合成了从 /do/ 到 /to/ 的一系列连续统，然后通过识别实验和 ABX 区分实验让被试听这些声学连续统并作出判断，结果显示，被试对塞辅音 /d/ 到 /t/ 的感知是范畴感知。

近年来，Raizada et al.（2007）、Chang et al.（2010）等人的研究为辅音范畴感知的神经机制提供了支持证据。Chang et al.（2010）采用颅内高密度皮层脑电技术（High-Density ECoG）进行了 /b/、/d/、/g/ 三个塞辅音的感知研究，发现大脑中的颞上回后部（pSTG）确实能够快速地对辅音进行语音分类分析，并通过整合声学信号频谱特征来创建范畴感知。

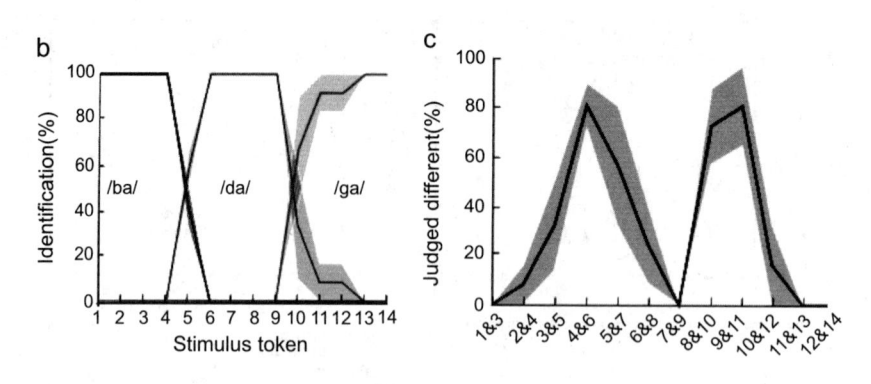

图 1-3　Chang et al.（2010）的实验结果

资料来源：Chang et al., 2010: Categorical speech representation in human superior temporal gyrus, *Nature Neuroscience*, 13:1428-1432.

　　Lisker & Abramson（1964）首次提出了辅音的一项声学特征——嗓音起始时间（voice-onset Time，VOT），即塞音闭塞的释放到后继元音嗓音开始振动之间的时间间距。利用这一特征，他们区分了英语中浊塞音、不送气清塞音和送气清塞音这三类辅音。随后，Lisker & Abramson（1970）通过改变 VOT，合成了辅音连续统，让母语为英语、西班牙语和泰语的人分别做听辨实验，结果显示，英语被试与西班牙语被试可以将 /b//p/、/d//t/、/g//k/ 区分为两类范畴，泰语被试能够将 /b//p/pʰ/、/d//t/tʰ/、/g//k/kʰ/ 区分为三类范畴，即浊音、不送气清音和送气清音。

　　其他学者也普遍认为，塞音的 VOT 和清浊的感知有密切的关系，如邓斯（1983）的实验从浊塞音 /d/ 改变 VOT 的长度，逐步合成到同部位的清塞音 /t/，让被试听辨，结果证明被试对清浊塞音 /d/、/t/ 的感知是范畴感知。还有人认为 VOT 和遗传有关，因为初生的婴儿对 VOT 都有较为相同的感知能力，如 Eimas et al.（1971）发现，1个月和4个月的婴儿已经能够对从 /ba/ 到 /pa/ 的 VOT 变化连续统建立起范畴感知。

　　在汉语普通话辅音的感知方面，也有不少学者进行了探讨。

　　上官雪娜（2003）认为，日本学习者能够在感知和发音中建立汉语普通话不送气音和送气音的两个音位范畴，并提出有关日本学习者习得汉语"送气"特征的假设：除了 VOT，日本学习者会调用基频（F0）信息来表征汉语"送气"特征，即用母语的清浊对立替代汉语的送气对立，以较低的基频（F0）与不送气音相对应，以较高的基频（F0）与送气音相对应。不过,她也认为,由于日语中的清塞音/塞擦音具有送气变体,这种语音经验对他们感知汉语普通话送气/不送气辅音有很大的帮助。

梅丽(2009,2010)通过实验研究泰国学习者对汉语普通话塞擦音的感知情况。结果发现,泰语学习者主要依据辅音发音方法(送气—不送气,塞擦—摩擦)特征,分别将汉语不送气塞擦音、送气塞擦音、擦音归入泰语相应范畴。这种知觉同化受到了语音环境(后接元音)的影响。因此,泰国学习者区分汉语三组塞擦音/擦音构成的辅音对比存在难度差异,最难区分送气塞擦音—擦音对比(发音部位相同),辅音发音部位对比次之(发音方法相同),送气塞擦音—不送气塞擦音对比最容易区分。泰国学习者对汉语舌尖齿龈塞擦音的产出好于舌尖硬腭塞擦音。

梅丽(2013)进一步通过知觉同化与知觉区分两个实验,分别探讨了元音环境和二语经验在泰语母语者知觉加工汉语普通话辅音中的影响,以及二语辅音知觉同化和区分的关系。结果显示,泰语母语者对汉语普通话辅音的知觉同化和区分受到元音环境的影响。

王茂林、陈容如(2021)考察了汉语"元—辅—元"组合内辅音的感知。他们将"元—辅"和"辅—元"部分分别截取不同长度的语音片段作为刺激进行感知实验,发现鼻音和不送气塞音仅凭过渡音征便可达到较高的感知正确率,不同的鼻音和擦音感知有较大的差异,送气塞音的感知效果较差。另外,该研究还考察了辅音感知的混淆模式,发现混淆是以过渡音征为依据的。

(二)元音的感知模式

由于元音第一共振峰(F1)和第二共振峰(F2)的频率基本上可以决定一个元音的音色,因此早期学界对元音的感知实验主要是通过改变元音共振峰结构来进行的。Fry et al.(1962)最早用哈斯金斯实验室(Haskins Laboratories)制造的 Alexander 合成器,改变了元音的第一和第二共振峰频率,合成了跨越 /i/、/ɛ/、/æ/ 三个元音的 13 个刺激连续统,如表 1-1 所示。

表 1-1　Fry et al.（1962）的研究中合成刺激的第一和第二共振峰频率

Formant Frequencies of the Synthetic Vowel Stimuli		
STIMULUS NUMBER	FIRST FORMANT	SECOND FORMANT
1	330	1980
2	380	1970
3	410	1960
4	460	1930
5	490	1910
6	500	1890
7	550	1880
8	580	1860
9	650	1860
10	700	1820
11	780	1820
12	830	1780
13	890	1760

资料来源：Fry et al., 1962: The identification and discrimination of synthetic vowels, *Language and Speech*, 5(4): 171-189.

8个被试听辨实验的结果显示，三个元音之间的识别曲线变化比之前 Liberman et al.（1957）的辅音实验结果要缓和得多，没有一个陡峭的范畴边界，区分曲线也没有在边界处形成一个明显的波峰，如图1-4所示。因此，文章认为元音的这种感知模式是连续感知。此后，还有其他相关研究都得到类似的结果，如 Pisoni（1973，1975）的研究等。

然而，也有一些学者认为，只有稳态的孤立单元音才呈现连续感知模式（Stevens et al., 1969），受外部因素影响（如语境、实验设计或听者的语言经验），单元音或复合元音感知能够出现类似范畴感知（categorical-like perception）的特点。

Pisoni（1975）发现，元音感知在某些特定的任务模式（如 ABX 区分实验）或语境因素影响下会呈现出某些范畴感知的特点。

Studdert-Kennedy（1976）对"辅—元—辅"音节结构（CVC）中的单元音和相应的孤立单元音（V）音节分别进行了识别和区分实验，发现 CVC 音节结构中的单元音感知的范畴性特点相对而言更为明显，说明了辅音环境对元音感知的影响。

Repp et al.（1979）、Healy & Repp（1982）等学者则直接比较了孤

立单元音感知和在外部语境影响下的单元音感知的不同,认为语境中单元音感知的范畴化程度更高。

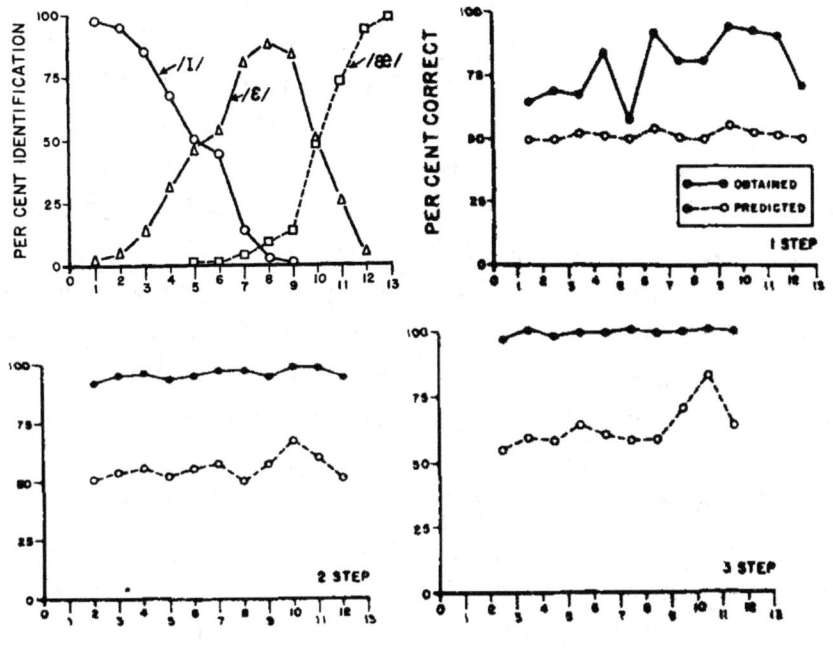

图1-4 Fry et al.(1962)的实验结果

说明:左上为识别曲线,右上为1个步长的区分曲线,左下为2个步长的区分曲线,右下为3个步长的区分曲线。

资料来源:Fry et al., 1962: The identification and discrimination of synthetic vowels, *Language and Speech*, 5(4): 171-189.

Cheung(2004)对汉语普通话中具有鲜明特色的两个舌尖单元音 /ʅ/ 和 /ɿ/ 进行了范畴感知研究,认为母语者对这两个汉语普通话舌尖单元音的感知是介于"范畴感知"和"连续感知"之间的第三种感知类型。实验结果还显示,第三共振峰(F3)是这两个单元音听辨中最为重要的感知线索,而第二共振峰(F2)只起到辅助作用。

刘掌才等(2016)对汉语普通话中的一级元音感知进行了探索,他们不再论证普通话单元音的感知是否是"范畴感知"的问题,而是通过分析辨认边界位置得出了各相邻单元音的听感分界,并在此基础上大致勾画出了汉语普通话基础元音的听感格局,与其声学格局的对比发现它们在空间分布上的一致性关系。

陈飞等（2019）采用范畴感知研究范式中的识别和区分任务，考察了母语者对汉语普通话单元音（/i/ — /a/）、前响双元音和单元音（/ai/ — /a/）以及后响双元音和单元音（/ia/ — /a/）的刺激连续统的感知情况。实验结果发现，当不同元音之间（单元音与单元音）内部的共振峰信息在走向上处于相对稳态时征（steady-state property）时，其感知的范畴化程度较低；相反，当不同元音之间（双元音与单元音）内部的共振峰信息在走向上存在动态变化（dynamic property）时，其感知的范畴化程度会显著提高。结合实验结果和以往研究中关于范畴化感知的相关结论，他们认为音位之间内部的频率信息（基频或者共振峰）在走向上的相对稳态或动态变化会对感知结果产生重要的影响。由于音位感知是受到多种内部、外部因素影响下而形成的一个复杂的感知范畴，他们主张抛弃以往研究中对感知结果"范畴型"或"连续型"的粗略划分，而应该重点比较受到某种或某些变量影响下的音位感知范畴化程度高低的量化差异。

王璐、孔江平（2019）对德宏傣语的长短元音开展了感知实验，发现"长 / 短 /a/ + 元音 / 鼻音 / 塞音韵尾"三类组合范畴化感知程度依次降低。王璐、孔江平（2021）进一步探讨了德宏傣语两组单元音—复元音"/a/ — /aai/、/u/ — /iu/"的感知范畴模式，发现不同于以往对单元音感知为连续感知的认识，两组元音均显示出范畴感知特征。但 /a/ — /aai/ 的范畴化程度高于 /u/ — /iu/，这与元音内部共振峰变化量有关，变化量越大，感知范畴化程度越高。同时，受到元音内部音强分布的影响，/a/ — /aai/ 的感知边界偏向单元音 /a/，/u/ — /iu/ 的边界位于二者中间。

除了上述从外部因素探讨元音范畴化感知问题以外，还有一些学者从共时层面着手，探讨母语经验对元音感知范畴化程度的影响（Stevens et al., 1969；Zhang et al., 2016）。

（三）语音感知研究的方法

基于以上这些研究，学界基本建立了语音感知研究的方法论和实验范式，定义了范畴感知（Categorical Perception）与连续感知（Continuous Perception）的概念，给出了判断范畴感知的标准，也开始不断探讨语音范畴表征的心理机制。

从语音感知的概念来说，音位的感知存在两种模式。第一，范畴感知，指连续的语音变化被感知为离散的、数量有限的范畴，存在明确的感知边界。被试对范畴内的语音差别区分敏感度低，但对范畴间的差异十分敏感。如上文中提到的塞辅音的感知，在学界普遍被认为是范畴感知。第二，连续感知，连续的语音变化间没有明确的感知边界，从倾向于感知为一个语音到倾向于感知为另一个语音，中间呈现连续性的过渡，听辨者不能把语音刺激的连续统感知为离散的、数量有限的范畴，而是会把连续的刺激感知为连续统，如上文提到的稳态的孤立单元音的感知模式。

从语音范畴感知研究的经典任务范式来说，实验必须包括两个任务，即识别任务（identification task）与区分任务（discrimination task）。如果听辨者能够将刺激分为不同的范畴，那么也就一定能够区分不同范畴间的刺激，而忽略相同范畴内刺激的微弱区别。常见的识别实验范式是二选一的强迫式任务，即播放两个声音，由被试判断听到的是哪一个声音。常见的区分实验范式有AX、ABX、AXB等。AX范式是播放两个声音，由被试判断这两个声音是否相同，每个试次有AA和AB两种可能的组合方式。ABX和AXB范式是播放三个声音，由被试判断X是A还是B。这几种方式各有其优势，其中AX实验任务最少。

如何判断这两个实验的结果是范畴感知，学者们提出以下几条标准（Liberman et al., 1957; Studdert-Kennedy et al., 1970; Repp et al., 1984）：

第一，识别曲线上刺激连续统的识别率在某个边界处发生突变，识别曲线表现为陡峭地上升或者下降；第二，区分曲线上出现明显的波峰和波谷，即范畴间区分敏感性高，范畴内区分敏感性低；第三，识别曲线的识别边界与区分曲线的波峰能够彼此对应；第四，从识别曲线能够预测出区分曲线。

Studdert-Kennedy et al.（1970）进一步给出了理想状态下的范畴感知模式曲线图，如图1-5所示，理想状态下，8个刺激等步长排列，被试在范畴内识别率没有差别（如1—4），区分率保持在随机水平（50%）左右，而范畴间的识别率有突然的变化（如4—5），区分率达到了100%。

不过在实际的实验中，往往由于各种因素的影响，很难达到理想的范畴感知模式。对于范畴感知的模式与标准的判定，学界目前也仍然存在争议。如Liberman et al.（1957）指出，对区分实验得到的结果需要慎重对待。因为大部分的实验结果显示，从识别实验预测到的区分率要比实际的区分率低，也就是说，通过识别率会低估区分率，Liberman认为这是因为被试在完成区分任务时，不仅依靠声调线索，而且也依靠了其他一些与实验目的无关的声学参数作出判断。Studdert-Kennedy et al.（1970）指出，如果刺激连续统的宽度够大，那么对于本来是连续感知的刺激，听辨者也有可能学会将刺激归类到不连续的范畴内，只不过识别边界可能没有真正的范畴感知状态那么陡峭，也不会出现区分波峰。而只有区分波峰也未必一定就是范畴感知，还需要关注是否有波谷。此外，识别曲线的边界究竟到什么程度才能被判定为"陡峭"？怎样判断"波峰"是显著的？怎样判断范畴间和范畴内区分敏感性的高低？目前仍然没有一致的答案。

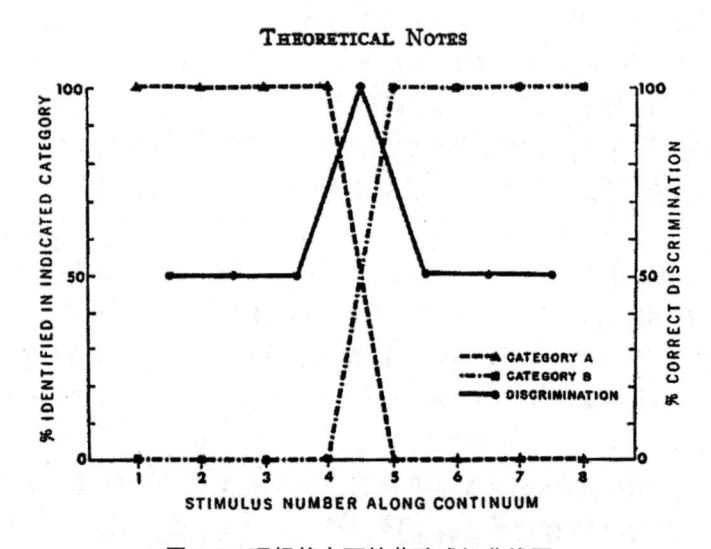

图1-5 理想状态下的范畴感知曲线图

资料来源：Studdert-Kennedy et al., 1970: Motor theory of speech perception: a reply to Lane's critical review, *Psychological Review*, 77(3):234-249.

为了解释听辨实验中辅音感知和元音感知模式的差异性，20世纪50年代哈斯金斯实验室（Haskins Laboratories）的 Alvin Liberman 和 Franklin S. Cooper 等人提出了"肌动理论"（motor theory），它也是心理语言学在语言理解研究方面的五个重要的"模型"理论之一。这种理论认为，言语知觉是通过人类天生特有的一个特殊模块完成的，人们通过辨认发音的声道姿势（vocal tract gestures）而非语言的发音习惯来理解言语，感知言语时调动了产生言语发声动作的系统（the motor system is recruited for perceiving speech）。根据这项理论，感知与发音是密切相关的，元音的发音动作是连续的，编码加工过程更简单，所以人们对元音的感知是连续感知。而辅音的发音动作是不连续的，且编码加工过程更复杂,所以人们对辅音的感知是范畴性的。正是由于二者发声动作的不同,人们对它们的感知方式也不同。

随着研究的深入,一些学者也对该理论提出了质疑。如 Fry et al.(1962)认为,发音动作不连续的语音感知也有可能是连续的,不过由于很难控制实验参数,目前还没有实验能够证明发音不连续与范畴感知之间究竟有多大程度的关联。

从20世纪70年代开始,人们还发现范畴感知不仅是一种语音感知,而且存在于广泛的范围(domain-general)之内。如上文提到,被试对辅音的 VOT 这个时间概念的感知也是范畴性的。Miller et al.(1976)发现,被试对一个噪音时间连续统的感知是范畴性的(噪音起始与嗡嗡声起始的对立)。杨洁、孔江平(2023)发现,"喜—怒""喜—悲""喜—中"和"悲—中(母本是中)"的语音情感感知范畴明显,通过基频、时长两个参数就可以进行区分。其中,"喜—怒""喜—悲""喜—中"的感知模式是范畴感知,"悲—中(母本是中)"是连续感知。"怒—悲""怒—中""悲—中(母本是悲)"之间没有明确的语音情感感知范畴,可能依赖于其他声学参数的变化进行识别。范畴感知甚至也在一些动物视觉与听觉的实验中发现(Wetzel et al., 1998; Fischer, 2006)。这些都说明范畴感知并非语音感知所独有,也并非人类所独有,而更可能是一种广泛存在的认知模式。

Fujisaki & Ka-washima(1969,1970,1971)提出了"双重加工模型"(the dual-process model),尝试从记忆编码的角度来解释范畴感知。Pisoni 及其同事也在一系列实验中对其展开了深入讨论(Pisoni, 1973; Pisoni & Lazarus, 1974; Pisoni, 1975)。在这一模型中,范畴感知任务中用到的短时记忆(short-term memory, STM)被分为连续听觉短期存储(continuous auditory short-term store)和范畴语音短期存储(categorical phonetic short-term store)。听觉记忆在范畴内的区分中起主导作用,更加稳定的语音记忆在范畴间的区分中也起主导作用。在区分任务中,被试一般同时运用听觉和语音编码,只有在识别任务中运用语音编码,经典的范畴感知实验中识别率预测区分率才会被低估。这个模型也能够解释辅音和元音之间的范畴感知差异,因为与塞音相比,听觉短时记忆对元音的区分作出了更大的贡献。但同样的,该模型认为范畴感知效应生成于特定的言语语音模式,不能解释一些研究中在特定非言语连续统感知中观察到的范畴感知效应,因而也受到了学界的质疑。

二 声调的感知研究

20世纪以来，除了音段的感知研究外，实验语音学和心理语言学开始关注到超音段层面的感知研究。20世纪70年代，作为最重要的超音段音位，声调的感知研究开始得到语言学界的重视（Wang, 1976; Abramson, 1979）。Yip（2002）、张林军（2010a）认为可以根据音高信息在词汇语义表达中的作用，将语言划分为三大类：声调语言（tone language）、音高重音语言（pitch accent language）和语调语言（intonation language）。后两类都可以归为非声调语言（non-tone language）。比如说，汉藏语系中的一些语言，以及泰语等属于典型的声调语言，日语和部分韩语方言属于音高重音语言，而英语则属于语调语言。那么，对于声调语言，母语者和非母语者的感知模式分别是什么样的？声调语言母语者和非声调语言母语者，感知非母语的声调，又是什么样的模式呢？对于这些问题，目前学界虽然有不少研究，但仍存在争议。

（一）母语者对声调的感知

虽然不能够把基频与声调完全等同，但是学界普遍认为，声调的高低、升降、曲直主要是由基频的变化决定，所以对于声调的感知研究，前期基本上是通过改变基频的高低来进行感知实验（Wang, 1976; Abramson, 1979; Francis et al., 2003; Hallé et al., 2004; Xu et al., 2006; Peng et al., 2010; Chen et al., 2017; 于谦，2017）。

王士元（Wang, 1976）最早通过改变基频，以 /i/ 为负载音节，合成了汉语普通话阴平—阳平的11个刺激连续统，这些刺激的终点基频均为135赫兹，起点基频从105赫兹开始，按照3赫兹的步长逐步合成到135赫兹，如图1-6所示。

如图1-7上图，识别实验和2个步长的AXB区分实验结果显示，2名没有经过心理学行为实验训练、没有接触过该类实验的母语被试的识别曲线十分陡峭，在识别边界处出现了区分峰值，这说明，母语者对汉语普通话阴平—阳平的感知是范畴感知。如图1-7中图，2名熟悉心理学行为实验的母语被试同时表现出了语言学的识别边界及心理物理学的识别边界。如图1-7下图，2名经过心理学行为实验训练的母语被试最终仅表现出了心理物理学的识别边界，但是这2名被试参与的区分实验是1步长的，其他被试参与的都是2步长的，这可能对他们的区分实验结果造成影响。

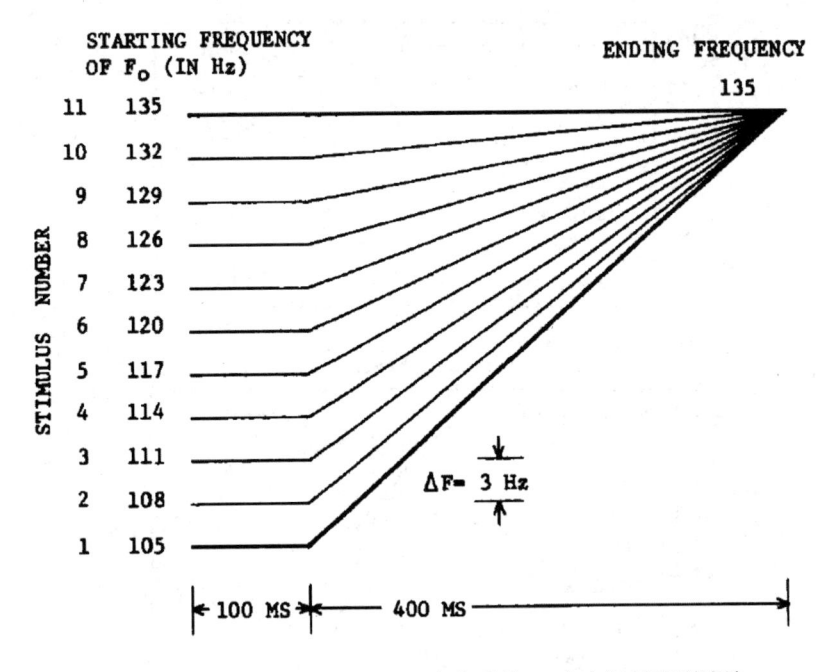

图 1-6 王士元（Wang，1976）合成的 11 个声调刺激连续统

资料来源：Wang, W. S-Y., 1976: Language change, *Annals of New York Academy of Sciences*, 280(1):61-72.

　　Abramson（1979）通过哈斯金斯实验室（Haskins Laboratories）的 Parallel-resonance 合成器改变基频，合成了中央泰语中跨越高平、中平、低平三个平调的 8 个刺激连续统，对 33 名母语者进行了识别和 4IAX 区分实验。实验结果发现，识别实验中被试能够将这 3 个平调区分为不同的范畴，但是在区分实验中，虽然被试整体区分正确率很高（超过 80%），但无论是相邻步长还是相隔一个步长的区分实验，被试均没有在识别边界处表现出相应的区分波峰，如图 1-8 所示。因此，他认为此次实验结果与 Wang（1976）的实验结果不同，母语者对声调的感知是连续感知。原因有两点：第一，Wang（1976）的实验中刺激是从平调到升调的连续统，而他的实验中，3 个声调均是平调，泰语除了这 3 个平调，还有 1 个升调和 1 个降调，如果对中央泰语从升调到降调的刺激连续统再进行区分实验，或许能够解释这两个实验结果的差异；第二，Wang（1976）的实验中负载声调的是一个单元音音节 /i/，而他的实验中是相对复杂的 /kʰaː/。

图 1-7 王士元（Wang, 1976）的实验结果

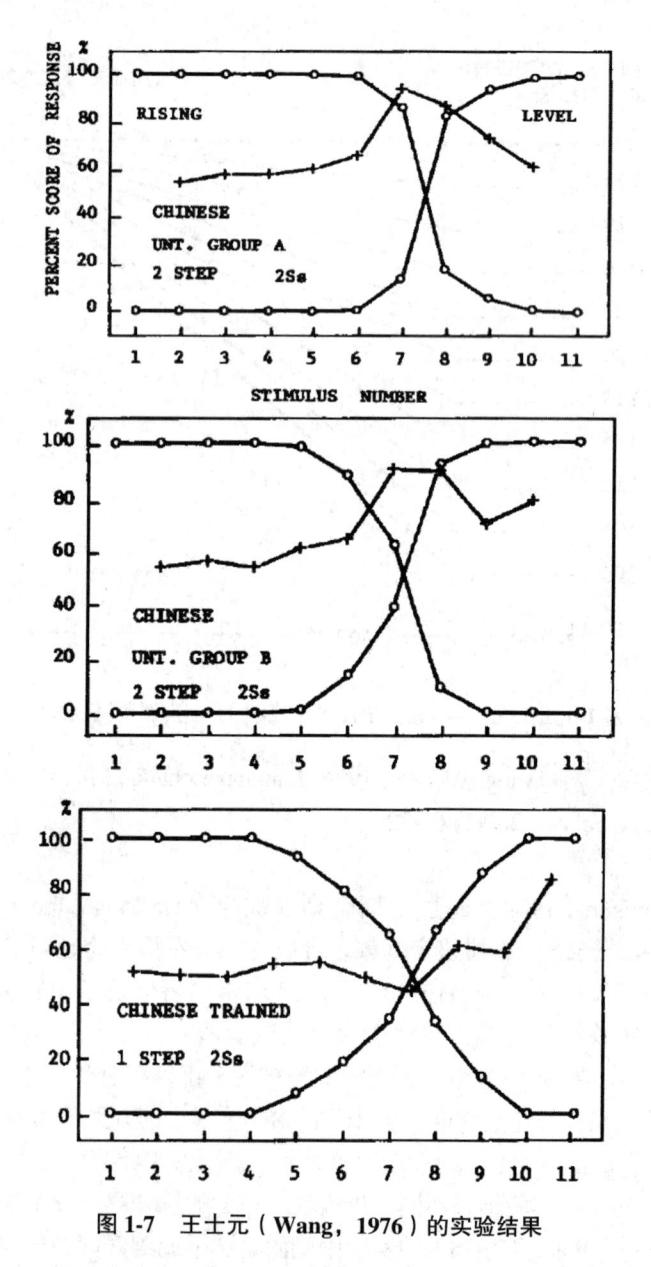

资料来源：Wang, W. S-Y. ,1976: Language change, *Annals of New York Academy of Sciences*, 280(1): 61-72.

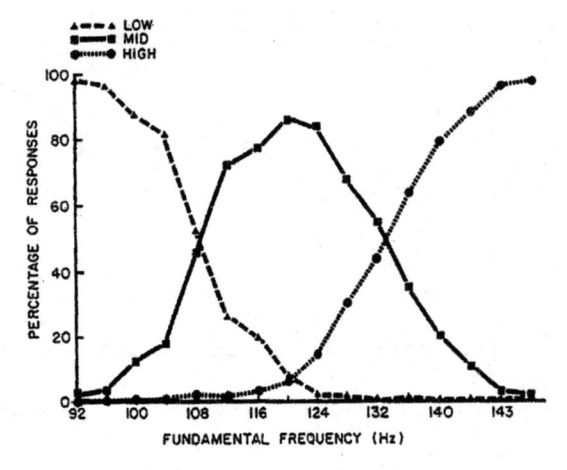

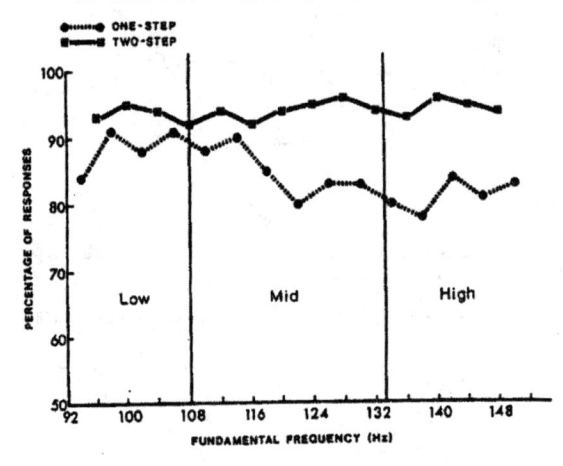

图 1-8 Abramson（1979）的实验结果

说明：上图是识别曲线，下图实线、虚线分别为2步长、1步长区分曲线。

资料来源：Abramson, A. S., 1979: The noncategorical perception of tone categories in Thai, in B. Lindblom & S. Ohman (eds.), *Frontiers of Speech Communication Research*, 127-134. London: Academic Press.

Francis et al.（2003）进一步对这些实验结果进行了解释，他认为Wang（1976）使用的声调包含调型（pitch contour）的变化，即两个声调基频曲线的斜率是不同的，而Abramson（1979）使用的泰语声调只包含音高（pitch height）的变化，这可能是导致两者结果有差异的原因。于是，Francis et al.（2003）同时考察了母语者对粤语中平调与平调、平调与曲

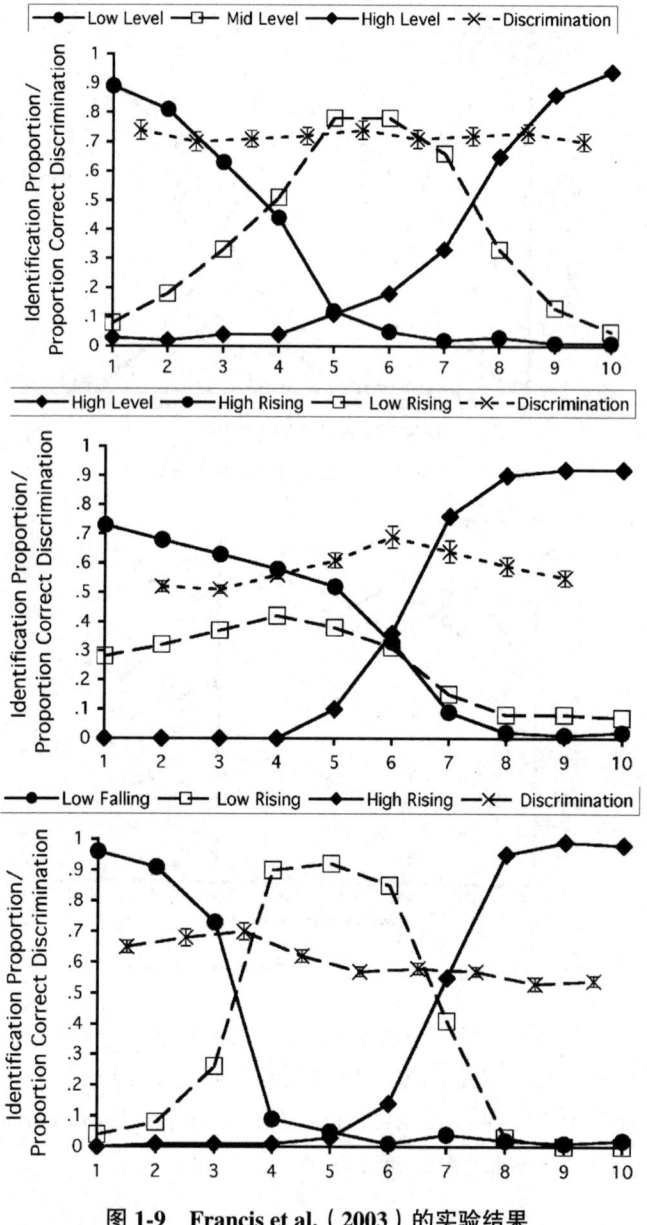

图 1-9 Francis et al.（2003）的实验结果

说明：上图是粤语三平调之间的感知实验结果；中图是粤语高平调、高升调、低升调之间的感知实验结果；下图是粤语低降调、低升调、高升调之间的感知实验结果。

资料来源：Francis, A. L., Ciocca, V., & Ng, B. K. C., 2003: On the (non) categorical perception of lexical tones, *Perception & Psychophysics*, 65(7): 1029-1044.

拱调以及曲拱调与曲拱调的感知情况。实验结果如图1-9所示，3个平调的感知结果是连续感知，与Abramson（1979）的感知实验结果相同，即被试在识别实验中可以把3个平调分为3个范畴，但是识别边界比较平缓，区分实验的正确率普遍较高，没有与识别边界相对应的区分高峰。平调与曲拱调的感知结果是范畴感知，与Wang（1976）的实验结果相同，即在识别边界的左侧，被试更多将刺激听成曲拱调（调值为23或25），在识别边界的右侧，被试更多将刺激听成是高平调（调值为55），区分曲线虽然变化比较平缓，但是经过统计分析可以看出，5-7样本对可以被认为是区分峰值，不过5-7样本对的区分率与4-6、6-8、8-9样本对没有显著差异，或许称之为一个平台式的波峰更为合适，这个波峰也正好与识别边界相对应。与平调的整体区分率相比（72%），此实验的区分正确率相对较低（58%）。不同调型的曲拱调与曲拱调（低升调与低降调）是范畴感知，即识别边界更为陡峭，有相对应的平缓波峰。调型相同、只是终点音高有差别的两个曲拱调之间（低升调与高升调）是连续感知，即识别边界比较平缓，没有发现对应的区分波峰。

  Francis et al.（2003）的研究结果证明了声调调型的变化对范畴感知的重要性，也有不少其他学者的研究同样证明了这一点。如孔江平（1995）发现藏语拉萨话母语者对拉萨话不同调型声调的感知是范畴感知。高云峰（2004）认为汉语普通话母语者对普通话阳平和半上（同是升调，但高低不同）、泰语的中低两个平调、上海话的两个升调均是连续感知。王红洁（2019）认为甘肃红古话母语者对红古话声调的感知属于范畴感知。一系列研究证明汉语普通话母语者对阴平和阳平、阴平和去声、阴平和上声、阳平和去声的声调感知呈现出行为学上的范畴化感知特征，对阳平和上声、上声和去声的声调感知模式则存在争议（Xu et al., 2006；杨若晓，2009；Peng et al., 2010；王韫佳、李美京，2010, 2011；王韫佳、覃夕航，2015；张林军，2010a, b；覃夕航，2012；荣蓉，2013；Chen et al., 2017；于谦，2017）。

  讨论到这里，我们基本从以往研究中可以归纳如下：母语者对调型相同的声调的感知往往是连续感知，如对平调与平调、升调与升调的感知；而对调型不同的声调的感知往往是范畴感知，如对平调与升调、平调与降调、升调与降调的感知。但是，这个规律是否适用于所有的声调语言，尚待进一步研究。

在本章第一节（三）中我们提到，范畴感知与连续感知的判断标准尚存在诸多不确定性，如 Liberman et al.（1957）和 Schouten et al.（1992）都曾经提出，范畴感知或许是有梯度（gradient）的。因此，一些学者对简单地将声调感知二分为"范畴感知"和"连续感知"提出了质疑，Hallé et al.（2004）研究了母语者对台湾普通话的声调感知，认为这种在范畴感知梯度上的表现，可被归纳为一种介于范畴感知与连续感知之间的"准范畴化"感知模式。他们认为，如图 1-5 提到的理想中的范畴感知模型在实际操作中往往是不存在的，比如说实测区分率总是高于预测区分率。在 Hallé et al.（2004）的实验结果中，虽然母语者对台湾普通话阴平—阳平、阴平—去声、上声—去声三个刺激连续统的识别曲线都具有陡峭的边界，但是区分曲线的变化比较平缓，区分峰值的范围较大，而且范畴内区分的敏感性也很高，这样的感知结果更类似元音的连续感知，而不是辅音的范畴感知，但是又与元音的连续感知有所不同。因此，他们将这种感知模式称为"准范畴感知"。

杨若晓（2009）对汉语普通话四个声调的母语者感知实验结果也显示，区分曲线中具有显著统计学意义的"波峰"并不像辅音范畴感知那样是一个孤立的尖峰，而是和 Hallé 的实验类似，呈"平台状"，所以她也认为，范畴感知在辅音、声调和元音之间，是有梯度性的，不同的感知模式之间不存在绝对的界限，如图 1-10 所示。于谦（2017）的研究结果与杨若晓（2009）一致。

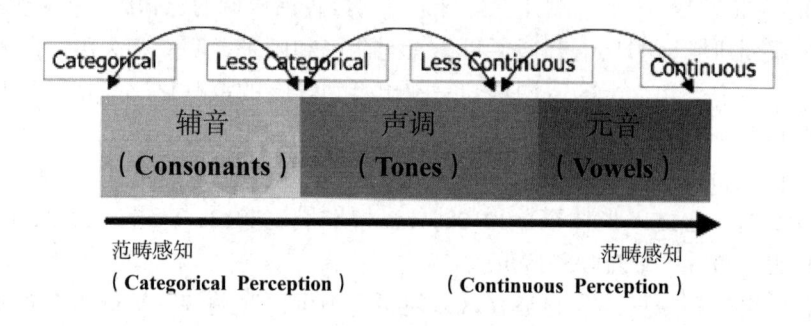

图 1-10　杨若晓（2009）范畴知觉梯度性示意图

资料来源：杨若晓，《基于发声的汉语普通话四声的范畴知觉研究》，硕士学位论文，北京大学，2009。

值得提出的是，汉语普通话四个声调的调型各不相同，如果按照之前所述，应该都可归为范畴感知的模式。但是对阳平与上声、上声与去声这两组声调对立间的感知模式始终存在争议。这是因为，普通话的阳平是一个升调，全上声是一个降升调，这两个声调的调型虽然不同，但是阳平的音高曲线在上升之前会出现短暂的下降（吴宗济、林茂灿，1989），因而，阳平的音高曲线和全上声的音高曲线都呈现出"先降后升"的走势，具有一定的相似性，上声的后半部分与去声也有一定的相似性，那么随之而来的问题是，母语者对阳平和上声、上声和去声的感知是范畴感知还是连续感知？或是有梯度的"准范畴感知"模式？

刘娟（2004）考察了起点音高和拐点位置对汉语普通话阳平—上声刺激连续感知的影响，结果显示，起点音高和拐点位置对上声的感知具有互补作用：如果起点音高较高，那么在拐点位置不靠后的情况下，被试也倾向于感知为上声；如果拐点位置靠后，那么在起点音高不很高的情况下，被试也倾向于感知为上声。母语者对阳平和上声连续统的感知，无论是在起点音高的维度上，还是在拐点位置的维度上，都呈现连续感知模式，即未出现两个相邻刺激之间识别率急剧变化的情况。

王韫佳、李美京（2010）指出，刘娟（2004）的结论是在只观察一个变量与声调感知的关系而忽略另一个变量与声调感知的关系的基础上得到的，即当她观察一个变量时，将另一个变量的改变对应的所有识别率数据取均值。这种数据处理方法无法看到特定的拐点和音高条件下是否存在阳平和上声的识别边界。王韫佳、李美京考察了刘娟（2004）的原始数据，又设计实验继续考察了拐点位置和终点音高对汉语普通话阳平—上声刺激连续统感知的影响。结果显示，阳平—上声的感知在拐点位置和终点音高上都出现了范畴感知的倾向，拐点位置上的范畴化程度更高，但相比于阴平和阳平的感知模式，这种范畴感知倾向显得稍弱，所以王韫佳、李美京认为阳平—上声的感知具有"准范畴化"的特点。不过，起点音高、拐点位置和终点音高这三个参数是交互作用的，只有在终点音高稍高的条件下，拐点位置上才能观察到准范畴化边界；只有在拐点位置较为靠前的条件下，终点音高上才能观察到准范畴化边界。

王韫佳、覃夕航（2012，2015）的研究进一步从拐点位置的角度细致地观察了汉语普通话阳平和上声的感知模式。该研究的实验刺激是四个阳平—上声的刺激连续统：根据下降段降幅的大小分为缓降型和陡降型，两者又分别区分高终点和低终点；每个连续统中以40毫秒为步长形成7个拐点台阶，对每个连续统既做识别实验，也做区分实验。实验结果显示：在缓降型的两个连续统中，高终点连续统的识别边界清晰度高，在陡降型的两个连续统中，低终点连续统的识别曲线范畴化特点更突出。结合两个实验，他们认为：音高曲线的下降幅度和终点音高均对阳平和上声的识别有显著效应。具体来说，阳平的特点（后一阶段的"升"）和上声的特点（前一阶段的"降"）在连续统的起点和终点位置均有所体现但又不过分强势的时候，识别曲线上才会出现明显的范畴感知特征。不过，对于较复杂的曲折调来说，实验刺激的设计会对实验结果产生重要影响，声调感知的类型需要在多种设计条件之下进行观察才能确认。另外，王韫佳、覃夕航还指出，在识别结果具有显著范畴感知特点的情况下，区分实验结果呈现弱范畴化或非范畴化特点。因此，普通话阳平和上声的感知可能介于范畴化和非范畴化之间。

杨若晓（2009）和于谦（2017）对汉语普通话声调感知的考察认为，母语者对阳平—上声、上声—去声之间的感知属于连续感知，因为识别边界不够陡峭且没有统计意义上的区分波峰的出现。何江等（2011）进行了汉族学生对汉语普通话上声的识别及区分实验，结果表明：虽然汉族学生的识别实验为范畴感知，但区分实验未出现对应波峰，所以从两个实验的对应性来讲，不是范畴感知而是"半范畴性感知"。而Chen（2012）和Chen et al.（2015）在母语者对汉语普通话阳平—上声的感知实验中，发现识别曲线陡峭且存在对应的区分曲线波峰，所以认为是典型的范畴感知。不过，由于以上实验所用的实验方法、采用的刺激连续统等都有差异，因此，阳平—上声和上声—去声的感知模式还有待进一步研究。而"准范畴化"这一概念的清晰厘定，也有待于进一步的实验来证实或证伪。

（二）非母语者对声调的感知

在不同的语音系统中，音位范畴的界限与数目均不相同，人类语言共有的这种音位概念并非生来就有，同样，声调感知的音位界限也不可能先天就有（王士元、彭刚，2006）。实验证明新生儿既可以区分母语的音位，也可以区分非母语的音位，但一岁左右的婴儿就会形成和母语音位系统相适应的范畴感知能力（也有说法是 11 个月），即只能区分母语音位的区别性特征，而对非母语音位的范畴感知能力大大降低（张林军，2010a，b）。这才有了类似日语母语者对汉语拼音 r 与 l 不分以及一些汉语方言区母语者对汉语拼音 n 与 l 不分的现象。所以说，语音范畴的形成和语言经验密切相关，母语语音经验对第二语言的语音感知和习得具有重要影响（Strange，1995；Best，1999）。当学习一门外语时，人们必须重新分配注意力，更多地关注之前忽略掉的声学线索，或者忽略掉在母语者中存在而在要学习的语言中不存在的特征。

目前学界关于二语习得与感知的主流理论主要有两个：一个是由Best（1995，1999）提出的知觉同化模型（Perceptual Assimilation Model，PAM），另一个是由Flege（1987，1995，1999）、Flege & Bohn（2021）提出的言语学习模型（Speech Learning Model，SLM）。

PAM认为，学习者对非母语语音的感知是根据它们与其母语语音感知距离的远近来进行辨别的，非母语语音与其最接近的母语语音在感知上的距离，决定了学习者区分两个非母语语音的难易程度。根据区分的难易程度，PAM提出六种不同的跨语言映射模式：（1）TC（Two-category Assimilation），学习者根据与其母语语音的相似度把两个非母语语音分别同化进两个母语语音范畴，这种情况下很容易区分；（2）CG（Category-goodness difference），学习者把两个非母语语音同化为一个母语语音范畴，但其中一个与母语语音更为相似，这种情况下区分也较容易，但比不上第一种情况；（3）SC（Single-category Assimilation），学习者把两个非母语语音同化为一个母语语音范畴，但两者与该母语语音的相似度一致，这种情况下比较难区分；（4）UC（Uncategorized vs Categorized），学习者把两个非母语语音中的一个同化进母语语音范畴，而另一个却不能同化进母语语音范畴，这种情况下也很容易区分；（5）UU（Both Uncategorized），两个非母语语音均未被同化进母语语音范畴，这种情况基本不受母语语音的同化作用影响；（6）NA（Non-assimilable or non-speech sounds），两个非母语语音被感知为非语言的声音，如美国英语学习者对祖鲁语吸气音的感知，这时的区分难度较小。

SLM关注的是有丰富的语音经验并处在第二语言环境中的二语学习者。该模型有四个基本假定。第一，人学习语音的能力是终身的，包括感知语言输入中的信号特征，并根据其特征对音段信号分类形成"语音范畴"的能力，以及把发音器官运动和感知到的信号联系起来的能力等。这种学习语音的能力也并不是过了"关键期"（Critical Period）就丧失了，所以母语的学习机制和过程在二语习得中也能够继续被应用。第二，每种语言特有的语音特征都会被存储在长期记忆表征中，也就是"语音范畴"。第三，母语的语音范畴和二语的语音范畴在人的一生中都在变化。第四，学习者试图区分母语和二语的语音范畴。如果学习者能够找到二语语音与其感知距离最近的母语语音之间的差异，就能够建立新的二语语音范畴。反之，则无法建立新的语音范畴，而是用同一个语音范畴来代表这两个语音，即等价归类（Equivalence Classification）。而感知上的失败往往会导致产出上的失败，即二语学习过程中感知决定产出并总是先于产出发展。此外，SLM还认为，"陌生音素"比"相似音素"更容易被学习者习得，即二语语音与最接近的母语语音的感知距离越大，语音之间的差异就越有可能辨认出来，学习者就更容易建立一个新的语音范畴。不过，SLM也认为，即使没有形成二语语音范畴，随着持续的语音学习（Phonetic Learning），二语学习者的语音能力仍能够有所提高，向母语水平靠近。语音经验越丰富的二语学习者，越能正确产出和感知二语语音，对二语语音的产出和感知，也能够随着学习时间的增长而得到改善。很多其他学者也赞同SLM的这个观点，认为第二语言语音范畴感知能力存在一个不断发展的过程，某些音段特征的范畴感知能力在经过一段时间的学习后，可以达到母语者的水平（Minagawa-Kawai et al., 2005）。

之后，Flege等人又对SLM进行了修订（Flege & Bohn, 2021；陈树雯, 2023）。时隔16年，他们对1995年的理论做了较大改动，主要有以下三点更新。第一，不再强调初始学习年龄对二语语音学习结果的影响，提出二语语音范畴是由语言输入的统计分布决定的，应该根据学习者收到的语言输入来预测二语者的习得结果。此处"语言输入"的定义是二语者接收到的二语的总量，这个总量可以通过"等价时间"（full time equivalent, FTE）进行计算，指的是在二语国家居住的时间长度和日常使用二语的比例。例如，如果一个二语者在二语国家居住了10年，他在日常活动中听到及使用二语的机会为80%，那么其FTE值就是8年，即有8年的二语输入。第二，提出学习者的个体差异会影响学习效果。比如说，母语音位范畴更加准确的学习者，在学习二语时也能更好地区分母语和二语的语音。第三，否认了感知早于产出、感知决定产出的假说，认为感知和产出是共同发展的，没有先后之分，没有因果关系。

除了以上两个模型，还有如母语磁吸模型（Native Language Magnet Model）（Kuhl & Iverson, 1995; Kuhl et al., 2008）、自主选择感知模型（Automatic Selective Perception Model）（Strange, 2009）、二语语言感知模型（Second Language Linguistic Perception Model）（Escudero, 2005, 2009）和注意力分配模型（Attention-to-Dimension Model）（Francis & Nusbaum, 2002）等从不同角度对二语语音习得和感知机制进行了阐释。

二语习得与感知的理论扩展到超音段层面，学界通常认为，语言经验对声调的知觉同化有着系统性的影响，特别是母语中是否存在声调系统以及声调的分布对听辨者感知非母语声调存在重要影响（Wu et al.，2014）。Mennen（2015）提出了二语语调学习理论（L2 Intonation Learning theory，LILt），对二语语调学习机制进行了系统阐释，主要包括五个方面：第一，该理论认为，产出中的问题可能是由于感知上的问题引起的，也可能是发音上的失误造成的；第二，语境和语调出现的位置影响产出；第三，学习起始年龄对学习二语语调很重要；第四，同意SLM模型中"人学习语音的能力是终身的"，二语语调学习可以逐渐靠近母语标准；第五，母语和二语的语调会互相影响。

在具体研究方面，很多学者认为，母语者对声调感知范畴化程度的界定，必须通过非母语者的感知实验，尤其是采用母语为非声调语言的实验被试与母语者的实验结果对比来做解释（Francis et al.，2003；Hallé et al.，2004）。因此，目前在范畴感知框架下的二语声调感知研究，多以日语、韩语、英语、法语、德语等非声调语言母语者为实验被试，与母语者对声调的感知情况进行对比。

Wang（1976）首次对比了汉语普通话母语者和美式英语母语者对汉语普通话声调阴平—阳平的感知。实验结果如图1-11所示，英语母语者的识别边界更靠近平调，区分曲线的最高点也出现在最后一个刺激点上，这反映了被试对平调和升调没有产生语言学意义上的范畴感知，而是仅仅产生了心理物理学的识别边界，即他们可以从心理物理学的角度分辨出完全的平调与其他10个刺激点的不同。

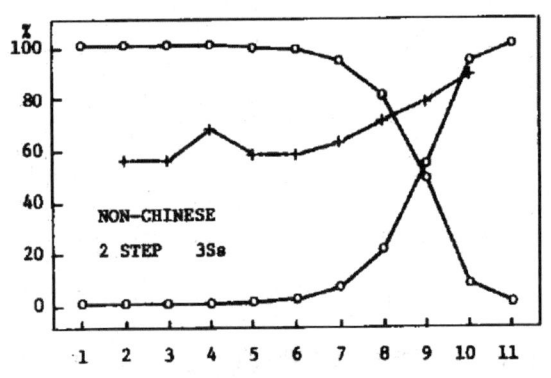

图1-11　Wang（1976）研究中英语母语者的普通话声调感知结果

资料来源：Wang, W. S-Y. ,1976: Language change, *Annals of New York Academy of Sciences*, 280(1):61-72.

Xu et al.（2006）考察了英语母语者和汉语普通话母语者感知汉语普

通话阴平—阳平语音连续统的模式，发现虽然英语被试的识别曲线能够出现识别边界，但是没有产生相对应的区分波峰，所以他们认为英语被试不能够建立起对汉语普通话声调的范畴感知。但是，无论语言经验如何，被试对该研究中的言语刺激都会在声调连续统中间位置附近产生识别边界，如图1-12所示。这一发现与Wang（1976）的研究不一致，因为Wang（1976）认为心理物理学与语言学的识别边界是分离开来的，母语者能够产生语言学的识别边界，而非母语者只能产生心理物理学的识别边界。对于这两个边界重叠的解释，Xu et al.（2006）认为是由于该研究比Wang（1976）使用了更大的样本量，以及更复杂的实验刺激（言语刺激和非言语刺激）。

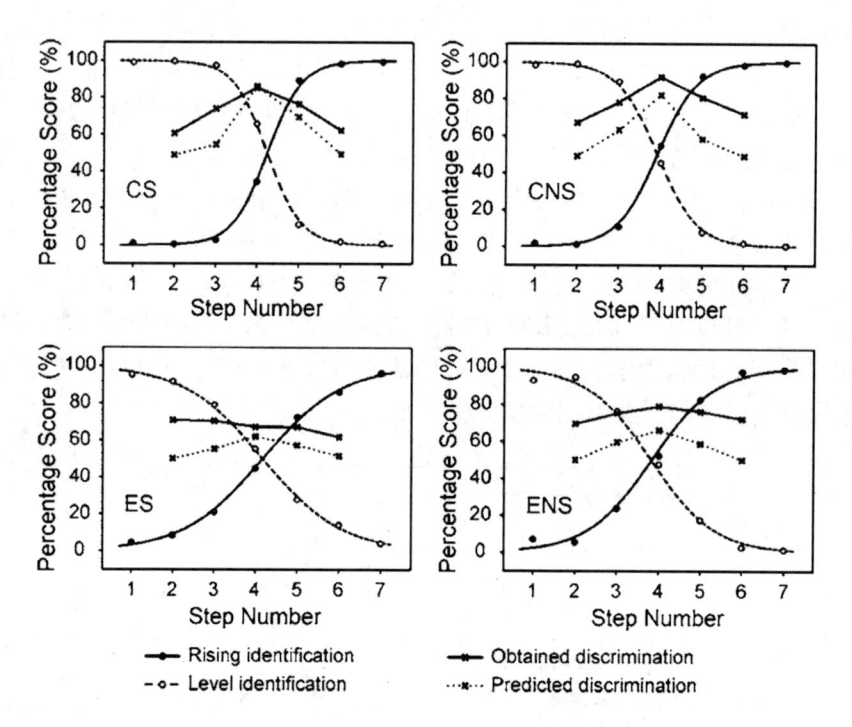

图1-12　Xu et al.（2006）研究中普通话声调感知结果

说明：左上为汉语普通话母语被试对言语刺激的感知结果，左下为英语母语被试对言语刺激的感知结果，右上为汉语普通话母语被试对非言语刺激的感知结果，右下为英语母语被试对非言语刺激的感知结果。

资料来源：Xu et al.,2006: Effects of language experience and stimulus complexity on the categorical perception of pitch direction, *The Journal of the Acoustical Society of America*, 120(2): 1063-1074.

Hallé et al.（2004）研究了法语母语者感知台湾普通话声调的情况，认为法语母语被试不能把台湾普通话声调同化进法语的任何一种语音单位，也没有调用任何一种法语所独有的语音感知加工进程，所以不能建立起与台湾普通话母语者类似的声调感知范畴。但是法语母语被试对声调变化的感知并不是完全"聋"的，而是能够通过心理物理学的方式作出自己的判断。Wang（1976）的研究中提到，在心理物理学的层面上，区分平调与升调比区分两个不同的升调要简单，Hallé et al.（2004）研究中的被试在区分实验中的表现也展现了这一点。如图 1-13 所示，法语被试在 2 步长的区分实验结果中，对台湾普通话 T1-T2 声调连续统的区分正确率高点趋向于 T1，对台湾普通话 T3-T4 声调连续统的区分正确率高点趋向于 T4，这正是心理物理学识别边界的体现。

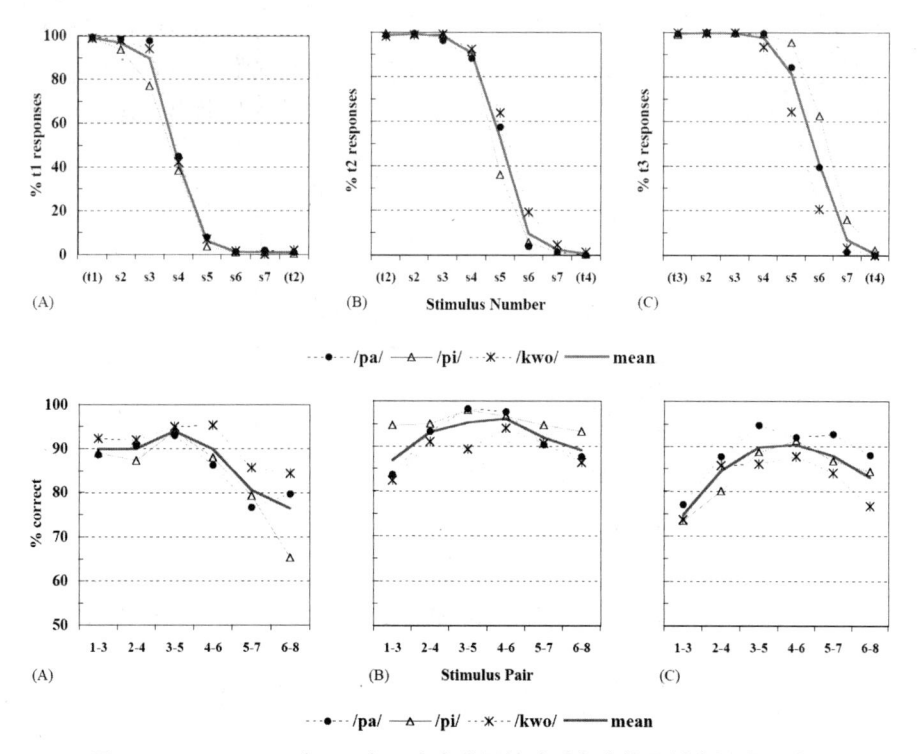

图 1-13　Hallé et al.（2004）研究中法语被试对台湾普通话声调感知结果

说明：上图从左至右分别为法语母语被试对台湾普通话 T1-T2、T2-T4、T3-T4 声调连续统的识别实验结果，下图从左至右分别为法语母语被试对台湾普通话 T1-T2、T2-T4、T3-T4 声调连续统的区分实验结果。

资料来源：Hallé et al., 2004: Identification and discrimination of Mandarin Chinese tones by Mandarin Chinese vs. French listeners, *Journal of Phonetics,* 32(3): 395-421.

张林军（2010b）的研究发现：相对于"零起点"学习者，日语初级水平留学生对汉语普通话声调的范畴感知能力有了大幅度提高，在此基础上，中级水平学习者的范畴感知能力继续提高，而且基本接近普通话母语者的水平，如图1-14所示。这说明对于日本留学生来说，普通话声调的范畴感知能力相对容易习得，这和他们很难成功习得标记普通话辅音送气／不送气特征的嗓音启动时间（VOT）形成了鲜明的对比。张林军在实验结果中还观察到一个很有意思的现象：日语初级和中级水平学习者仅在范畴内刺激的区分率上存在显著差异，中级水平学习者和汉语普通话母语者之间的差别也同样如此。由于范畴内刺激的区分率反映的是对刺激之间声学差异的敏感程度，范畴化程度的提高意味着对范畴内刺激敏感程度的降低。因为他们属于同一范畴，所以不需要过多注意细节。这一结果说明，某些刺激尽管归入同一声调范畴，但日语母语者并不像汉语普通话母语者那样容易忽略它们之间物理属性的差异，也就是说，在声调范畴感知的精细化程度上，高水平学习者与母语者之间仍然存在差异。

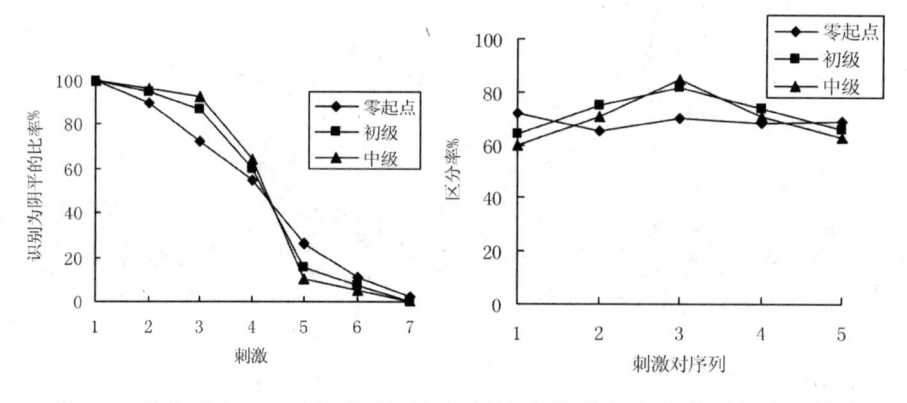

图1-14　张林军（2010b）研究中三个水平的日本留学生对普通话声调感知结果

资料来源：张林军：《日本留学生汉语声调的范畴化知觉》，《语言教学与研究》第3期，第9—15页，2010。

Tsukada et al.（2016）对有汉语普通话学习经验和无汉语普通话学习经验的两组日语母语被试进行的区分实验研究结果与张林军（2010b）一致，发现学习经验能够帮助日语母语被试提高区分普通话各组声调对立的能力。虽然两组被试对汉语普通话T2-T3声调连续统的区分结果都很差,但是有学习经历的日语母语者在区分这组声调对立的分数上进步最大。

王韫佳、李美京(2011)研究了韩语母语者对汉语普通话阴平—阳平、阳平—上声的感知模式。研究结果显示,在感知阴平—阳平的刺激连续统时,初级学习者没有明显的范畴感知倾向,当阳平起点音高较低时,初级学习者倾向于将其听成上声,高级学习者的感知模式能够接近汉语普通话母语者,只是范畴化程度仍然不及母语者高。

何江(2006)合成了汉语普通话阴平—阳平的刺激连续统,比较了汉族学生和维吾尔族学生对这个连续统的感知,结果发现,维吾尔族学生的感知不是范畴感知。何江等(2011)进一步做了汉族学生和维吾尔族学生对普通话上声的识别及区分实验。维吾尔族学生的选取标准为:来自南疆且父母是维吾尔族;中学后开始学普通话;具备正常的听觉、视觉和阅读能力。实验结果显示,维吾尔族学生的识别曲线没有陡峭的边界且没有相应的区分波峰,证明其没有建立起对普通话上声的范畴感知。根据对比这两组被试区分实验的数据,维吾尔族学生的区分正确率均高于汉族学生,这也说明他们对音高变化的绝对值更为敏感。

但是,王韫佳、李美京(2011)与何江(2006)实验的刺激并不是两个真实声调之间的刺激连续统,而仅仅是通过改变上声的起点和终点音高合成的,因此实验结果的有效性还有待进一步探究。

Peng et al.(2010)考察了德语母语者对汉语普通话阴平—阳平、阴平—去声连续统的感知模式,认为这些被试不能够建立起与类似母语者的范畴感知。

张丽娟(2012)研究了英德母语者对汉语普通话阴平、阳平和去声的感知,她认为,对于学习者来说,阴平和阳平、阴平和去声的识别实验证明,不论是初级学习者还是中级学习者,都已经建立起了跟母语者相似的范畴感知,随着学习时间的增加,不断向着母语者的感知模式靠拢。而阴平和阳平、阴平和去声的区分实验则发现,初级学习者并没有形成和母语者类似的区分曲线,而是对绝对音高的变化更敏感;中级学习者则是经过一段学习之后,区分曲线不断向母语者靠拢。但是,在张丽娟的实验结果中,区分实验和识别实验的结果并不能够完全吻合,因此结论仍然存在疑问和值得进一步探讨之处。

Chen(2012)研究了荷兰语母语者对汉语普通话阳平—上声的感知。实验材料为从阳平到上声的 8 个刺激连续统。被试需要参加识别实验、

AX 区分实验及 ABX 区分实验三项任务。实验结果如图 1-15 所示，母语为荷兰语的普通话高级阶段学习者能够建立起类似母语者的范畴感知，其识别边界的陡峭程度较为接近母语者。

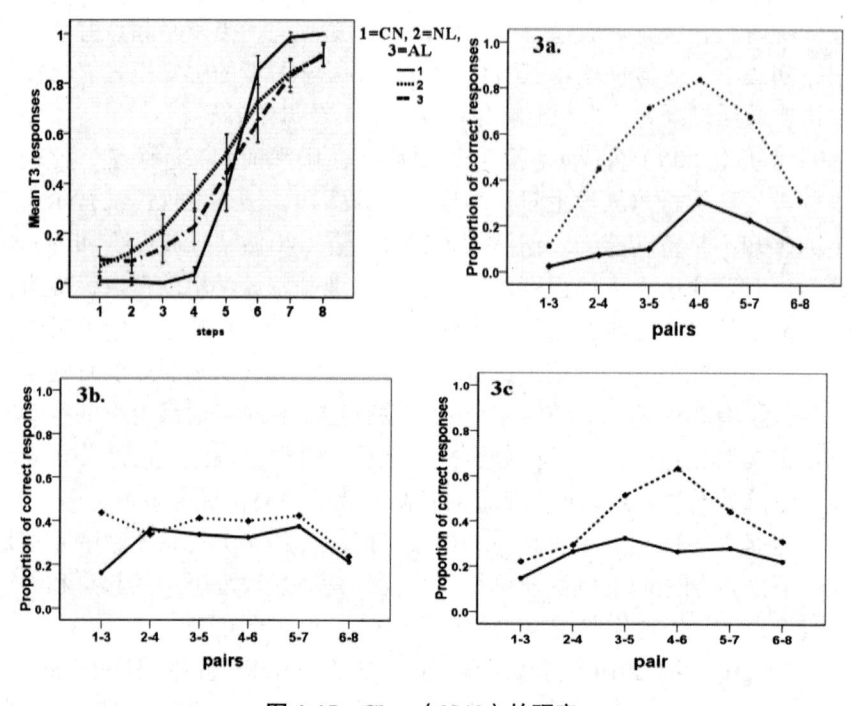

图 1-15　Chen（2012）的研究

说明：第一幅图为汉语普通话母语者，以及母语为荷兰语的初级学习者、高级学习者的识别曲线；3a、3b、3c 分别为汉语普通话母语者，以及母语为荷兰语的初级学习者、高级学习者的区分曲线，实线为刺激升序播放，虚线为刺激降序播放。

资料来源：Chen, A., 2012: *Universal biases in the perception of Mandarin tones: From infancy to adulthood.* Utrecht:LOT.

随着科技的进步，还有一些学者开始用脑电、FMRI 核磁共振等新技术研究母语者和非声调语言母语者感知声调的生理基础和神经机制，如 Xi et al.（2010），Zhang et al.（2011，2012），Bidelman et al.（2013），Bidelman & Lee（2015），Zinszer et al.（2015），王韫佳等（2021），Li et al.（2021）等的研究，研究结果大多认为母语者对声调的感知是范畴感知，而非母语者则表现出不同的特点。如 Li et al.（2021）首次利用颅内高密度皮层脑电技术（high-density ECoG），记录和分析了汉语母语者和英语母语者在聆听汉语和英语时的大脑皮层神经电生理活动，发现与行为学实验结果相同，对于同样的中文语音，汉语母语者的颞上回群体状态空间呈现分类感知的表达结构，而英语母语者的颞上回群体状态空间则更为接近于表达原始的声学空间，实验结果证明音高相关特征的皮层编码可能依赖于同样的听觉特征加工机制，且这种机制可以根据给定语言进行调整。

总的来说，学界长期以来的研究基本认定，母语经验对声调范畴感知有重要影响，非声调语言母语者对非母语声调的感知一般是连续感知，但是通过一定时间的学习，由于知觉同化及语言经验的影响，可以建立起与母语者类似的范畴感知。那么，对于母语为声调语言的听辨者来说，母语经验有助于更好地感知二语声调，还是会对二语声调感知产生干扰？会不会因为母语中的声调经验而对另一种声调系统的感知表现出各自不同的特点？而不同的声调系统又是怎样进一步影响声调的感知的？

一些研究发现，声调语言经验有助于学习者更好地感知二语声调。

Lee et al.（1996）设计了汉语普通话和粤语的声调区分实验，实验任务是要求汉语普通话母语被试、英语母语被试和粤语母语被试分别判断一对词汇声调或者非词汇声调相同还是不同，实验条件包括三种：immediate 模式，即一对样本对播放无间隔；delay 模式，一对样本对播放间隔 5 秒；counting 模式，一对样本对播放间隔 5 秒且中间有干扰。研究结果发现，在粤语的区分实验中，粤语母语者的表现最好，普通话母语者和英语母语者的表现没有差别。在普通话的区分实验中，普通话母语者比粤语母语者和英语母语者的表现要好，但粤语母语者比英语母语者的表现要好。他们认为，这主要是由于粤语声调更多，孩子掌握得也更晚，声调系统比普通话更复杂，所以粤语母语者区分普通话声调比普通话母语者区分粤语声调要容易。此外，粤语母语者在粤语词汇声调区分实验中的表现明显要比在非词汇声调区分实验中要好，而其他两组被试在粤语词汇和非词汇声调两种区分实验中的表现差异不大，普通话母语者对词汇的区分正确率也比非词汇高，这反映了母语者声调区分能力在非言语刺激中的拓展。

Wayland & Guion（2004）选取英语母语被试和汉语普通话母语被试来进行泰语声调的感知实验。实验分前测和后测两次进行，两次任务相同，中间间隔了五天的声调训练时间。结果显示，普通话母语被试在前后测中的表现都显著优于英语母语被试；普通话母语被试训练后的成绩有显著提高，而英语母语被试则没有显著变化。

Qin & Mok（2011）选取汉语普通话、英语和法语母语者为被试，采用 AX 区分任务，测试被试对粤语声调的感知，要求其判断同一组刺激对的声调是否相同，以便探究不同母语背景被试感知声调的差异。实验结果显示，普通话被试的成绩要显著优于英语被试和法语被试；但是，英语被试和法语被试在错误率上并没有显著差别。

Schaefer & Darcy（2014）选取汉语普通话、英语、日语和两种韩语方言母语者为被试，采用 AXB 区分实验，测试他们对泰语五个声调的感知。实验结果显示，无论是正确率还是反应时间，普通话母语被试的表现均最优，日语母语被试和有词汇重音的韩语方言母语被试表现次之，英语母语被试和无词汇重音的韩语方言母语被试表现最差。根据实验结果，Schaefer & Darcy（2014）提出了"声调功能假说"（Fuctional Pitch Hypothesis），认为母语中声调的地位和功能塑造了被试对二语声调的感知，而对声调功能的考虑需要包括三个方面：声调系统的复杂性（inventory of pitch patterns），声调是否单独区分词义（exclusivity to signal lexical contrast）和区分词义的声调负担量（functional load refers to the extent and/or number of minimal pairs differentiated in the L1）。

Zheng et al.（2010）发现，母语声调系统的范围越广，被试对声调范畴之间的声学差异越敏感。Li（2016）也发现，在识别汉语普通话声调时，泰语母语者比英语母语者表现得更好，尽管这两组被试在之前都没有接触过普通话。

以上研究结果均表明母语中的声调经验有助于感知二语的声调，而且声调在母语中的功能和地位对被试感知二语声调有着不同层级的帮助。但是，另有研究表明，母语的声调语言经验对感知二语声调没有实质性的帮助，甚至会造成消极的影响。

So（2005）考察了粤语和日语母语者对汉语普通话声调的区分情况，结果发现，虽然两类被试的总体表现无显著差异，但无论是在训练前还是经过短暂训练后，在区分汉语普通话 T1-T4 和 T2-T3 声调时，粤语母语被试都要显著差于日语母语被试。

Wang（2013）选取以苗语（声调语言）、日语（音高重音语言）、英语（语调重音语言）为母语的汉语普通话初学者作为被试，考察他们对普通话声调的感知情况。实验选取了 40 个普通话音节，每种声调 10 个，被试需要在听到音节之后，选出他们听到的声调。实验结果发现，日语母语被试和英语母语被试的表现几乎一致，总体正确率均在 80% 左右，而苗语母语被试的表现显著差于前面两类被试，正确率仅为 61%。尤其是对普通话阴平和阳平的感知，苗语母语者的正确率更低。Wang（2013）认为，产生这种结果的原因可能有两个：第一，由于苗语中有 3 个平调，普通话中只有 1 个，这组被试对声调基频高低变化的感知比对声调的调型更敏感；第二，普通话声调系统与苗语声调系统的差异过大，导致被试不能将母语声调与二语声调进行配对（the lack of one-on-one mapping between the L1 and L2 tones）。不过，在经过训练之后，三组被试都进步明显，且差别不大。以上几项研究说明，具有声调语言经验的被试对二语声调的感知并没有表现出任何优势，相反在学习的初级阶段，他们还受到了母语声调经验的干扰。

Tsukada et al.（2018）通过区分实验考察了缅甸语母语者对普通话声调的感知，采用汉语普通话母语者和来自澳大利亚的英语母语者作为对照组，缅甸语母语被试和英语母语被试在参与实验之前都没有接触过普通话。实验结果显示，在区分 T2-T4 组声调对立时，缅甸语母语被试比英语母语被试表现得更好，但是在区分其他各组声调对立时的表现均差于英语母语被试。在区分 T2-T3 和 T1-T2 声调对立时，缅甸语母语被试的表现最差。总之，缅甸语母语被试的声调经验不一定有助于他们感知另一种声调语言的声调，而缅甸语中的发声类型对被试感知普通话声调的程度较低有一定的影响。

Francis et al.（2008）、So & Best（2010）等的研究也都发现，在感知非母语声调时，声调语言母语者并没有展现出比非声调语言母语者有优势。Wu et al.（2012）甚至发现，在识别日语的音高重音时，汉语普通话母语者和英语母语者没有显著差异，这说明普通话母语者的声调母语经验并没有对其掌握日语的音高重音产生比英语母语者更为有效的影响。

还有研究认为，是否具有声调语言经验不会造成感知二语声调的显著差异，而是会受母语经验的影响，呈现出一些独特的特点。

Gandour（1983）考察了语言经验对声调感知的两个维度——音高和方向（height and direction）——的影响。他的 250 名被试分别来自五种不同的语言背景：广东话、汉语普通话、台湾普通话、泰语和英语。实验刺激包括了 19 种声调（5 平调、14 曲拱调），基本可以代表世界上所有声调语言的音高种类。通过对这 19 种声调进行配对区分实验，并用 INDSCAL（individual differences scaling）的方法进行统计分析，Gandour 发现，普遍来说，所有被试对音高的重视程度都比对方向的重视程度高得多。在音高的维度上,各个不同语言背景的被试重视程度如下:英语母语被试≈广东话母语被试＞汉语普通话母语被试≈台湾普通话母语被试＞泰语母语被试。在方向的维度上,各个不同语言背景的被试重视程度如下:泰语母语被试＞汉语普通话母语被试≈台湾普通话母语被试≈广东话母语被试＞英语母语被试。也就是说,非声调语言母语者比声调语言母语者对音高的高低更敏感,而声调语言母语者比非声调语言母语者对音高的方向更敏感。由于广东话中相同方向的声调较多(4/6),确实有可能导致音高比方向对广东话母语被试感知声调重要得多,所以他们才在音高的维度上表现得与英语母语被试无显著差异,而与汉语普通话和台湾普通话被试的表现有显著差异。

张林军(2010a)除了研究韩语、日语母语者对汉语普通话声调的感知模式,还考察了泰语母语者对普通话声调的感知情况,结果发现虽然是声调语言,泰语母语被试对汉语普通话阴平—阳平的感知仅仅呈现出部分范畴感知特征,即识别曲线边界较为陡峭,但区分曲线并无明显的波峰,这点与母语者典型的范畴感知模式相差甚远,但是又与其对自身母语泰语平调的感知模式类似。

Peng et al.(2010)以汉语普通话、粤语母语者为实验被试,以汉语普通话阴平—阳平、阴平—去声的刺激连续统为实验材料,考察同为声调语言,但母语经验不同的两组被试对汉语普通话声调范畴感知的特点。实验结果显示,汉语普通话母语被试与粤语母语被试的差异主要有两点:第一,在对阴平—去声连续统的感知中,粤语母语被试的范畴边界位置比普通话母语被试的更靠后,他们推测这种结果与粤语声调系统的复杂性有关,使得粤语母语被试对声调的细微变化更为敏感;第二,在两个语音连续统的区分实验中,粤语母语被试对最后两对语音刺激的区分率突然变高,使得本来呈现下降趋势的区分曲线突然出现拐点继而上升,他们推测这是由于粤语中存在一个低升调和一个低降调,使得粤语母语被试对低升/低降到平调的变化非常敏感。

Hao(2012)采用感知、模仿和声调输出任务研究了英语母语被试和粤语母语被试感知和产出汉语普通话声调的情况,结果发现,英语母语被试在总体上的正确率要高于粤语母语被试,但并不存在显著性差异。在识别普通话 T4 声调时,以及在模仿和输出普通话 T1 声调时,英语母语被试的正确率显著高于粤语母语被试;粤语母语被试在模仿普通话 T2 声调上的表现显著好于英语母语被试。此外,粤语母语被试与英语母语被试均在区分普通话 T2-T3 声调上存在困难,粤语母语被试对区分普通话 T1-T4 声调也存在困难。

Burnham et al.（2014）考察了声调语言（泰语、粤语、汉语）、音高重音语言（瑞典语）和非声调语言（英语）背景的学习者对泰语声调的感知情况，研究采用了三个实验：AV（听觉—视觉刺激）条件下的识别实验、AO（只有听觉刺激）条件下的识别实验和 VO（只有视觉刺激）条件下的识别实验。结果发现，声调语言和音高重音语言背景的被试在 AO 和 AV 条件下的表现好于非声调语言背景被试。与之相反，在 VO 条件下，非声调语言背景的被试的表现又好于声调语言背景和音高重音语言背景的被试。

Tsukada et al.（2014，2016）运用系列声调感知实验探究了粤语经验对汉语普通话声调感知的影响，实验选取无普通话经验的英语被试和英语、粤语双语被试作为对照。实验结果表明，有粤语经验的被试感知普通话 T1-T2 声调时成绩要显著优于无粤语经验被试，而在感知普通话 T1-T4 声调时，无粤语经验被试的成绩显著优于有粤语经验被试，不过两组被试在总体成绩上并没有显著差异。

于谦、黄乙玲（2016）通过两个听辨实验，采用强迫分类和相似度评分的方法，探讨了汉语普通话母语者对粤语声调的感知。实验结果表明，粤语的三个平调与普通话阴平匹配度较高，粤语阴上（调值为 21）、阳上（调值为 13）这两个升调与普通话阳平相匹配，粤语的阳平和阳上与普通话上声有一定程度的匹配关系，而普通话母语者对粤语入声感知归类比较复杂，不过仍然是可预测的。

于谦（2017）进一步考察了中国粤方言广州话、赣方言南昌话、官话方言博山话三个地区的方言母语者对普通话声调的感知，并与汉语普通话母语者（北京话）的感知模式进行了对比，结果也发现不同方言地区的被试虽然建立起了与汉语普通话母语者类似的感知模式，但是由于其自身方言影响，呈现出各自不同的特点。

综上所述，声调语言经验对二语学习者的声调感知是否存在影响以及存在何种影响，目前尚无一致的结论。首先，世界上的声调语言尤其是汉藏语系中的声调语言极其丰富，前人研究中所选择的被试范围有限，语言背景与二语水平情况不一。其次，前人的研究中除了张林军（2010a）、Peng et al.（2010）和于谦（2017）等的实验，其他研究范式并不完全是在范畴感知的框架下进行的，也并未通过改变基频合成声调刺激连续统来进行实验。即便同在范畴感知框架下进行的研究，研究者们所采用的实验方法和实验刺激也存在一定的差异。因此，要想了解到不同的声调语言背景对声调范畴感知的影响，我们还需要选取合适的研究对象，控制研究变量，进行多维度的深入分析与研究。

（三）非言语音高的感知

之前的讨论中，我们列举的都是对真实语言声调的感知研究，为了探究声调范畴感知的内在机制，许多学者还进行了言语刺激与非言语刺激的音高感知对比研究，并得出了一些有价值的结论。

Xu et al.（2006）在汉语普通话声调感知跨语言的研究中，同时考虑了两种变量：被试类型（母语者和非母语者），刺激类型（言语和非言语）。对于这两种刺激类型，他们合成了一组汉语普通话高升调到高平调的物理连续统，以及同源的一组非言语谐波声调连续统（homologous harmonic tones）。结果显示，在平调到升调连续统的感知实验中，无论刺激是言语还是非言语，汉语普通话母语被试都展示出了经典的范畴感知模式，即有陡峭的识别范畴边界，有相应的区分波峰，且识别实验结果可以预测区分实验结果。只不过，被试对非言语刺激的识别边界更偏向平调的一方。他们认为，对于普通话被试来说，因为范畴感知特征的一些经验，如陡峭的识别边界和区分峰值，扩展到了同源非言语刺激实验中，但是言语刺激要比非言语刺激复杂得多，所以被试需要更多"步"才能判断所听到的言语刺激为升调，反而可以很快根据非言语刺激的音高判断其为升调。此外，英语母语组被试在非言语刺激任务中展现出了比言语刺激任务中更强的范畴感知性，而不管语言背景如何，被试对该研究中的言语和非言语刺激都会在刺激连续统中间位置附近产生识别边界，非言语任务的区分正确率总体高于言语任务，这也与两组刺激之间复杂程度的差异有关。

本章第一节（三）提到的"双重加工模型"认为，范畴感知效应生成于特定的言语语音模式，不能解释声调语言母语者在非言语识别区分任务中显示出的强范畴感知效应，所以 Xu et al.（2006）在该研究中提出了由未分析与分析后的感知记忆（unanalyzed and analyzed sensory memory）、短时和长时范畴记忆（short-term and long-term categorical memory）组成的多重存储模型，如图 1-16 所示。信息以层级顺序编码，但短时范畴记忆和分析后的感知记忆可以并行。所有感知和短时范畴记忆组件都会受到记忆衰退的影响。衰退后的可用记忆轨迹可用于决策的输入。如果长时范畴记忆也可以使用，它将通过自上而下和自下而上的机制与短时范畴记忆进行相互作用，具有相对较长时长的所有记忆都被纳入情景编码。Xu et al.（2006）用此解释了非言语感知范畴性的产生机制、刺激复杂性对感知的影响以及范畴感知的程度等实验数据。

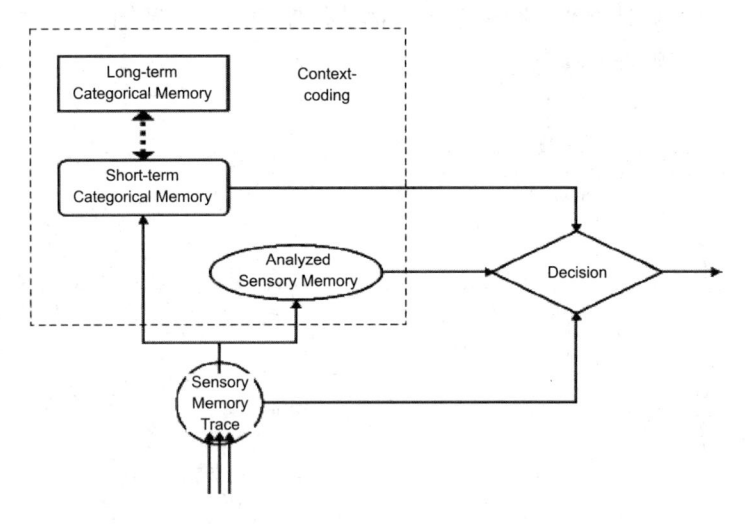

图 1-16　Xu et al.（2006）的范畴感知的多重存储模型

资料来源：Xu et al., 2006: Effects of language experience and stimulus complexity on the categorical perception of pitch direction, *Journal of the Acoustical Society of America*, 120(2): 1063-1074.

Peng et al.（2010）在研究中合成了普通话阴平—阳平、阴平—去声的言语和非言语两类刺激连续统，考察汉语普通话、德语和粤语母语被试对这些刺激的感知模式。与 Xu et al.（2006）不同的是，Peng et al.（2010）是用纯音（pure tone）而不是几个谐波合成的非言语声调刺激连续统，且没有要求被试做非言语刺激连续统的区分实验。实验结果如图 1-17 所示，非言语的识别边界更靠近曲拱调的一端，与 Xu et al.（2006）的实验结果相反。Peng et al.（2010）认为这个结果是由于纯音与谐波的复杂性不同，言语刺激和谐波刺激都比纯音刺激包含更多的谐波结构（harmonic structure），纯音实际上是没有任何谐波结构的，所以在这个实验中，被试需要更多"步长"才能判断用纯音合成的非言语刺激是一个曲拱调。此外，在该研究中，汉语普通话母语被试对言语刺激的识别边界明显比非言语刺激陡峭，德语母语被试的表现则正好相反，这与 Xu et al.（2006）的实验结果一致。不过，有趣的是，粤语母语被试在言语刺激和非言语刺激的识别曲线中，展示了几乎相同的边界宽度，也就是说，边界的陡峭性几乎一致。Peng et al.（2010）认为，这个结果是由于粤语母语被试的母语声调系统更为复杂丰富，他们能够更好地运用音高信息来对语音进行感知，这也使得他们对音高感知的能力拓展到了非言语感知的领域。

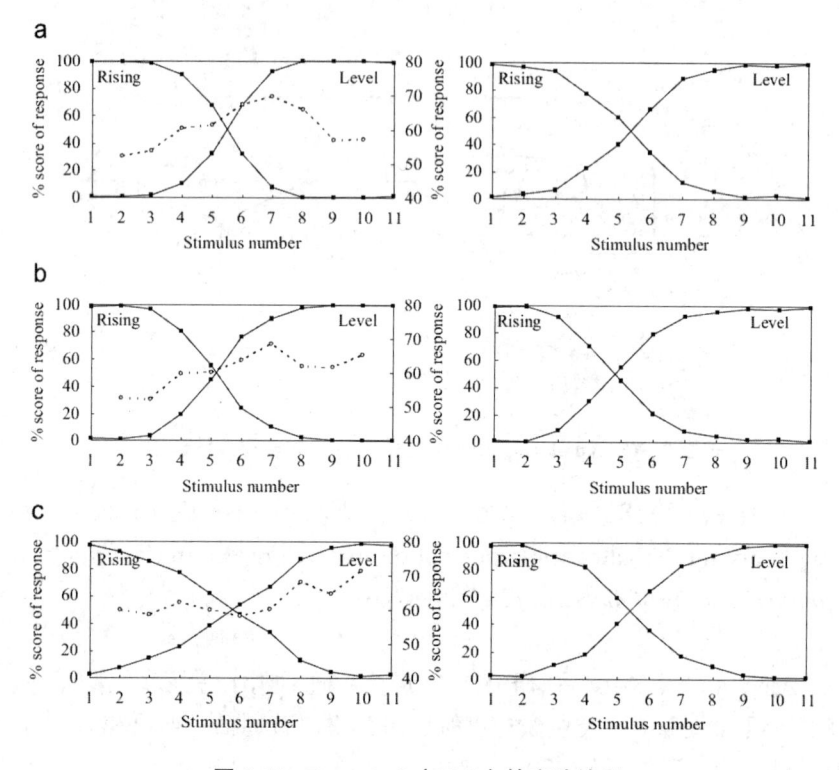

图 1-17　Peng et al.（2010）的实验结果

说明：左侧为言语刺激感知曲线图，右侧为非言语刺激感知曲线图，a、b、c 分别为汉语普通话母语被试、粤语母语被试与德语母语被试的感知结果。

资料来源：Peng et al.,2010: The influence of language experience on categorical perception of pitch contours. *Journal of Phonetics*, 38(4): 616-624.

Henthorn et al.（2013）进一步对比了声调语言和非声调语言母语者对非语言音高感知的影响。实验发现，母语为声调语言的音乐专业学生要比母语为非声调语言的音乐专业学生的绝对音高能力（AP：the ability to label or produce musical tones in the absence of a reference tone）显著要好，且对纯音阴平—阳平的感知是范畴性的。这进一步说明，声调语言母语背景的被试能够把语言经验中对声调的感知能力拓展到非语言且非熟悉的领域。但是 Henthorn et al.（2013）也指出，目前的研究大多还是局限于母语是声调语言与非声调语言的被试的对比，有关不同声调系统对音高和音乐感知的影响，还缺乏广泛的研究，比如是否能够判定母语声调系统的声调数量越多，绝对音高能力就越好？能否判定广东话背景的音乐专业学生的绝对音高能力就比普通话背景的要好？这些都还需要进一步的探索。

（四）影响声调感知的声学参数

本书研究只涉及对普通话单字调的范畴感知，因此下文只对感知普通话单字调的声学参数的相关研究进行讨论。

1. 与基频（Fundamental frequency，F0）相关的声学参数

我们在前文中已经提到，与 F0 参数相关的音高及调型是影响声调感知的最重要的声学参数。以往研究大多认为，母语者感知声调时，调型的权重大于音高（Abramson，1979；Gandour，1983；Francis et al.，2003；曹文，2010；王韫佳、李美京，2011）。而母语为非声调语言的听辨者则一般以音高的高低变化为感知声调范畴的主要参数（Gandour，1978；Gandour & Harshman，1978；Hallé et al.，2004；Xu et al.，2006；Peng et al.，2010；曹文，2010；王韫佳、李美京，2011）。

对汉语普通话阳平—上声的范畴感知，还有一些学者提出了其他的制约因素。刘娟（2004）的实验认为母语者在起点位置上也呈现范畴感知的结果，刘娟的实验结果还显示，拐点位置和起点音高对母语者感知降升调具有"互补作用"。王韫佳、李美京（2010），王韫佳、覃夕航（2012，2015）认为，拐点位置和终点音高对母语者感知阳平—上声具有"制约作用"，因为在上声拐点位置和终点位置上，母语者呈现出对阳平—上声的范畴感知。

当然，语言经验对非母语者感知声调来说也至关重要，如本章第一节（二）中提到的非声调语言母语者，在高级阶段学习之后可以建立起类似母语者的声调范畴感知模式。本身是声调语言的母语者，母语经验也会对其感知二语声调产生一定的影响。只不过如前文中所探讨的那样，这种经验对感知非母语声调影响究竟是正面的还是负面的仍然存在很多争议。也有研究认为，音乐学习的经验对声调语言母语者和非声调语言母语者感知另外一种语言的声调都有一定的帮助（Lee & Hung，2008；Cooper & Wang，2012；Zhao & Kuhl，2015；Li & DeKeyser，2017；姚尧、

陈晓湘 2020；Zhu et al., 2021）。

除了以上讨论，声调的感知还与许多因素相关，如发声类型、元音长短、音节结构等。不过，研究者普遍认为，这些参数与基频相比，都是次要影响参数（Blicher et al., 1990；Whalen & Xu, 1992；Liu & Samuel, 2004；孔江平，2015）。

2. 元音长短、时长因素

关于元音长短及时长因素，虽然学界不乏争议，但普遍认为其对母语者感知声调的影响不大。Gandour & Harsham（1978）研究了泰语母语者、Yoruba 语母语者和英语母语者对泰语 2 个曲拱调的感知情况。结果显示，平均音高（average pitch height）和时长（length）对三组被试感知声调都存在一定影响，但声调升/降（direction of pitch movement）、声调倾斜程度（magnitude of tones slope）仅仅对母语中存在曲拱调的泰语母语者产生影响，而且其影响超出平均音高和时长。

林茂灿（1989）曾研究过汉语普通话音节的时长和振幅对声调知觉的贡献，观察到在一定范围内改变时长，并不影响声调辨认，只是对自然度有影响。杨玉芳（1989）用时长为 100—500 毫秒的汉语普通话元音"yi"和"ao"负载的一、二声和二、三声声调连续统作刺激，用一声和二声反应曲线和平均反应百分数作指标，研究了时长和元音音色对声调识别的影响，认为时长对声调感知有一定的影响，不过她也认为这个研究与林茂灿（1989）的结论并不矛盾，因为被试对标准的一、二声或者二、三声基频曲线的感知并未受到元音时长和音色的影响，只有基频曲线偏离标准曲线的时候，时长才会发生作用。

郑秋晨（2014）在前人研究基础上，分别以普通话中 6 个单元音（/a//o//e//i//u//y/，即拼音 a、o、e、i、u、ü）为负载音节，合成了从汉语普通话阴平（T1）到阳平（T2）的声调刺激连续统，对 20 名平均年龄为 22.90 岁的汉语普通话母语者进行了识别实验，发现被试对不同元音合成的 T1-T2 的刺激连续统的感知都是范畴性的，但是负载元音的不同会对范畴感知边界位置产生影响，低元音 /a/ 的内在音高较低，其边界位置亦始终低于其他元音，且具有显著性差异。这说明了元音内在音高的不同会对感知边界产生影响，从而支持了 Ohala & Eukel（1976）的"舌位拉伸"假说。

朱雯静等（2016）利用语音合成听辨范式，考察了不同水平的汉语普通话学习者以及汉语普通话母语者对不同调域和不同时长的普通话阴平和去声的声调感知。统计结果显示，调域对汉语普通话母语者感知的影响大于学习者,而时长对学习者感知的影响大于母语者。语言学习经验的作用主要体现在学习者对调域和时长信息权重的不断调整。

这些研究表明,时长对声调感知也存在一定影响,但是对母语者的影响不大,对非母语者的影响较大。

3. 发声类型的影响

现代言语产生的声学理论(方特、高奋,1994)证明,言语/语音的产生(speech production)主要分成三个部分,一是嗓音声源,二是声道共鸣,三是唇辐射。通常,唇辐射在语音中没有区别意义的作用,所以我们在这里主要讨论嗓音声源和声道共鸣。在语音学中,声道共鸣称作"发音"(articulation),嗓音声源对应声带的振动,称作"发声"(phonation)。声带振动的不同方式称作语音的"发声类型"(phonation type)。常见的发声类型又分为正常嗓音和非正常嗓音两类[modal(default,baseline)and non-modal phonation],其中非正常发声类型有紧嗓音(pressed voice)、挤喉嗓音(creaky voice)、气嗓音(breathy voice)、气泡音(fry voice)、假声(falsetto)、吸气音(inspiration)等。

大量的汉藏语研究发现,许多发声类型具有超音段的性质,即"音节性"。因此,声调应该属于发声的研究范畴,具有时域和频率域两个特征。时域特征主要体现为基频的变化,频率域特征主要体现为发声类型的变化。(孔江平,2001)。总体来看,声调语言中发声类型与基频的关系有两种:与基频各自独立起作用的发声类型(pitch-independent non-modal phonation)和与基频共同起作用的发声类型(pitch-dependent non-modal phonation)(Kuang,2013)。在第一种情况下,两个声调的基频相同,发声类型作为最小的区别性特征独立区分音位,如哈尼语(Maddieson & Ladefoged,1985;Maddieson & Hess,1986;孔江平,2001),彝语(Maddieson & Ladefoged,1985;Maddieson & Hess,1986;孔江平,2001;Kuang & Keating,2014)。这背后的原因在于,控制发声和基频的肌肉不同,声门开合度由环杓后肌和环杓侧肌控制,基频则由环甲肌控制,二者可以相对独立工作(Laver,1980;Gobl & Ní Chasaide,2010)。但另一方面,在一些语言中,特定的声调是与特定的发声类型相结合的。比如普通话中的挤喉嗓音(creaky voice)常常在上声中出现(Davison,1991;Belotel-Grenié & Grenié,1994;孔江平,2001,2007;Yang,2015;Kuang,2017;Huang,2020)。载瓦语中的35调只与正常嗓音结合,而其他声调中既可以是紧嗓音,也可以是正常嗓音。从生理学角度来看,这背后的原因在于,由不同肌肉控制的声门开合和基频可以同时配合来区分音位。

发声类型的变化可以通过开商（open quotient）和速度商（speed quotient）来反映（孔江平，2001，2007；Keating et al.，2011，2012）。开商指的是声门开相和周期之比，速度商指的是声门正在打开相和声门正在关闭相之比。速度商越大、开商越小，嗓音越紧。开商和速度商可以从嗓音的声门气流或声压信号中获取，如图1-18所示为理想状态下嗓音的声压信号，其中，基频=1/周期（AD）；开商=声门开相（BD）/周期（AD）；速度商=声门正在打开相（BC）/声门正在关闭相（CD）。

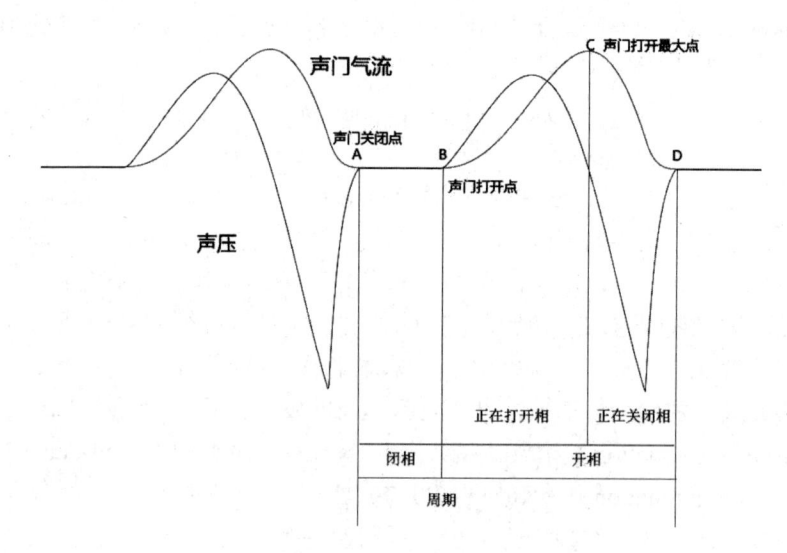

图 1-18 嗓音声压信号

所以，一个完整准确的声调系统要用基频、开商和速度商来定义和描写。近年来，越来越多的学者开始关注声调感知中发声类型的贡献。如 Kuang（2013）发现，苗语（Black Hmong）中的中平调33和低平调22以及高平调44的区分，主要依靠气嗓音的线索（breathy voice），Andruski（2006）和 Garellek et al.（2013）也发现，苗语（Green Hmong 和 White Hmong）中的降调因为调型相同，所以主要依靠发声类型区分意义。

杨若晓（2009）考察了汉语普通话母语者对四个声调的感知情况，认为声调的发声类型会对声调的范畴知觉产生影响，对于某一特定声调的识别，基于该声调合成的声音比基于其他声调合成到该声调的声音更易被识别为该声调。并且这种趋势在识别阳平和上声时具有非常重要的作用。

张锐锋、孔江平（2014）对中原官话禹州方言的声调进行了实验研究，他们用声学方法确定了该方言四声的调值，并通过感知听辨发现，在禹州方言声调感知中基频模式和发声类型都起作用。前者起主要作用，后者起补偿作用。在基频区别力弱时，发声类型对感知的作用较大，在基频区别力强时，发声类型对感知的贡献就变小。

但于谦（2017）的结论与以上研究的结论相反，他认为汉语普通话母语者和其他方言地区的母语者在感知汉语普通话四个声调时，发声类型均不起作用。这可能是因为于谦（2017）与之前实验所采用的刺激样本有差异。

此外，发声类型在感知二语声调时也起到了一定的作用，如 Tsukada et al.（2018）发现，缅甸语母语者在感知普通话声调时调用了母语中的发声信息，并对感知普通话起到了消极作用。陆尧、孔江平（2019）和陆尧（2024）发现，基频和发声类型在载瓦语母语者感知载瓦语声调和普通话声调时都起了一定的作用。

不过，受限于语音合成技术手段的缺失，以上所述的研究中，有的并没有对语音样本进行合成，有的只是采用不同的合成母本来改变基频，侧面证明发声类型对声调感知所起的重要作用，还没有研究通过直接合成发声类型连续统来进行感知实验，以讨论发声类型对声调感知感知贡献的大小。

（五）声调范畴感知的判断与比较标准

本章第一节（三）中提到，范畴感知的判断标准起初是非常严格的，一般认为需要符合与识别边界和区分波峰相关的 4 条特征。那么对于声调范畴感知的判断标准，一开始也是如此。不过在实际的实验中，由于各种因素的影响，往往很难同时满足这 4 条标准，达到理想的范畴感知模式。特别第 4 条标准在实际测量中几乎不可能出现，其他 3 项标准在实际应用中也常常会遇到问题。如识别曲线斜率达到多少，才能够被认为是具有"陡峭的"识别边界？在语音连续统内部，峰值与其他位置上区分率的差异也并不总是具有统计上的意义，那么什么样的区分波峰是显著的？不过，虽然存在不少争议，范畴感知最重要的 2 项特征"识别曲线边界陡峭与否、区分曲线是否存在波峰且与识别边界对应"仍被大多数学者所认同。

此外，不少学者认为，人类自然语言中可以区别意义的各种音位就是不同的范畴，母语者的实际语言交际就证明了音位感知的范畴性，听感格局的理念不是简单地依人为确定范畴感知的标准来作出判断（刘掌才等，2016）。因此，不应当对语音感知模式进行"范畴感知""连续感知"或者"准范畴感知"这样简单的定义和划分，而是应当对声调感知范畴化程度高低进行量化研究，并提出了比较感知范畴化程度的量化指标："边界宽度"（width of identification）、"区分峰值"、"区分峰度"（peakedness of discrimination, DP）和"范畴感知（CP）指数"等（Van Hessen & Schouten, 1999；Xu et al., 2006；Jiang et al., 2012；Chen et al., 2015；Liu et al., 2017；于谦，2017）。

"边界宽度"一般用识别曲线的斜率来衡量，通常认为是识别率为25%和75%之间的线性距离，边界宽度越窄，范畴化感知程度越高。这条标准基本上得到了学界的普遍认可。

"区分峰值"指的是识别边界处对应的那一对样本对的区分率，一般应当是区分曲线上的最大值，且与识别实验得到的边界位置相对应（Xu et al., 2006），但实际测量的结果往往可能出现不一致的情况。因此，有学者认为，应当对每个被试在所有样本对的区分率采用统计学上的方法进行两两比较，找出哪个或哪几个样本对的区分率显著大于其他样本对的区分率，即确认区分波峰的范围，再对比区分波峰范围内对应识别边界的某对或某几对样本对的区分率来比较范畴化程度高低（于谦，2017）。不过，这种方法往往受限于统计标准过于严格而导致统计不出来实际可观察到的波峰，统计得出的区分波峰的范围也未必能够完全对应识别边界。而且，仅仅通过比较区分波峰范围内某对或某几对区分率的值，不考虑范畴间和范畴内区分率的差异，就判断区分结果的范畴化程度，也显得证据有些不足。

"区分峰度"则一般认为是范畴间区分率与范畴内区分率的差值。有学者认为，范畴间区分率为对应识别边界位置的样本对的区分率，范畴内区分率为第一组和最后一组样本对区分率平均值（Xu et al., 2006）。也有学者认为，范畴间区分率为跨过识别边界位置的两对样本对的区分率平均值，范畴内区分率为其余各组的区分率平均值（Jiang et al., 2012；Chen et al., 2017）。但是在应用中，统计区分峰度的方法的问题同样在于，有时候区分率最大值与识别边界并不能够完全对应。

"范畴感知（CP）指数"主要反映的是目标被范畴感知的程度，最先应用于衡量辅音感知范畴化程度上（Van Hessen & Schouten, 1999），后面也被应用于声调感知领域（Liu et al.，2017），主要计算的是实测区分率和预测区分率在不同数据中的平均差异，差异越小，感知范畴化程度越高。但是根据识别曲线预测区分曲线在实际实验中缺乏准确性，因此这个标准也存在一定的问题。

三 前人研究中尚待解决的问题

纵观过往研究，伴随着语音合成技术的发展，语音感知的问题得到了学界的普遍关注。早期，研究者主要关注音段层面，也就是辅音和元音的感知问题，并基本达成共识：人们对辅音是范畴感知，对稳态的孤立单元音是连续感知。范畴感知和连续感知的概念及判断标准、实验范式及其背后的理论基础、神经机制在这个阶段得到了深入的探讨。

进入20世纪，越来越多的研究者开始关注超音段层面的语音感知，尤其是对最重要的超音段音位——声调的感知展开了一系列研究。对声调的感知是范畴感知还是连续感知，学者们通过声调感知识别与区分实验得出的结论普遍认为，母语者对调型相同、音高不同的声调的感知是连续感知，对调型不同，尤其是调型相反的声调的感知是范畴感知，但也有一些研究中提出了反例。对于非母语者的声调感知研究，学界普遍认为，非声调语言的母语者不能建立起跟母语者相同的声调范畴感知，但是通过学习可以建立类似母语者的声调范畴感知模式。声调语言经验对二语声调的感知是否存在影响以及存在何种影响，目前尚无一致的结论，研究的分歧与研究对象的语言背景、二语水平、研究范式和研究方法有关。对于声调感知的内在机制，学者们尝试从知觉同化模型（Perceptual Assimilation Model，PAM）、言语学习模型（Speech Learning Model，SLM）、言语运动机制、记忆机制、知觉同化机制等不同角度进行解释。对于影响声调感知的因素，虽然以往研究普遍认为主要是基频，但也有一些学者从时长、元音长短、发声类型等角度探讨了影响声调感知的其他声学参数。

不同学者在进行声调感知研究的时候采用的实验刺激、实验被试、实验方法都或多或少存在差异，导致以上研究仍然存在争论。比如，声调感知究竟是与辅音类似的范畴感知，还是与元音类似的连续感知，还是存在一种介于二者之间的感知模式？前人确立的范畴感知的判定标准和比较感知范畴化程度的量化指标是否适用于所有类型声调的感知？不同声调语言的感知模式有何不同？特别是，母语中的声调经验对二语声调范畴感知的影响到底是怎样的？以上领域目前仍缺乏广泛和深入的研究。

四　本书研究意义、目的、内容

　　声调语言经验对学习者感知非母语的声调是否存在影响以及存在何种影响，目前尚无一致的结论。众所周知，汉藏语系中包含着种类丰富的声调语言，除了汉语普通话，中国很多少数民族语言中都有声调系统，且与汉语普通话的声调系统有着较大差异，甚至比普通话的声调系统更为复杂。那么，在推广普通话的大背景下，如果能够对不同民族语言背景的母语者进行汉语普通话声调感知实验，不仅能够从跨语言的角度来广泛考察声调语言母语者对非母语声调的感知模式，探讨其母语声调经验对二语声调感知的影响，而且能够对声调感知本身的内涵与确认标准进行深入的探讨，研究成果能够为语言感知理论提供新的证据，为语言认知理论的发展奠定一定的学术基础，为民族地区的汉语普通话教学与推广提供一定的意见与建议。

　　因此，本书合成了汉语普通话四个声调的刺激连续统，选取了5种中国少数民族语言中声调系统具有代表性的语言——藏语拉萨话、德宏傣语、载瓦语、石门坎苗语、延边朝鲜语母语者为被试，进行了经典的识别实验与区分实验，探讨不同声调语言背景的母语者对汉语普通话声调的感知模式，并将实验结果与汉语普通话母语者的感知模式进行对比，做了详细的统计分析。全书章节安排如下：

　　第一章介绍国内外研究现状，本书的研究内容、研究目的和研究意义；第二章介绍本书的研究方法，包括实验材料设计、实验流程设计及数据分析方法等；第三至第八章分别介绍汉语普通话母语者、藏语拉萨话母语者、德宏傣语母语者、载瓦语母语者、石门坎苗语母语者、延边朝鲜语母语者感知汉语普通话声调的实验结果及讨论；第九章综合讨论；第十章是结语。

　　本书期待回答如下三个问题：

　　第一，声调范畴感知的判断标准、感知范畴化程度的比较标准是什么。

　　第二，具有不同声调系统的母语者对汉语普通话声调的感知模式及异同是什么样的。

　　第三，影响不同声调系统的母语者感知汉语普通话声调的因素有哪些。

第二章 研究方法

本书采用感知实验的方法研究不同民族地区人群对汉语普通话声调的感知，即通过合成汉语普通话四个声调两两之间的连续统作为实验材料，选取汉语普通话母语被试，以及不同民族地区民族语母语被试完成范畴感知实验中经典的识别任务和区分任务，最后将实验结果进行详细统计分析。本章将具体介绍实验材料设计、实验流程设计和数据分析方法。

一　实验材料设计

实验中所采用的刺激样本基于四个真实的汉语普通话单字调音节合成，即"搭、达、打、大"。这四个音节声、韵相同，声调分别为阴平、阳平、上声、去声（下文称为"T1、T2、T3、T4"）。发音人为一位女性，1975年生，国家级普通话测试员，普通话达到国家普通话水平测试一级甲等。以往研究中，普遍认为时长不是影响普通话声调感知的主要因素（林茂灿，1989；于谦，2017）。在录音时发现，单音节上声例字的时长基本无法短于500毫秒，因此我们通过反复录音取得了四个时长均接近500毫秒的音节。录音在安静的室内进行，具体录音设备包括录音软件（Cool Edit 2.1）、麦克风（Sony ECM-44B）、笔记本电脑（ThinkPad X1）、外置声卡（SBX）和调音台（XENYX 302 USB）。录音时的采样频率为22050赫兹，采样精度为16位。

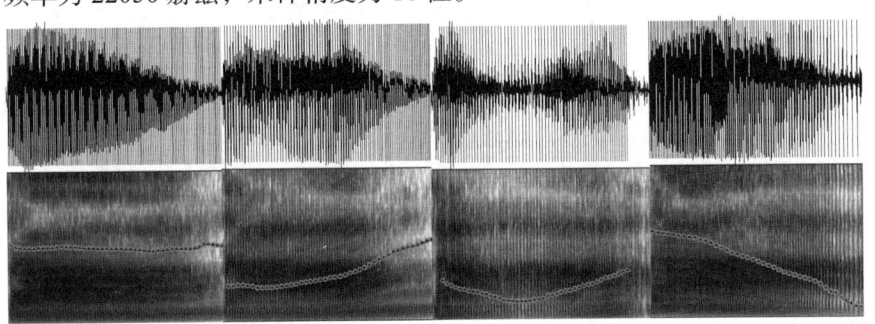

"T1 搭"语图　　"T2 达"语图　　"T3 打"语图　　"T4 大"语图

图 2-1 刺激样本原始语图和音高曲线

4个声调的对立形式共 6 种：T1-T2、T1-T3、T1-T4、T2-T3、T2-T4、T3-T4。我们使用 Praat 软件，通过基音同步叠加（pitch-synchronous overlap and add，PSOLA）的方法，来合成刺激样本。以 T1-T2 声调连续统为例，首先用 Praat 脚本程序等距离地分别提取 T1 和 T2 各 11 个点的基频，接着，通过插值计算出这两个声调 11 个基频测量点之间 9 个刺激样本的基频，然后以 T1 作为母本和组内第 1 个刺激样本，再按照计算出的 9 个基频数值逐步来改变 T1 的基频，均匀地合成 9 个刺激样本，最后按照 T2 的实际基频，在 T1 的母本上合成第 11 个刺激样本。母本的不同会影响被试的感知结果，因此，随后再以 T2 作为母本，同样通过上述方法逐步改变基频，得到 11 个刺激样本。最终合成了 12 组刺激样本连续统，每组 11 个刺激样本，共计 132 个刺激样本，如图 2-2 所示。所有合成样本的基频值见本书附录。

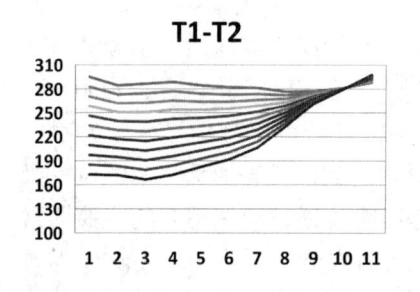

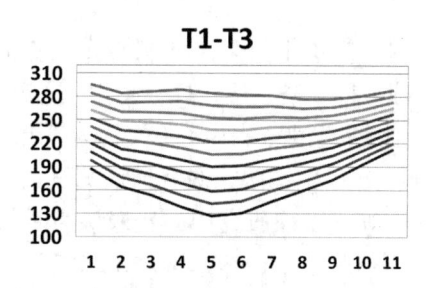

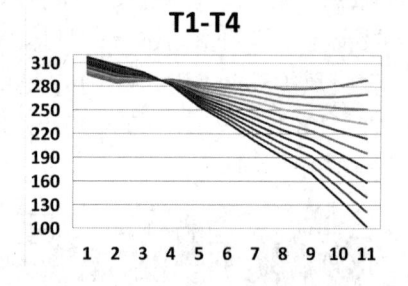

图 2-2　T1-T2、T1-T3、T1-T4 刺激样本基频曲线图

说明：T1-T2 声调连续统，基频最低为 172.72 赫兹，最高为 297.58 赫兹；T1-T3 声调连续统，基频最低为 126.65 赫兹，最高为 294.91 赫兹；T1-T4 声调连续统，基频最低为 102.58 赫兹，最高为 316.92 赫兹。

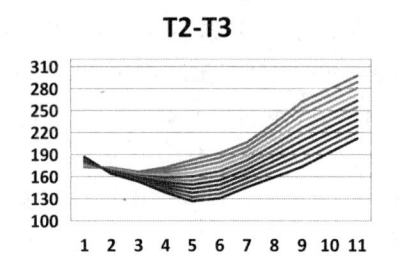

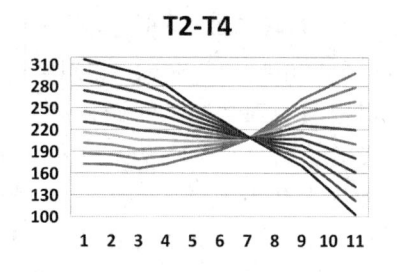

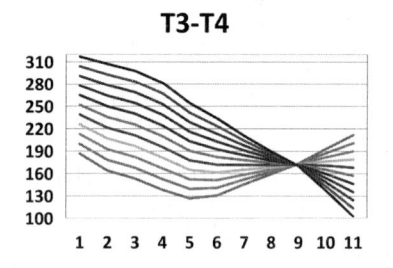

图 2-3　T2-T3、T2-T4、T3-T4 刺激样本基频曲线图

说明：T2-T3 声调连续统，基频最低为 126.65 赫兹，最高为 297.58 赫兹；T2-T4 声调连续统，基频最低为 102.58 赫兹，最高为 316.92 赫兹；T3-T4 声调连续统，基频最低为 102.58 赫兹，最高为 316.92 赫兹。

二　实验流程设计

每个被试都参加了感知实验中经典的识别和区分任务。顺序是先完成识别实验，再完成区分实验。

（一）识别实验

将合成的 12 组刺激样本随机播放，每组的 11 个刺激样本各随机出现 2 次（2×11=22 试次），每次每个刺激样本连续播放 2 遍。声音播放的同时屏幕上会同时出现两个汉字（T1、T2、T3、T4 相对应的"搭、达、打、大"中的两个字），播放完毕后，选择为强迫式的二选一形式，被试需要在 5 秒内通过电脑键盘上的"←"和"→"左右按键选择自己听到的是哪个字。在正式实验之前，被试可以进行循环练习，以便熟悉实验程序。在正式实验中，被试可随时暂停，稍事休息。

（二）区分实验

采用 AX 范式，即两个刺激样本配对播放，由被试判断是否相同，样本对由"相同样本对"和"不同样本对"组成。本实验中的"不同样本对"

由 1-3、2-4、3-5、4-6、5-7、6-8、7-9、8-10、9-11 和反方向的 3-1、4-2、5-3、6-4、7-5、8-6、9-7、10-8、11-9 这些刺激样本配对构成，共 18 对，每对中两个刺激样本间隔 2 个步长；"相同样本对"由 2-2、3-3、4-4、5-5、6-6、7-7、8-8、9-9、10-10 这些刺激样本配对构成，共 9 对。12 组刺激样本共组成了 18×12+9×12=324 个样本对。每个样本对在实验中播放 2 次，被试共需作出 324×2=648 次反应，为了最大程度上区分范畴内和范畴间的不同，每对中两个刺激样本播放间隔 500 毫秒（Pisoni，1973）；被试有 5 秒的时间判断这对刺激"相同"还是"不同"。所有样本对的播放都是随机的。实验分为 3 段进行，每段中间的休息时间由被试自己决定。在正式实验之前，被试同样可以进行循环练习。

所有的刺激由索尼 MDR-7506 耳机播放出来，双声道，72dB SPL。实验和数据采集使用 E-PRIME 软件进行。

三　数据分析方法

统计每个被试的数据，考察以往研究中提到的范畴感知最重要的 2 项特征：识别曲线边界分明与否、区分曲线是否存在区分波峰且与识别边界对应。此外，还用"识别边界的陡峭程度（sharpness）/边界宽度（width）""区分峰度"两个参数对各组被试对普通话声调的感知范畴化程度进行对比，并考察不同合成母本对被试表现的影响。数据统计分析采用 Excel 2010、SPSS（IBM SPSS Statistics 20.0）及 R 语言（The R Project for Statistical Computing）进行。

（一）识别实验

每个刺激的识别率是被试识别屏幕上两个汉字中的某一个汉字的概率。根据识别实验数据，构造二元逻辑回归模型（the binary logistic regression model），方程为：$\log_e(P1/1–P1)= b_0+b_1x$。对每一组声音连续统，P1 为识别率，x 为刺激样本连续统的步长，b_1 和 b_0 是回归模型函数中自变量 x 的回归系数和常数，b_1 可以用来计算回归曲线的斜率，识别率为 0.5 时所对应的 x 值即为识别边界（下文简称 Xcb），即 $b_0 + b_1 Xcb = \log_e(0.5/1–0.5) = 0 \rightarrow Xcb = -b_0/b_1$。边界宽度（下文简称 Wcb）等于识别率为 25% 和识别率为 75% 之间的线性距离。识别曲线越陡峭，边界宽度越窄，则范畴化程度越高，反之则越低（Xu et al., 2006）。

（二）区分实验

采用如下公式计算区分率：P=P（"S"|S）×P（S）+P（"D"|D）×P（D）。其中P（"S"|S）为相同样本对的判断正确率，P（"D"|D）为不同样本对的判断正确率，P（S）和P（D）是相同样本对和不同样本对在整个区分实验中的比例（Xu et al., 2006）。根据本次实验设计，P（S）和P（D）分别为1/3和2/3，每组声调连续统可以计算出9个区分率结果，每个样本对的区分率由2组不同对的判断正确率和1组相同对的判断正确率计算得出。以1-3样本对为例，区分率=（1-3和3-1样本对判断正确率的均值）×（2/3）+（2-2样本对判断正确率）×1/3。得到所有区分率之后，需要判断区分波峰的位置。首先观察区分曲线是否存在高低起伏，接着采用于谦（2017）的方法，通过One-way ANOVA单因素方差分析和Tukey HSD post-hoc事后检验，对每个被试所有样本对的区分率进行两两比较，统计各样本对区分率之间是否具有显著差异，并找出哪个或哪几个样本对的区分率显著大于其他样本对的区分率，确定区分波峰的范围。最后，为了对比区分结果的感知范畴化程度，采用Jiang et al.（2012）与Chen et al.（2017）等的方法，来比较"区分峰度"，定义范畴间区分率（下文简称Pbc）为跨过识别边界位置的1对或2对样本对的区分率平均值，范畴内区分率（下文简称Pwc）为其余各样本对的区分率平均值，比如对于某一个被试而言，其识别边界位置为3.66，那么跨过该边界位置的2对样本对即为2-4组和3-5组，这2对样本对的区分率平均值即为该被试的范畴间区分率，其余7对的区分率的平均值即为该被试的范畴内区分率。理论上来说，区分波峰应该与识别边界能够完全对应，也就是说，Pbc对应的2对样本对的区分率应该与区分波峰的范围对应。但是实际情况往往是复杂的。如果跨越边界的2对样本对与区分波峰是部分对应的关系，或者是包含的关系，我们仍然选择跨过该边界位置的2对样本对来作平均统计Pbc。区分峰度（下文简称Ppk）由范畴间区分率和范畴内区分率的差值决定。Ppk值越大，被试对范畴间（between category）语音差异比对范畴内（within category）语音差异的感知越为敏感，范畴化程度越高。

第三章 普通话母语者对普通话声调的感知

一 普通话声调系统

1955年10月,全国文字改革会议和现代汉语规范问题学术会议先后召开,普通话的概念得到了严格的、科学的定义:以北京语音为标准音,以北方话为基础方言,以典范的现代白话文著作为语法规范。根据Chao(1948)的五度标音法,一般认为普通话有四个声调,调值为:阴平55、阳平35、上声214和去声51。

从发声的角度来看,孔江平(2001,2007)利用电声门图(electroglottographic,简称EGG)和声门高速摄像(high-speed digital imaging)研究了普通话四声发声的特点,结果发现,阴平的开商和速度商都呈水平曲线;阳平的开商呈上升曲线,速度商呈下降曲线;上声最重要的特征是在F0较低时会出现挤喉嗓音(creaky voice),这种发声特征主要表现为声音波形周期的不规则;去声的主要发声特征为开商曲线会随着基频曲线的下降而下降,而且开头段会出现双脉冲现象。Keating & Esposito(2007)采用谐波分析法对普通话四声的发声做了研究,即测量语音频谱中的第一和第二谐波的差值(h1代表第一谐波,h2代表第二谐波,下文同此),指出h1-h2的数值实际上对应于开商的性质,普通话四声最重要的发声特征是伴随低调(包括上声的低调部分和去声的末尾低调部分)往往会有挤喉嗓音的出现。

二 实验被试

普通话被试共25人(10男,15女),均为在北京出生、在北京成长的北京人,普通话水平均在二级乙等以上,年龄在18—48岁之间。

三 实验结果

（一）T1-T2 声调连续统

图 3-1 为 T1-T2 声调连续统的感知结果。从图中我们可以直观地观察到，普通话被试的识别曲线均有较为陡峭的识别边界，区分曲线有较为明显的区分波峰，且区分曲线波峰与识别边界相对应。

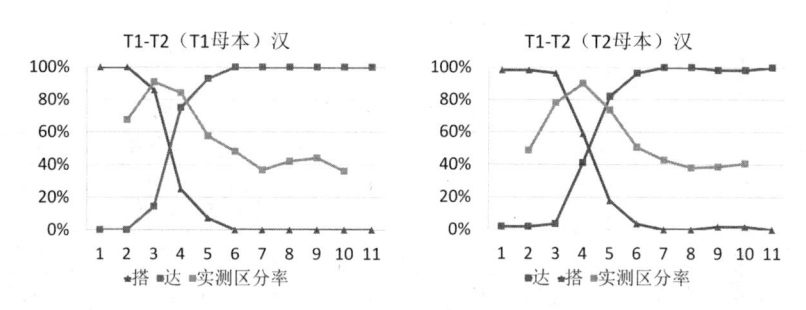

图 3-1 T1-T2 声调连续统感知结果（普通话被试）

从识别结果来看，通过二元逻辑回归方程进行回归分析，母本为 T1 时，普通话被试的识别边界和边界宽度分别为 3.66、0.89，边界跨越 2-4、3-5 样本对；母本为 T2 时，普通话被试的识别边界和边界宽度分别为 4.24、1.39，边界跨越 3-5、4-6 样本对。对两组结果进行 RM ANOVA 重复测量方差检验，结果表明普通话被试对基于不同母本合成的 T1-T2 声调连续统识别结果差异显著 [$F(1, 1094) = 11.43$，$p=0.003$]，这说明不同母本的发声类型等声源信息对被试感知本组声调对立有显著影响。

从区分结果来看，如表 3-1 所示，经过 One-way ANOVA 单因素方差分析和 Tukey HSD post-hoc 事后检验，母本为 T1 时，普通话被试区分率组间差异显著 [$F(8, 216) = 36.337$，$p=0.000$]，两两比较可以分为 4 个子集，2-4、3-5 样本对处于同一子集，组均值最高，可以判定为区分波峰，与识别边界 3.66（2-4、3-5 样本对）完全对应，区分峰值出现于 2-4 样本对，高达 91%。母本为 T2 时，普通话被试区分率组间差异显著 [$F(8, 216) = 34.246$，$p=0.000$]，区分波峰范围位于 2-4、3-5 样本对，与识别边界 4.24（3-5、4-6 样本对）部分对应，区分峰值出现于 3-5 样本对，高达 90%。

表 3-1　T1-T2 声调连续统各样本对区分率的同类子集（普通话被试）

T1-T2（T1母本）	N	alpha = 0.05 的子集				T1-T2（T2母本）	N	alpha = 0.05 的子集		
		1	2	3	4			1	2	3
10	25	0.36				8	25	0.38		
7	25	0.37				9	25	0.39		
8	25	0.42				10	25	0.41		
9	25	0.44	0.44			7	25	0.43		
6	25	0.48	0.48			2	25	0.49		
5	25		0.57	0.57		6	25	0.51		
2	25			0.67		5	25		0.73	
4	25				0.84	3	25		0.78	0.78
3	25				0.91	4	25			0.90
显著性		0.23	0.12	0.48	0.90	显著性		0.16	0.99	0.22

（二）T1-T3 声调连续统

图 3-2 为 T1-T3 声调连续统的感知结果，观察可见识别曲线有较为陡峭的识别边界，但是区分曲线整体都比较平缓，区分波峰不太明显。

从识别结果来看，通过二元逻辑回归方程进行回归分析，母本为 T1 时，普通话被试的识别边界和边界宽度分别为 5.12、1.83，边界跨越 3-5、4-6 样本对；母本为 T3 时，普通话被试的识别边界和边界宽度分别为 5.04、1.48，边界跨越 3-5、4-6 样本对。对两组结果进行 RM ANOVA 重复测量方差检验，结果表明普通话母语者对基于不同母本合成的 T1-T3 声调连续统识别结果差异不显著［$F(1, 1094) = 0.166$，$p=0.684$］，这说明不同母本的发声类型等声源信息对被试感知本组声调对立影响不大。

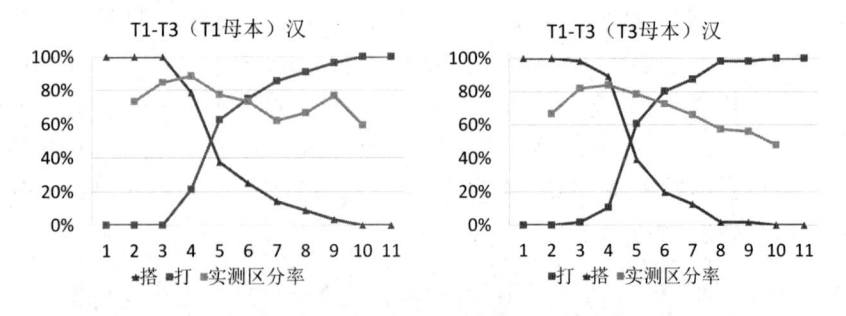

图 3-2　T1-T3 声调连续统感知结果（普通话被试）

从区分结果来看，如表 3-2 所示，经过 One-way ANOVA 单因素方差分析和 Tukey HSD post-hoc 事后检验，母本为 T1 时，普通话被试区分率组间差异显著［$F(8, 216) = 5.908$, $p=0.000$］，两两比较可以分为 3 个子集，组均值最高的是 1-3、2-4、3-5、4-6、5-7 和 8-10 样本对，但 3 个子集间的重叠度较高，组均值最高的子集中样本对达到了 6 组之多，且相互不连续，1-3、4-6、5-7、8-10 与 6-8、7-9 样本对的区分率不具有显著差异，6-8、7-9 样本对与 9-11 样本对的区分率无显著差异，所以区分结果只有一个可观测到的平缓波峰，在统计上无法判断该组的区分波峰即为组均值最高的子集。不过，组均值最高的子集仍与识别边界部分对应，识别边界对应的两组样本对落在该子集范围内，区分峰值达 89%。母本为 T3 时，普通话被试区分率组间差异显著［$F(8, 216) = 9.526$, $p=0.000$］，两两比较可以分为 4 组，4 组之间重叠度较高，组均值最高的子集为 1-3、2-4、3-5、4-6、5-7 样本对，即为区分波峰范围，同样为一个较为平缓的波峰。区分波峰与识别边界部分对应，识别边界对应的两组样本对落在区分波峰范围内，区分峰值高达 84%。

表 3-2 T1-T3 声调连续统各样本对区分率的同类子集（普通话被试）

T1-T3 （T1 母本）	N	alpha = 0.05 的子集			T1-T3 （T3 母本）	N	alpha = 0.05 的子集			
		1	2	3			1	2	3	4
10	25	0.59			10	25	0.48			
7	25	0.62	0.62		9	25	0.56	0.56		
8	25	0.67	0.67		8	25	0.57	0.57		
2	25	0.73	0.73	0.73	7	25		0.66	0.66	
6	25	0.73	0.73	0.73	2	25		0.67	0.67	0.67
9	25	0.77	0.77	0.77	6	25		0.73	0.73	0.73
5	25		0.77	0.77	5	25			0.79	0.79
3	25			0.85	3	25			0.82	0.82
4	25			0.89	4	25				0.84
显著性		0.06	0.15	0.15	显著性		0.79	0.09	0.12	0.07

（三）T1-T4 声调连续统

图 3-3 为 T1-T4 声调连续统的感知结果。从图中可以直观地观察到，普通话被试的识别曲线均有较为陡峭的识别边界，区分曲线均有较为明显的区分波峰，区分波峰基本能够与识别边界相对应。

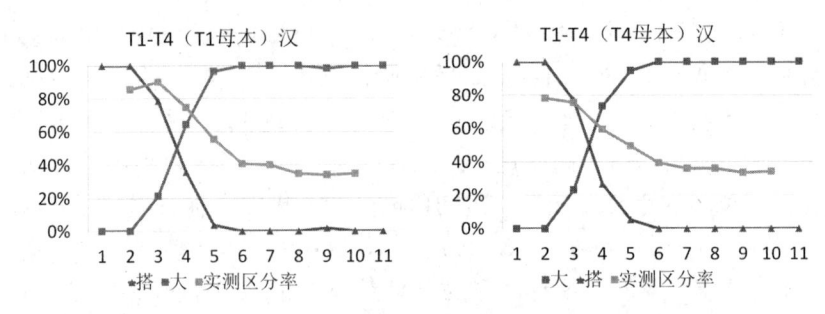

图 3-3 T1-T4 声调连续统感知结果（普通话被试）

从识别结果来看，通过二元逻辑回归方程进行回归分析，母本为 T1 时，普通话被试的识别边界和边界宽度分别为 3.6、0.85，边界跨越 2-4、3-5 样本对。母本为 T4 时，普通话被试的识别边界和边界宽度分别为 3.54、0.91，边界跨越 2-4、3-5 样本对。对两组结果进行 RM ANOVA 重复测量方差检验，结果表明普通话母语者对基于不同母本合成的 T1-T4 声调连续统识别结果差异不显著〔$F(1, 1094) = 0.096$, $p = 0.757$〕，这说明不同母本的发声类型等声源信息对被试感知本组声调对立影响不大。

从区分结果来看，如表 3-3 所示，经过 One-way ANOVA 单因素方差分析和 Tukey HSD post-hoc 事后检验，母本为 T1 时，普通话被试区分率组间差异显著〔$F(8, 216) = 59.329$, $p = 0.000$〕。区分波峰位于 1-3、2-4 样本对，与识别边界 3.6（2-4、3-5 样本对）稍有偏离，区分峰值出现于 2-4 样本对，达 90%，落在识别边界内。母本为 T4 时，普通话被试区分率组间差异显著〔$F(8, 216) = 32.830$, $p = 0.000$〕，区分波峰位于 1-3、2-4 样本对，与识别边界 3.54（2-4、3-5 样本对）稍有偏离，区分峰值出现于 2-4 样本对，为 78%，落在识别边界范围内。

表 3-3 T1-T4 声调连续统各样本对区分率的同类子集（普通话被试）

T1-T4（T1母本）	N	alpha = 0.05 的子集				T1-T4（T4母本）	N	alpha = 0.05 的子集			
		1	2	3	4			1	2	3	4
9	25	0.34				9	25	0.33			
8	25	0.35				10	25	0.34			
10	25	0.35				7	25	0.36	0.36		
7	25	0.40				8	25	0.36	0.36		
6	25	0.41				6	25	0.39	0.39		
5	25		0.55			5	25		0.49	0.49	

（续表）

T1-T4 （T1母本）	N	alpha = 0.05 的子集				T1-T4 （T4母本）	N	alpha = 0.05 的子集			
		1	2	3	4			1	2	3	4
4	25			0.75		4	25			0.59	
2	25			0.85	0.85	3	25				0.75
3	25				0.90	2	25				0.78
显著性		0.82	1.00	0.23	0.97	显著性		0.91	0.07	0.36	1.00

（四）T2-T3 声调连续统

图 3-4 为 T2-T3 声调连续统的感知结果。从图中我们可以看出，普通话被试的识别曲线有较为陡峭的识别边界，但区分曲线整体表现得较为平缓，区分率均在 60% 以下。

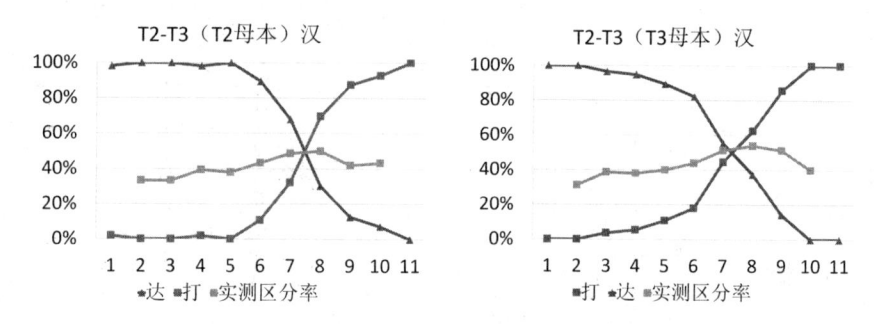

图 3-4　T2-T3 声调连续统感知结果（普通话被试）

从识别结果来看，通过二元逻辑回归方程进行回归分析，母本为 T2 时，普通话被试的识别边界和边界宽度分别为 7.38、1.61，边界跨越 6-8、7-9 样本对。母本为 T3 时，普通话被试的识别边界和边界宽度分别为 7.21、2.15，边界跨越 6-8、7-9 样本对。对两组结果进行 RM ANOVA 重复测量方差检验，结果表明普通话母语者对基于不同母本合成的 T2-T3 声调连续统识别结果差异不显著 [$F(1,1094)=0.783$，$p=0.376$]，这说明不同母本的发声类型等声源信息对被试感知本组声调对立影响不大。

从区分结果来看，如表 3-4 所示，经过 One-way ANOVA 单因素方差分析和 Tukey HSD post-hoc 事后检验，母本为 T2 时，普通话被试区分率组间差异显著 [$F(8,216)=5.128$，$p=0.000$]，两两比较可以分为 3

个子集，组均值最高的为5-7、6-8、7-9、8-10样本对这组，但是3-5、9-11样本对也被归于该组，这2对样本对既不与其他各组连续，相互之间也不具有显著差异，本组区分率也与其他两组区分率之间重叠度极高，所以区分结果只有一个可观测到的平缓波峰，在统计学意义上无法判断该组的区分波峰即为组均值最高的子集。区分峰值出现于7-9样本对，仅为50%，落在识别边界7.38（6-8、7-9样本对）内。母本为T3时，普通话被试区分率组间差异显著［F（8，216）= 7.677，p=0.000］，两两比较可以分为4个子集，组均值最高的为5-7、6-8、7-9、8-10样本对这组，即为区分波峰所在范围。但该组与其他3组样本对的重叠度较高，同样是一个较为平缓的波峰，与识别边界7.21（6-8、7-9样本对）能够部分重合。区分峰值出现于7-9样本对，为54%。

表3-4　T2-T3声调连续统各样本对区分率的同类子集（普通话被试）

T2-T3（T2母本）	N	alpha = 0.05 的子集 1	2	3	T2-T3（T3母本）	N	alpha = 0.05 的子集 1	2	3	4
3	25	0.33			2	25	0.31			
2	25	0.33			4	25	0.38	0.38		
5	25	0.38	0.38		3	25	0.39	0.39		
4	25	0.39	0.39	0.39	5	25	0.40	0.40	0.40	
9	25	0.42	0.42	0.42	10	25	0.40	0.40	0.40	
6	25	0.43	0.43	0.43	6	25		0.44	0.44	0.44
10	25	0.43	0.43	0.43	7	25			0.51	0.51
7	25		0.49	0.49	9	25			0.51	0.51
8	25			0.50	8	25				0.54
显著性		0.15	0.10	0.10	显著性		0.38	0.83	0.09	0.20

（五）T2-T4声调连续统

图3-5为T2-T4声调连续统的感知结果。从图中我们可以看出，普通话被试的识别曲线均有较为陡峭的识别边界，区分曲线均有较明显的平台状波峰，识别边界能与区分波峰相对应。

从识别结果来看，通过二元逻辑回归方程进行回归分析，母本为T2时，普通话被试的识别边界和边界宽度分别为5.74、1.12，边界跨越4-6、5-7样本对；母本为T4时，普通话被试的识别边界和边界宽度分别为 5.6、0.78，边界跨越 4-6、5-7 样本对。对两组结果进行 RM ANOVA 重复测量方差检验，结果表明普通话母语者对基于不同母本合成的 T2-T4 声调连续统识别结果差异不显著 [$F(1, 1094) = 0.631$, $p=0.427$]，这说明不同母本的发声类型等声源信息对被试感知本组声调对立影响不大。

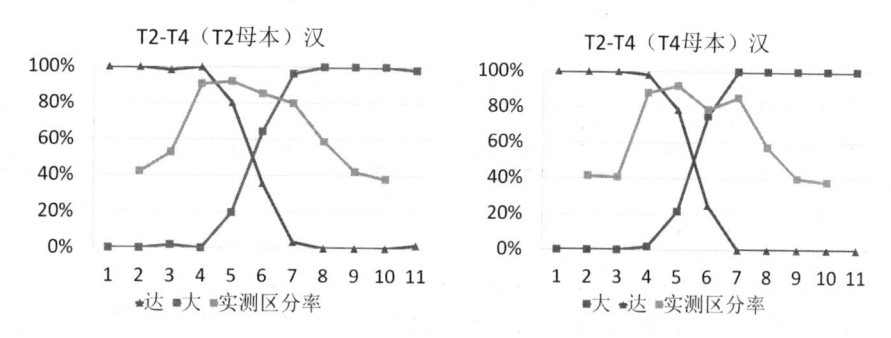

图 3-5　T2-T4 声调连续统感知结果（普通话被试）

从区分结果来看，如表 3-5 所示，经过 One-way ANOVA 单因素方差分析和 Tukey HSD post-hoc 事后检验，母本为 T2 时，普通话被试区分率组间差异显著 [$F(8, 216) = 43.405$, $p=0.000$]，区分波峰位于 3-5、4-6、5-7、6-8 样本对，为一个平台状的显著波峰，与识别边界 5.74（4-6、5-7 样本对）能够部分重合，区分峰值出现于 4-6 样本对，高达 92%。母本为 T4 时，普通话被试区分率组间差异显著 [$F(8, 216) = 51.805$, $p=0.000$]，区分波峰位于 3-5、4-6、5-7、6-8 样本对，为一个平台状的显著波峰，与识别边界 5.6（4-6、5-7 样本对）能够部分重合，区分峰值出现于 4-6 样本对，高达 92%。

表 3-5　T2-T4 声调连续统各样本对区分率的同类子集（普通话被试）

T2-T4（T2母本）	N	alpha = 0.05 的子集			T2-T4（T4母本）	N	alpha = 0.05 的子集		
		1	2	3			1	2	3
10	25	0.38			10	25	0.38		
2	25	0.42			9	25	0.40		
9	25	0.42			3	25	0.41		
3	25	0.53	0.53		2	25	0.41		
8	25		0.59		8	25		0.57	

（续表）

T2-T4 （T2母本）	N	alpha = 0.05 的子集			T2-T4 （T4母本）	N	alpha = 0.05 的子集		
		1	2	3			1	2	3
7	25			0.80	6	25			0.79
6	25			0.85	7	25			0.85
4	25			0.91	4	25			0.88
5	25			0.92	5	25			0.92
显著性		0.06	0.94	0.24	显著性		1.00	1.00	0.09

（六）T3-T4声调连续统

图3-6为T3-T4声调连续统的感知结果。从图中我们可以看出，普通话被试均有较为陡峭的识别边界和较为明显的区分波峰，但母本为T4时，区分波峰稍微偏离识别边界，二者未能完全吻合。

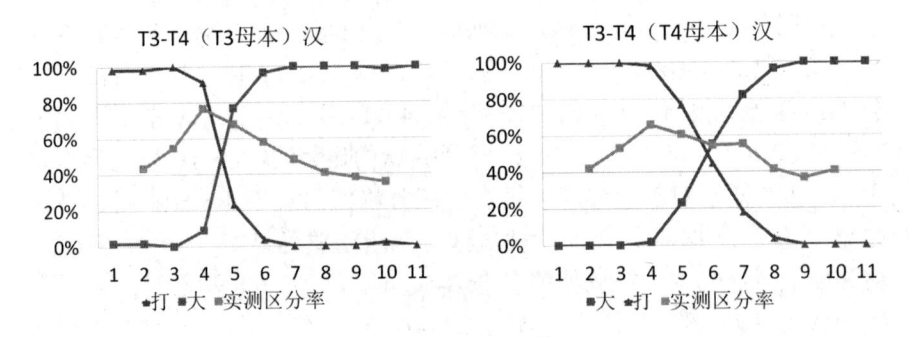

图3-6 T3-T4声调连续统感知结果（普通话被试）

从识别结果来看，通过二元逻辑回归方程进行回归分析，母本为T3时，普通话被试的识别边界和边界宽度分别为4.64、1.08，边界跨越3-5、4-6样本对；母本为T4时，普通话被试的识别边界和边界宽度分别为5.61、2.57，边界跨越4-6、5-7样本对。对两组结果进行RM ANOVA重复测量方差检验，结果表明普通话被试对基于不同母本合成的T3-T4声调连续统识别结果差异显著［$F(1, 1094) = 23.127$, $p<0.001$］，这说明不同母本的发声类型等声源信息对被试感知本组声调对立有显著影响。

从区分结果来看，如表 3-6 所示，经过 One-way ANOVA 单因素方差分析和 Tukey HSD post-hoc 事后检验，母本为 T3 时，普通话被试区分率组间差异显著［$F(8, 216) = 14.618$, $p=0.000$］，两两比较可以分为 5 个子集，组均值最高的为 3-5、4-6 样本对，即为区分波峰范围，与识别边界 4.64（3-5、4-6 样本对）完全对应。区分峰值出现于 3-5 样本对，达 77%。母本为 T4 时，普通话被试区分率组间差异显著［$F(8, 216) = 7.520$, $p=0.000$］，两两比较可以分为 3 个子集，组均值最高的为 2-4、3-5、4-6、5-7、6-8 样本对，但是该组数据与其他 2 个子集重叠度较高，是一个较为平缓的波峰，与识别边界 5.61（4-6、5-7 样本对）部分重合，区分峰值出现于 3-5 样本对，为 66%。

表 3-6　T3-T4 声调连续统各样本对区分率的同类子集（普通话被试）

T3-T4（T3母本）	N	\multicolumn{5}{c}{alpha = 0.05 的子集}	T3-T4（T4母本）	N	\multicolumn{3}{c}{alpha = 0.05 的子集}
		1	2	3	4	5			1	2	3
10	25	0.35					9	25	0.37		
9	25	0.38					10	25	0.41	0.41	
8	25	0.41	0.41				8	25	0.41	0.41	
2	25	0.43	0.43	0.43			2	25	0.42	0.42	
7	25	0.48	0.48	0.48			3	25		0.53	0.53
3	25		0.55	0.55	0.55		6	25		0.55	0.55
6	25			0.58	0.58		7	25		0.55	0.55
5	25				0.68	0.68	5	25			0.61
4	25					0.77	4	25			0.66
显著性		0.28	0.16	0.12	0.21	0.77	显著性		0.98	0.13	0.29

四　讨　论

（一）普通话母语者对普通话声调的感知模式

在第一章第二节（五）中，笔者已经讨论过以往研究中对声调范畴感知的判断标准与量化研究。对于学界观点的分歧，笔者认为，实际上范畴感知与连续感知仅仅是行为学意义上的两种不同感知模式，并不能由此确定被试是否能区分语言学意义上的音位范畴，也不能将行为学层面上的"范畴感知"与语言学层面上的"音位范畴"混为一谈。因为从结构主义音位学的角度来看，一个音位如果在母语者的语音系统中能够区分意义，本身就应该是一个音位范畴，比如音段音位的元音和辅音、超音段音位的声调，都是如此。但是在行为学意义上是否为范畴感知，如何判断、如何比较范畴感知的程度，仍然需要更多的数据支持。结合本次实验数据，笔者认为，从语言学的层面上来说，感知结果只要在识别曲线上出现较为清晰的"X"形曲线，有陡峭的识别边界，即可反映出被试能够区分这两个音位范畴。但从行为学的意义上来说，笔者与大部分学界研究的观点一致，认为范畴感知模式除了需要有陡峭的识别边界，区分曲线也应当在识别边界处出现区分波峰（Liberman et al., 1957; Studdert-Kennedy et al., 1970; Xu et al., 2006; Peng et al., 2010; Chen et al., 2017; 于谦, 2017）。不过，对于识别边界陡峭程度和区分波峰的判定，以往研究中仍有较多争议，笔者将依据第一章第二节中的讨论及提到的数据统计方法对本书实验结果体现的被试的感知模式进行解释（Xu et al., 2006; Peng et al., 2010; Jiang et al., 2012; Chen et al., 2017; 于谦, 2017）。

首先，从识别结果来看，表3-7显示了普通话被试识别结果中二元逻辑回归方程的常量 b_0、系数 b_1，以及本章第三节中统计出的各组识别边界和边界宽度。数据显示，T1-T2、T1-T4、T2-T4 及 T3-T4（T3 母本）声调连续统的边界宽度相对较窄，基本在 1 左右。T1-T3、T2-T3 和 T3-T4（T4 母本）声调连续统要显著更宽，基本在 1.5 左右甚至 2 以上。从图3-1至图3-6也可以看出，T1-T2、T2-T4、T1-T4 及 T3-T4（T3 母本）声调连续统的识别曲线在50%交叉点的位置有一个相对较为急剧的变化，而 T1-T3、T2-T3 和 T3-T4（T4 母本）声调连续统的曲线变化则要平缓得多，特别是 T2-T3 声调连续统，识别曲线相对最为平缓。众所周知，普通话的四个声调在母语者的语言系统中能够区分意义，并且存在音位范畴。本次实验的识别结果中，组与组之间虽然略有差异，但是整体来看，普通话被试对大部分普通话声调连续统的边界宽度都在3以内且都能够观察到较为陡峭的"X"形识别曲线。识别实验数据显示，普通话被试能够将每组声调连续统在语言学层面上区分为不同的音位范畴，同时体现了行为学层面上范畴感知的特点。由此，笔者认为，在之后的实验中，如果被试的感知结果中两条识别曲线显著平缓，边界宽度显著大于普通话被试，即可定义为识别边界不陡峭，被试无法区分两个音位范畴。

表 3-7　识别实验结果（普通话被试）

声调连续统	母本	b_0	b_1	识别边界	边界均值	边界宽度	宽度均值
T1-T2	T1	-9.09	2.48	3.66	3.95	0.89	1.14
	T2	-6.68	1.58	4.24		1.39	
T1-T3	T1	-6.16	1.20	5.12	5.08	1.83	1.66
	T3	-7.48	1.48	5.04		1.48	
T1-T4	T1	-9.31	2.59	3.60	3.57	0.85	0.88
	T4	-8.58	2.42	3.54		0.91	
T2-T3	T2	-10.07	1.36	7.38	7.30	1.61	1.88
	T3	-7.37	1.02	7.21		2.15	
T2-T4	T2	-11.23	1.96	5.74	5.67	1.12	0.95
	T4	-15.79	2.82	5.60		0.78	
T3-T4	T3	-9.42	2.03	4.64	5.13	1.08	1.83
	T4	-4.79	0.85	5.61		2.57	

其次，从区分结果来看，表 3-8 显示了统计得出的每组声调连续统区分波峰范围，以及与识别边界的对应情况。数据显示，大部分区分曲线都能够发现显著的区分波峰，但是大部分区分波峰都不是一个显著的尖峰，即在每组区分实验结果的内部，没有哪一个样本对的区分率显著高于其他所有样本对区分率，区分波峰范围大多包含了不止一个样本对。而且大部分情况下，区分波峰范围内仅有部分样本对能够与识别边界所跨越的样本对相对应，或者区分波峰范围内的样本对包含识别边界所跨越的样本对。仅有 T1-T2（T1 母本）和 T3-T4（T3 母本）声调连续统中，区分波峰与识别边界能够完全对应。因此，如果区分波峰与识别边界完全一致，或者识别边界所跨越的样本对包含区分波峰范围内的样本对，我们定义为识别边界与区分波峰的"完全对应"；如果区分波峰范围内的样本对包含识别边界所跨越的样本对，我们定义为识别边界与区分波峰的"基本对应"；如果区分波峰与识别边界有所偏离，区分波峰范围内的样本对与识别边界跨越的样本对仅有部分一致，我们定义为识别边界与区分波峰的"部分对应"。T1-T3（T1 母本）与 T2-T3（T2 母本）声调连续统虽然在统计中无法明确区分波峰的范围，但是如果简单地认为这两组结果并无区分波峰，也并不合适。因为从图中不仅可以观测到区分曲线的起伏，以及在识别边界处区分曲线的凸起，而且在这两组结果内部，各个样本对的区分率之间仍然存在显著差异，两两比较可以分

出 3 个或 3 个以上子集，观察和统计的结果可以说明这两组结果仍然是有一个较为平缓的波峰存在。由此，普通话被试对各组声调连续统的区分实验结果，在广义上均体现出了范畴感知的特点。

最后，从母本的发声类型对声调感知的影响来看，尽管本章第三节中的重复测量方差检验显示，普通话被试仅对基于不同母本合成的 T1-T2 和 T3-T4 这两组声调连续统识别曲线差异显著［F（1，1094）= 8.871，p=0.003；F（1，1094）= 23.127，p<0.001］，对基于不同母本合成的其他各声调连续统的差异不显著（p>0.05），但是实际上其他各组声调连续统从数值上来看还是稍有差异的，不可能完全吻合。对于 T1-T2 声调连续统，当我们采用 T1 为母本时，被试的识别边界显著小于采用 T2 为母本合成的声调连续统，即被试在感知 T1 合成的声调连续统时，识别边界更偏向 T1，被试更快地判断为不是 T1；而当被试在感知 T2 合成的声调连续统时，显然需要更多步长才能判断不是 T1。对于 T3-T4 声调连续统也是如此，当我们采用 T3 合成时，被试的识别边界显著小于采用 T4 为母本合成的声调连续统，即被试在感知 T3 合成的刺激样本连续统时，识别边界更偏向 T3，被试更快地判断为不是用来合成的母本；而当被试在感知 T4 合成的声调连续统时，显然需要更多步长才能判断不是 T3。可以看出，在这里，母本的发声类型等声源信息对识别实验起了反作用。这一结果与杨若晓（2009）和于谦（2017）不同，原因可能与合成刺激样本的母本不同及合成刺激样本的方法有差异相关。

表 3-8　区分实验结果（普通话被试）

声调连续统	母本	区分波峰范围	识别边界对应样本对	与识别边界对应情况
T1-T2	T1	2-4、3-5	2-4、3-5	完全对应
	T2	2-4、3-5	3-5、4-6	部分对应
T1-T3	T1	可观测到波峰（1-3、2-4、3-5、4-6、5-7、8-10）	3-5、4-6	基本对应
	T3	1-3、2-4、3-5、4-6、5-7	3-5、4-6	基本对应
T1-T4	T1	1-3、2-4	2-4、3-5	部分对应
	T4	1-3、2-4	2-4、3-5	部分对应
T2-T3	T2	可观测到波峰（3-5、5-7、6-8、7-9、8-10、9-11）	6-8、7-9	基本对应
	T3	5-7、6-8、7-9、8-10	6-8、7-9	基本对应

（续表）

声调连续统	母本	区分波峰范围	识别边界对应样本对	与识别边界对应情况
T2-T4	T2	3-5、4-6、5-7、6-8	4-6、5-7	基本对应
	T4	3-5、4-6、5-7、6-8	4-6、5-7	基本对应
T3-T4	T3	3-5、4-6	3-5、4-6	完全对应
	T4	2-4、3-5、4-6、5-7、6-8	4-6、5-7	基本对应

综上所述，普通话母语者的语言系统中存在四个声调音位范畴，对各声调连续统的感知模式在行为学层面均为范畴感知，只是对不同声调连续统的感知范畴化程度有所不同。本章对 T1-T2、T1-T3、T1-T4、T2-T4 声调连续统感知模式的判断结论与大部分前人研究基本相同（Wang，1976；Xu et al.，2006；杨若晓，2009；Peng et al.，2010；张林军，2010a，b；覃夕航，2012；荣蓉，2013；Chen et al.，2017；于谦，2017）；对 T2-T3 声调连续统感知模式的判断结论与 Chen（2012）相同，与杨若晓（2009），王韫佳、覃夕航（2012，2015），于谦（2017）等人不同；对 T3-T4 声调连续统感知模式的判断结论与杨若晓（2009）相同，与于谦（2017）不同。

（二）普通话母语者感知普通话声调范畴的变化

从范畴化程度的对比来看，如表 3-9 所示，将普通话被试对每组声调连续统的两套识别结果的 Wcb 值进行平均，T1-T4<T2-T4<T1-T2<T1-T3<T3-T4<T2-T3，体现了识别结果范畴化程度由高到低。将普通话被试对每组声调连续统的两套区分结果的 Ppk 值进行平均，感知范畴化程度：T1-T2>T2-T4>T1-T4>T3-T4>T1-T3>T2-T3。虽然识别结果和区分结果体现的感知范畴化程度略有不同，但总体上普通话被试对 T1-T2、T2-T4、T1-T4 这三组没有涉及 T3 的声调连续统的感知范畴化程度比其他各组要高。普通话被试对 T2-T3 声调连续统的感知，无论是识别结果还是区分结果都显示范畴化程度最低。

表 3-9 各组声调连续统的范畴间区分率、范畴内区分率、区分峰度、边界宽度（普通话被试）

声调连续统	母本	普通话被试					
		Pbc	Pwc	Ppk	Ppk-mean	Wcb	Wcb-mean
T1-T2	T1	87.33%	47.33%	40.00%	36.74%	0.89	1.14
	T2	81.67%	48.19%	33.48%		1.39	
T1-T3	T1	83.00%	70.86%	12.14%	14.69%	1.83	1.66
	T3	81.33%	64.10%	17.24%		1.48	
T1-T4	T1	82.33%	46.38%	35.95%	29.79%	0.85	0.88
	T4	67.33%	43.71%	23.62%		0.91	
T2-T3	T2	49.33%	38.95%	10.38%	11.29%	1.61	1.88
	T3	52.67%	40.48%	12.19%		2.15	
T2-T4	T2	88.67%	57.71%	30.95%	30.24%	1.12	0.95
	T4	85.33%	55.81%	29.52%		0.78	
T3-T4	T3	72.33%	45.43%	26.90%	18.33%	1.08	1.83
	T4	57.67%	47.90%	9.76%		2.57	

将普通话被试对每个声调在每组声调连续统中的两套识别边界的数据予以平均，可以讨论被试感知每个声调范畴的情况。举例来说，假如 T1-T2 的识别边界为 4，那么在这种条件下，被试对 T1 的感知范畴为 4，T2 的感知范畴为 7。根据表 3-10，可以发现，普通话被试感知普通话四声的感知范畴：T2>T4>T3>T1。普通话被试在 T1 与其他三个声调的对立中，感知范畴先增后减；在 T2 与其他三个声调的对立中，感知范畴先增后减；在 T3、T4 分别与其他三个声调的对立中，感知范畴先减后增。

表 3-10 普通话四声的感知范畴（普通话被试）

普通话声调	T1	T2	T3	T4	均值
T1		3.95	5.08	3.57	4.20
T2	7.05		7.30	5.67	6.67
T3	5.92	3.70		5.13	4.92
T4	7.43	5.33	5.87		6.21

五 小 结

本章探讨了普通话母语者对普通话四个声调的感知特点。首先利用二元逻辑回归方程和区分率计算公式提取了识别曲线的边界位置和边界宽度、各个样本对的区分率等参数，计算并描绘了识别曲线和区分曲线。其次通过观察曲线、进行 One-way ANOVA 单因素方差分析和 Tukey HSD post-hoc 事后检验，综合判断了区分波峰所在的范围。最后采取边界宽度与区分峰度两个参数，对比分析了被试对各组声调连续统的感知范畴化程度。

在对数据进行深入分析的基础上，本章从语言学和行为学两个维度对普通话声调感知模式进行了定义。数据显示，普通话被试能够将每组声调连续统区分为不同的范畴，在之后民族地区发音人的感知实验结果中，如果两条识别曲线显著平缓，边界宽度显著超过普通话被试的边界宽度，就定义为识别边界不陡峭，被试无法区分本组声调连续统的两个音位范畴，反之则认为能够区分。但从行为学的意义上来说，本书与大部分以往研究的观点一致，认为范畴感知模式除了需要有陡峭的识别边界，也需要与识别边界相对应的区分波峰。对于区分波峰的定义，除了在统计上有显著意义的波峰，如果区分实验的各样本对区分率之间有显著差异且能够观察到区分波峰的存在，能够与识别边界部分重合，我们即判定能够反映行为学层面上范畴感知的特点。

综上所述，普通话母语者对普通话四个声调的感知模式都是范畴感知，对 T1-T2、T2-T4、T1-T4 这三组没有涉及 T3 的声调连续统的感知范畴化程度均高于 T3-T4、T1-T3、T2-T3 这三组涉及 T3 的声调连续统，对 T2-T3 声调连续统的感知范畴化程度最低。普通话母语者感知普通话四声的范畴均值：T2>T4>T3>T1。对于由不同母本合成的 T1-T2 和 T3-T4 声调连续统，普通话母语者的识别结果具有差异显著，体现了母本发声类型等声源信息对被试感知声调的反作用。

第四章　藏语拉萨话母语者对普通话声调的感知

一　藏语拉萨话声调系统

（一）藏语拉萨话声调声学分析及感知研究

藏语拉萨话属于汉藏语系藏缅语族藏语支卫藏方言。多年来，国内外有不少学者研究过藏语拉萨话的声调，如胡坦（1980），瞿霭堂（1981），胡坦等（1982），金鹏（1983），谭克让、孔江平（1991），黄布凡（1994），孔江平（1995），古明霄（2021），杨洁等（2023）。

金鹏（1983）主编的《藏语简志》认为藏语拉萨话的声调有6个，记为55、114、52、13、51和132。胡坦等（1982）采用实验方法研究了藏语拉萨话的声调，并指出，拉萨话高调类、低调类界限分明，严格对立，因韵母的长短和舒促，又各分为3个调，一共6个调，分别是高长调55或44、高短调54或43、高降调52及低长调113、低短调12、低升降调132或121。谭克让、孔江平（1991）指出，上述6个调是由古藏语声母的清浊韵母塞尾演变而来，在物理特性上，除了音高外，其他特征对藏语拉萨话声调的功能也起着一定的作用，如音节分长短，长短音节与声调有一定的关系。黄布凡（1994）则认为藏语拉萨话有4个调位6个调值，分别是长调55、113，短调53（54、52）、13（12、132）；其中，54和52、12和132各以有无喉塞韵尾互补分布。可以发现，以往学者的调查研究一致认同藏语拉萨话一共有6个调值。但是，对这6个调值究竟应处理成几个调类，藏语研究者的处理思路和方法不同，因此所持的观点不同。

孔江平（1995）认为，藏语拉萨话中51调和132调有喉塞音韵尾/ʔ/，其声学体现也很特殊，主要表现为挤喉音，因此藏语拉萨话的声调可处理为4个，以宽式记音可标作55、14、53（52和51）和12（12和132）。拉萨话的音节有长短之分，55和14调为长音节，53和12调为短音节；也有高低之分，55和53为高调，14和12为低调，因此拉萨话的声调也可以处理为"高"和"低"2个调。他还采用并联共振峰的方式合成语音样本进行了感知实验,对藏语拉萨话声调的音高、调型和长短进行了综合研究,结果发现藏语拉萨话 4 个声调之间(6 种对立关系),无论从频率域、频率域加时间域,还是时间域上都是范畴感知,就母语者对声调的认知而言,拉萨话至少要区分高长 55、高短 53、低长 114、低短 13 四个调类。受当时实验条件的限制,该文未对带有 /ʔ/ 尾的 51 和 132 两个声调的感知进行研究。

杨洁等(2023)在孔江平(1995)感知实验的基础上,进一步探究了藏语拉萨话母语者是否能够区分 53 和 51(ʔ),以及 13 和 132(ʔ)这两个声调连续统内的两个声调。如图 4-1 所示,他们选取了拉萨话中的四个常用单音节词 /ta^{53}/ "马"、/taʔ^{51}/ "绑" 和 /ta^{23}/ "月亮"、/taʔ^{232}/ "舔" 进行声学分析,发现第一组调值分别为 53 和 51,第二组调值分别是 23 和 232,具体调值和孔江平(1995)略有不同,但声调的调型并没有改变,如图 4-1 所示。接着,他们通过"基音同步叠加(pitch-synchronous overlap and add,简称 PSOLA)"的方法改变两组母本基频分别合成了 11 个刺激样本连续统,并选取年龄在 18—25 岁的 27 名被试参加了范畴感知实验。实验结果发现,/ta^{53}/ – /taʔ^{51}/ 和 /ta^{23}/ – /taʔ^{232}/ 这两组声调感知实验结果一致,无论母本是哪个,无论基频如何变化,被试都无法将两个音位进行区分。也就是说,藏语拉萨话母语者在区分这两组音节时,主要是靠喉塞韵尾,而不是基频,因此杨洁等(2023)认为可以将 T53 和 T51 合并为一个调位,将 T23 和 T232 合并为一个调位,进而说明藏语拉萨话从认知上应是四个声调。

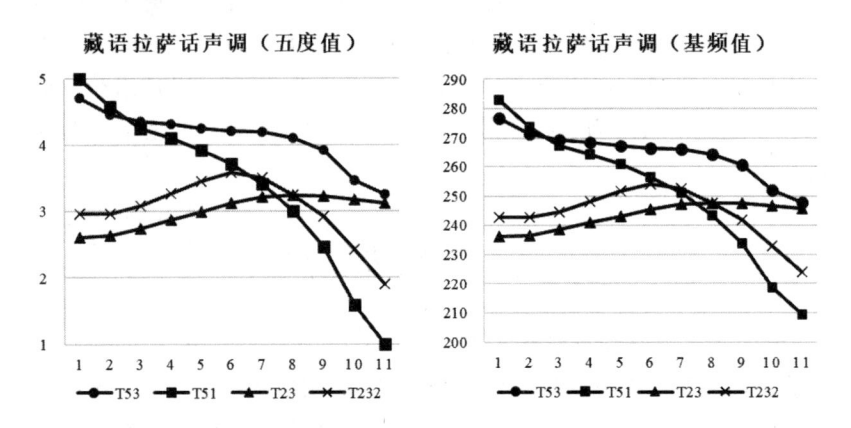

图 4-1　/ta^{53}/ "马"、/taʔ^{51}/ "绑" 和 /ta^{23}/ "月亮"、/taʔ^{232}/ "舔" 的基频值和五度值

资料来源:杨洁等:《藏语拉萨话声调与喉塞韵尾感知研究》,《民族语文》第 4 期,第 101—110 页,2023。

综合以往研究结果，本书采用孔江平（1995）与杨洁等（2023）的观点，认为藏语拉萨话声调可归类为4个，即55、14、53（52和51）和23（12和232）。

（二）藏语拉萨话与普通话声调对比分析

与普通话声调进行对比，可以发现高平调、高升调和高降调在普通话和藏语拉萨话中都存在，仅调值略有差别；而藏语拉萨话中与普通话类似的降升调在以往研究的严式记音中存在，在宽式记音中是可以与其他调类合并的；普通话中虽然没有类似藏语拉萨话的低升调，但是在前人研究中认为阳平和上声具有相似性，上声的后半段也是一个低升调。

表 4-1 藏语拉萨话声调和普通话声调对比

语言	声调类型	调值	语言	声调类型	调值
藏语拉萨话	高平调	55	普通话	高平调	55
	高升调	14		高升调	35
	高降调	53（52，51）		高降调	51
	低升调	23（12，232）		降升调	214

二 实验被试

藏语拉萨话被试共37名（17男，20女），来自拉萨尼水、当雄等6县2区，均为西藏民族大学本科生，年龄为18—21岁，所受教育程度相当，从小在拉萨生活、成长，平时与家人、朋友交流以藏语拉萨话为主。同时，所有被试均从小学开始学习普通话，能够用普通话进行正常交流。

三 实验结果

（一）T1-T2声调连续统

图4-2为T1-T2声调连续统的感知结果。从图中我们可以直观地观察到，藏语拉萨话被试的识别曲线均有较为陡峭的识别边界，区分曲线有较为明显的区分波峰，但母本为T1时，区分波峰与识别边界有所偏离。

第四章 藏语拉萨话母语者对普通话声调的感知 69

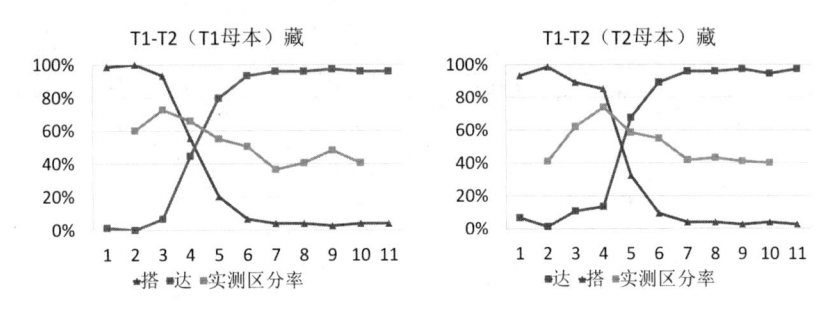

图 4-2 T1-T2 声调连续统感知结果（藏语拉萨话被试）

从识别结果来看，通过二元逻辑回归方程进行回归分析，母本为 T1 时，藏语拉萨话被试的识别边界和边界宽度分别为 4.41、2.06，边界跨越 3-5、4-6 两个样本对。母本为 T2 时，藏语拉萨话被试的识别边界和边界宽度分别为 4.79、2.21，边界跨越 3-5、4-6 两个样本对。对两组结果进行 RM ANOVA 重复测量方差检验，结果表明被试对基于不同母本合成的 T1-T2 声调连续统识别结果差异显著 [$F(1, 808) = 8.871$, $p=0.000$]，这说明同母本的发声类型等声源信息对被试感知本组声调对立有显著影响。

从区分结果来看，如表 4-2 所示，经过 One-way ANOVA 单因素方差分析和 Tukey HSD post-hoc 事后检验，母本为 T1 时，藏语拉萨话被试区分率组间差异显著 [$F(8, 324) = 16.155$, $p=0.000$]，两两比较可以输出为 5 个子集，区分波峰范围位于 1-3、2-4、3-5 样本对，与识别边界 4.41（3-5、4-6 样本对）部分重合，区分峰值出现于 2-4 样本对，达 73%；母本为 T2 时，藏语拉萨话被试区分率组间差异显著 [$F(8, 324) = 12.576$, $p=0.000$]，组均值最高的为 2-4、3-5、4-6 样本对，可判定为区分波峰范围，与识别边界 4.79（3-5、4-6 样本对）基本对应，区分峰值出现于 3-5 样本对，达 73%。

表 4-2 T1-T2 声调连续统各样本对区分率的同类子集（藏语拉萨话被试）

T1-T2（T1母本）	N	alpha = 0.05 的子集					T1-T2（T2母本）	N	alpha = 0.05 的子集			
		1	2	3	4	5			1	2	3	4
7	37	0.36					10	37	0.39			
8	37	0.41	0.41				2	37	0.42			
10	37	0.41	0.41				9	37	0.42			
9	37	0.48	0.48	0.48			7	37	0.44			

（续表）

T1-T2 (T1母本)	N	alpha = 0.05 的子集					T1-T2 (T2母本)	N	alpha = 0.05 的子集			
		1	2	3	4	5			1	2	3	4
6	37	0.50	0.50				8	37	0.45	0.45		
5	37		0.55	0.55			6	37	0.52	0.52	0.52	
2	37		0.60	0.60	0.60		5	37		0.59	0.59	0.59
4	37				0.66	0.66	3	37			0.61	0.61
3	37					0.73	4	37				0.73
显著性		0.15	0.35	0.15	0.23	0.09	显著性		0.09	0.05	0.61	0.07

（二）T1-T3 声调连续统

图 4-3 为 T1-T3 声调连续统的感知结果，从图中我们可以直观地看到，藏语拉萨话被试的识别曲线均有较为陡峭的识别边界，但是区分曲线整体都表现得较为平缓，波峰也不是非常明显。

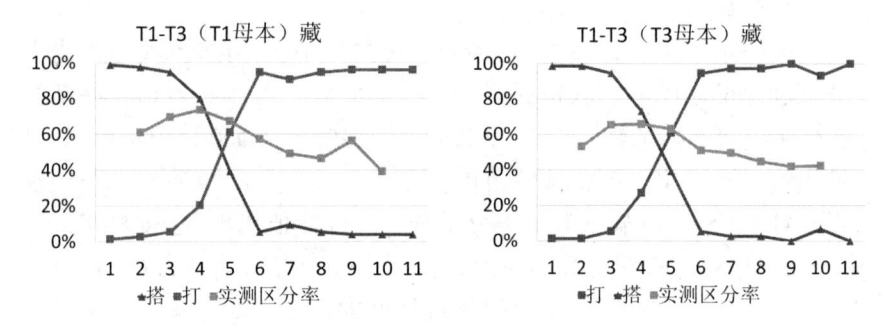

图 4-3　T1-T3 声调连续统感知结果（藏语拉萨话被试）

从识别结果来看，通过二元逻辑回归方程进行回归分析，母本为 T1 时，藏语拉萨话被试的识别边界和边界宽度分别为 4.91、2.17，边界跨越 3-5、4-6 两个样本对；母本为 T3 时，藏语拉萨话被试的识别边界和边界宽度分别为 4.71、1.77，边界跨越 3-5、4-6 两个样本对。对两组结果进行 RM ANOVA 重复测量方差检验，结果表明被试对基于不同母本合成的 T1-T3 声调连续统识别结果差异不显著［$F(1, 676) = 0.918$，$p=0.338$］，这说明不同母本的发声类型等声源信息对被试感知本组声调对立影响不大。

从区分结果来看，如表 4-3 所示，经过 One-way ANOVA 单因素方差分析和 Tukey HSD post-hoc 事后检验，母本为 T1 时，藏语拉萨话被试区分率组间差异显著［F（8，324）= 13.539，p=0.000］，区分波峰范围位于 1-3、2-4、3-5、4-6 样本对，与识别边界 4.91（3-5、4-6 样本对）基本对应，区分峰值出现于 3-5 样本对，为 73%；母本为 T3 时，藏语拉萨话被试区分率组间差异显著［F（8，324）= 8.989，p=0.000］，两两比较可以输出为 3 个子集，区分波峰范围位于 1-3、2-4、3-5、4-6 样本对，与识别边界 4.71（3-5、4-6 样本对）基本对应，区分峰值出现于 3-5 样本对，为 66%。

表 4-3 T1-T3 声调连续统各样本对区分率的同类子集（藏语拉萨话被试）

T1-T3（T1母本）	N	alpha = 0.05 的子集					T1-T3（T3母本）	N	alpha = 0.05 的子集		
		1	2	3	4	5			1	2	3
10	37	0.39					9	37	0.42		
8	37	0.46	0.46				10	37	0.42		
7	37	0.49	0.49	0.49			8	37	0.45		
9	37		0.56	0.56	0.56		7	37	0.50	0.50	
6	37		0.57	0.57	0.57		6	37	0.51	0.51	
2	37			0.61	0.61	0.61	2	37	0.53	0.53	0.53
5	37				0.67	0.67	5	37		0.63	0.63
3	37				0.69	0.69	3	37			0.65
4	37					0.73	4	37			0.66
显著性		0.36	0.25	0.16	0.07	0.09	显著性		0.24	0.08	0.13

（三）T1-T4 声调连续统

图 4-4 为 T1-T4 声调连续统的感知结果。从图中我们可以直观地观察到，藏语拉萨话被试的识别曲线均有较为陡峭的识别边界，区分曲线均有明显的区分波峰，区分波峰基本能够与识别边界相对应。

从识别结果来看，通过二元逻辑回归方程进行回归分析，母本为 T1 时，藏语拉萨话被试的识别边界和边界宽度分别为 3.73、2.39，边界跨越 2-4、3-5 两个样本对；母本为 T4 时，藏语拉萨话被试的识别边界和边界宽度分别为 3.67、1.62，边界跨越 2-4、3-5 两个样本对。对两组结果进行 RM ANOVA 重复测量方差检验，结果表明被试对基于不同母本合成的 T1-T4 声调连续统识别结果差异不显著［F（1，676）= 0.236，p=0.627］，这说明不同母本的发声类型等声源信息对被试感知本组声调对立影响不大。

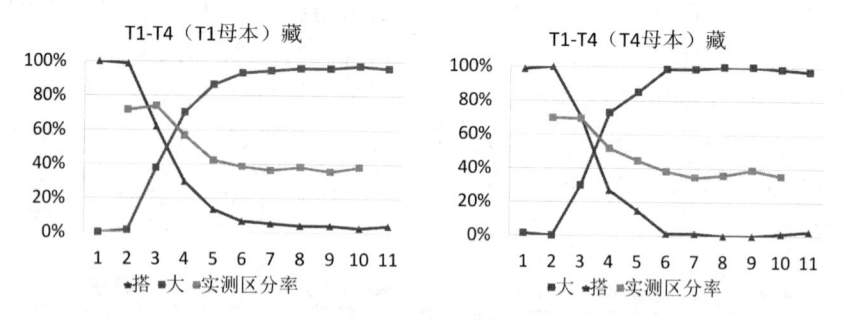

图 4-4　T1-T4 声调连续统感知结果（藏语拉萨话被试）

从区分结果来看，如表 4-4 所示，经过 One-way ANOVA 单因素方差分析和 Tukey HSD post-hoc 事后检验，母本为 T1 时，藏语拉萨话被试区分率组间差异显著 [$F(8, 324) = 34.520$, $p=0.000$]，区分波峰范围位于 1-3、2-4 样本对，与识别边界 3.73（2-4、3-5 样本对）部分对应，区分峰值出现于 2-4 样本对，为 74%；母本为 T4 时，藏语拉萨话被试区分率组间差异显著 [$F(8, 324) = 25.290$, $p=0.000$]，区分波峰位于 1-3、2-4 样本对，与识别边界 3.67（2-4、3-5 样本对）部分对应，区分峰值出现于 2-4 样本对，为 70%。

表 4-4　T1-T4 声调连续统各样本对区分率的同类子集（藏语拉萨话被试）

T1-T4（T1母本）	N	alpha = 0.05 的子集 1	2	3	T1-T4（T4母本）	N	alpha = 0.05 的子集 1	2	3
9	37	0.36			7	37	0.35		
7	37	0.36			10	37	0.36		
10	37	0.38			8	37	0.36		
8	37	0.38			6	37	0.38		
6	37	0.39			9	37	0.39		
5	37	0.42			5	37	0.45	0.45	
4	37		0.57		4	37		0.52	
2	37			0.72	3	37			0.69
3	37			0.74	2	37			0.70
显著性		0.67	1.00	1.00	显著性		0.24	0.67	1.00

（四）T2-T3 声调连续统

图 4-5 为 T2-T3 声调连续统的感知结果。我们从图中可以直观地观察到，藏语拉萨话被试的识别曲线都非常平缓，几乎不存在识别边界，区分曲线也没有任何起伏，几乎是 40% 左右的一条直线。

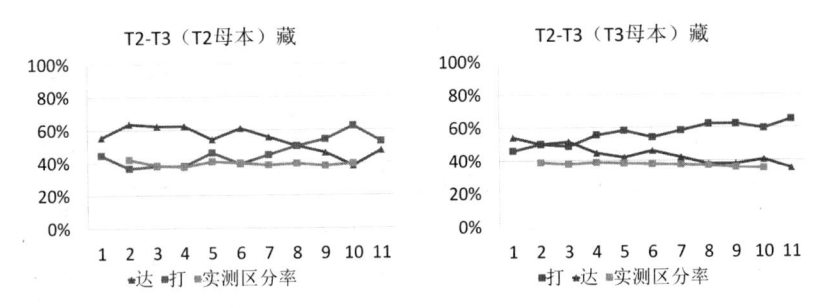

图 4-5　T2-T3 声调连续统感知结果（藏语拉萨话被试）

从识别结果来看，通过二元逻辑回归方程进行回归分析，母本为 T2 时，藏语拉萨话被试的识别边界和边界宽度分别为 7.96、26.83；母本为 T3 时，藏语拉萨话被试的识别边界和边界宽度分别为 2.33、31.66。数据显示，藏语拉萨话被试几乎不能区分本组声调对立。对两组结果进行 RM ANOVA 重复测量方差检验，结果表明被试对基于不同母本合成的 T2-T3 声调连续统识别结果差异非常显著［$F(1, 676) = 14.706$, $p=0.000$］，这说明不同母本的发声类型等声源信息对被试感知本组声调对立有显著影响。

从区分结果来看，如表 4-5 所示，经过 One-way ANOVA 单因素方差分析和 Tukey HSD post-hoc 事后检验，母本为 T1 时，藏语拉萨话被试区分率组间差异不显著［$F(8, 324) = 0.367$, $p=0.938$］，不存在区分波峰，整体区分率仅在 40% 左右；母本为 T4 时，藏语拉萨话被试区分率组间同样没有显著差异［$F(8, 324) = 0.421$, $p=0.908$］，不存在区分波峰，整体区分率仅在 40% 左右。

表 4-5　T2-T3 声调连续统各样本对区分率的同类子集（藏语拉萨话被试）

T2-T3（T2 母本）	N	alpha = 0.05 的子集 1	T2-T3（T3 母本）	N	alpha = 0.05 的子集 1
4	37	0.37	10	37	0.35
9	37	0.38	9	37	0.36
3	37	0.38	8	37	0.37

(续表)

T2-T3 （T2母本）	N	alpha = 0.05 的子集 1	T2-T3 （T3母本）	N	alpha = 0.05 的子集 1
7	37	0.38	7	37	0.37
10	37	0.39	3	37	0.38
8	37	0.39	6	37	0.38
6	37	0.40	5	37	0.38
5	37	0.41	2	37	0.39
2	37	0.42	4	37	0.39
显著性		0.91	显著性		0.94

（五）T2-T4声调连续统

图4-6为T2-T4声调连续统的感知结果。从图中我们可以直观地观察到，藏语拉萨话被试均有较为陡峭的识别边界，且与区分波峰相对应，波峰呈现平台状。

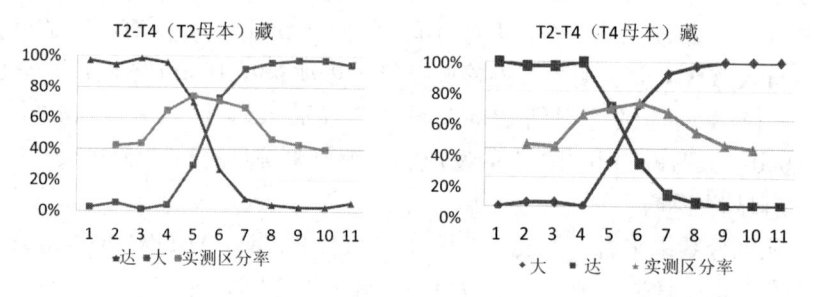

图4-6 T2-T4声调连续统感知结果（藏语拉萨话被试）

从识别结果来看，通过二元逻辑回归方程进行回归分析，母本为T2时，藏语拉萨话被试的识别边界和边界宽度分别为5.57、2.04，边界跨越4-6、5-7两个样本对；母本为T4时，藏语拉萨话被试的识别边界和边界宽度分别为5.54、1.34，边界跨越4-6、5-7两个样本对。对两组结果进行RM ANOVA重复测量方差检验，结果表明被试对基于不同母本合成的T2-T4声调连续统识别结果差异不显著［$F(1,676)=0.019$，$p=0.890$］，这说明不同母本的发声类型等声源信息对被试感知本组声调对立影响不大。

从区分结果来看，如表4-6所示，经过One-way ANOVA单因素方差分析和 Tukey HSD post-hoc 事后检验，母本为 T2 时，藏语拉萨话被试区分率组间差异显著［F（8，324）= 20.735，p=0.000］，区分波峰范围位于 3-5、4-6、5-7、6-8 样本对，基本与识别边界 5.57（4-6、5-7 样本对）相对应，为一个平台状的显著波峰，区分峰值出现于 4-6 样本对，为 74%；母本为 T4 时，藏语拉萨话被试区分率组间差异显著［F（8，324）= 19.102，p=0.000］，区分波峰范围位于 3-5、4-6、5-7、6-8 样本对，为一个平台状的显著波峰，与识别边界 5.54（4-6、5-7 样本对）基本对应，区分峰值出现于 5-7 样本对，为 72%。

表 4-6　T2-T4 声调连续统各样本对区分率的同类子集（藏语拉萨话被试）

T2-T4（T2 母本）	N	alpha = 0.05 的子集 1	2	T2-T4（T4 母本）	N	alpha = 0.05 的子集 1	2	3
10	37	0.40		10	37	0.40		
2	37	0.42		3	37	0.41		
9	37	0.43		9	37	0.42		
3	37	0.44		2	37	0.43		
8	37	0.46		8	37	0.51	0.51	
4	37		0.65	4	37		0.64	0.64
7	37		0.67	7	37			0.65
6	37		0.71	5	37			0.68
5	37		0.74	6	37			0.72
显著性		0.84	0.45	显著性		0.12	0.09	0.59

（六）T3-T4 声调连续统

图 4-7 为 T3-T4 声调连续统的感知结果。从图中我们可以直观地观察到，藏语拉萨话被试均有较为陡峭的识别边界，较为明显的区分波峰。但母本为 T4 时，区分波峰稍微偏离识别边界，二者未能完全吻合。

从识别结果来看，通过二元逻辑回归方程进行回归分析，母本为 T3 时，藏语拉萨话被试的识别边界和边界宽度分别为 4.69、1.24，边界跨越 3-5、4-6 两个样本对；母本为 T4 时，藏语拉萨话被试的识别边界和边界宽度分别为 5.99、1.66，边界跨越 4-6、5-7 两个样本对。对两组结果进行 RM ANOVA 重复测量方差检验，结果表明被试对基于不同母本合成的 T3-T4 声调连续统识别结果差异显著［F（1，676）= 45.123，p<0.001］，这说明不同母本的发声类型等声源信息对被试感知本组声调对立有显著影响。

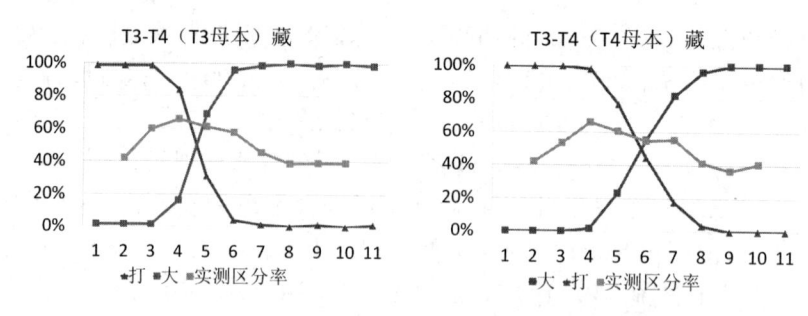

图4-7　T3-T4声调连续统感知结果（藏语拉萨话被试）

从区分结果来看，如表4-7所示，经过One-way ANOVA单因素方差分析和Tukey HSD post-hoc事后检验，母本为T3时，藏语拉萨话被试区分率组间差异显著 [$F(8, 324) = 14.284$，$p=0.000$]，区分波峰范围位于2-4、3-5、4-6、5-7样本对，与识别边界4.69（3-5、4-6）基本能够对应，区分峰值均位于3-5样本对，为66%；母本为T4时，藏语拉萨话被试的区分波峰范围位于3-5、4-6样本对，与识别边界5.99（4-6、5-7样本对）只能部分对应，区分峰值位于3-5样本对，为64%。

表4-7　T3-T4声调连续统各样本对区分率的同类子集（藏语拉萨话被试）

T3-T4（T3母本）	N	alpha = 0.05 的子集			T3-T4（T4母本）	N	alpha = 0.05 的子集		
		1	2	3			1	2	3
8	37	0.39			9	37	0.38		
9	37	0.39			10	37	0.39		
10	37	0.39			2	37	0.44		
2	37	0.42			8	37	0.44		
7	37	0.45	0.45		6	37	0.50	0.50	
6	37		0.58	0.58	3	37	0.50	0.50	
3	37			0.60	7	37	0.50	0.50	
5	37			0.61	5	37		0.59	0.59
4	37			0.66	4	37			0.64
显著性		0.79	0.08	0.57	显著性		0.08	0.35	0.93

四 讨 论

（一）藏语拉萨话母语者对普通话声调的感知模式

首先，从识别结果来看，表4-8显示了藏语拉萨话被试识别结果中二元逻辑回归方程的常量 b_0、系数 b_1，以及本章第三节中统计出的各组识别边界和边界宽度。数据显示，T2-T4 和 T3-T4 声调连续统的边界宽度较窄，基本在 1.5 左右，T1-T2、T1-T4 和 T1-T3 声调连续统稍宽，基本在 2 左右，但这 5 组都与普通话被试差别不大。而 T2-T3 声调连续统边界宽度均值高达 30 左右，远远大于普通话被试的边界宽度。从图 4-2 到图 4-7 也可以看出，除了 T2-T3 声调连续统，其他组的识别曲线在 50% 交叉点的位置都有一个相对较为急剧的变化，而 T2-T3 声调连续统的识别曲线几乎为 50% 左右的两条平行线。根据第三章第四节定义的判断标准，藏语拉萨话母语者无法区分 T2 和 T3 这两个音位范畴，对于普通话声调其他各组声调连续统，能够区分音位范畴且均体现出了范畴感知的特点。

表 4-8 识别实验结果（藏语拉萨话被试）

声调连续统	母本	b_0	b_1	识别边界	边界均值	边界宽度	宽度均值
T1-T2	T1	-4.70	1.07	4.41	4.60	2.06	2.14
	T2	-4.77	1.00	4.79		2.21	
T1-T3	T1	-4.96	1.01	4.91	4.81	2.17	1.97
	T3	-5.86	1.24	4.71		1.77	
T1-T4	T1	-3.43	0.92	3.73	3.70	2.39	2.01
	T4	-4.98	1.36	3.67		1.62	
T2-T3	T2	-0.65	0.08	7.96	5.14	26.83	29.25
	T3	-0.16	0.07	2.33		31.66	
T2-T4	T2	-6.00	1.08	5.57	5.55	2.04	1.69
	T4	-9.07	1.64	5.54		1.34	
T3-T4	T3	-8.32	1.77	4.69	5.34	1.24	1.45
	T4	-7.92	1.32	5.99		1.66	

其次，从区分结果来看，表4-9显示了统计得出的每组声调连续统区分曲线的区分波峰范围和与识别边界的对应情况。数据显示，除了 T2-T3 声调连续统，其他各组区分曲线都能够发现显著的区分波峰，即

藏语拉萨话被试对其他各组声调连续统的区分实验结果，均体现出了范畴感知的特点。不过，与普通话被试相似，大部分区分波峰都不是一个显著的尖峰，即在每组区分实验结果的内部，没有哪一个样本对的区分率显著高于其他所有样本对，区分波峰范围大多包含了不止一个样本对，而且大部分与识别边界都仅仅是部分对应，或者基本对应。此外，真正的区分峰值有时也并未与识别边界完全对应。

表4-9 区分实验结果（藏语拉萨话被试）

声调连续统	母本	区分波峰范围	识别边界对应样本对	与识别边界对应情况
T1-T2	T1	1-3、2-4、3-5	3-5、4-6	部分对应
	T2	2-4、3-5、4-6	3-5、4-6	基本对应
T1-T3	T1	1-3、2-4、3-5、4-6	3-5、4-6	基本对应
	T3	1-3、2-4、3-5、4-6	3-5、4-6	基本对应
T1-T4	T1	1-3、2-4	2-4、3-5	部分对应
	T4	1-3、2-4	2-4、3-5	部分对应
T2-T3	T2	无		
	T3	无		
T2-T4	T2	3-5、4-6、5-7、6-8	4-6、5-7	基本对应
	T4	3-5、4-6、5-7、6-8	4-6、5-7	基本对应
T3-T4	T3	2-4、3-5、4-6、5-7	3-5、4-6	基本对应
	T4	3-5、4-6	4-6、5-7	部分对应

最后，从发声类型对声调感知的影响来看，藏语拉萨话被试对由不同母本合成的T1-T2、T2-T3、T3-T4声调连续统识别结果差异显著［$F(1, 676) = 11.43$, $p=0.000$；$F(1, 676) =14.706$, $p=0.000$；$F(1, 676) =45.123$, $p<0.001$］，对由不同母本合成的其他声调连续统的识别结果差异不显著（$p>0.05$）。母本的发声类型等声源信息同样对T1-T2、T3-T4这两组声调连续统的识别起了反作用。而T2-T3声调连续统的识别边界则完全偏向了不同的方向，这与上文提到的，被试无法区分T2和T3这两个声调的音位范畴相关。

综上所述，除了T2-T3声调连续统，藏语拉萨话被试在语言学层面上能够区分普通话其他声调连续统的音位范畴，在行为学层面上对普通话声调的感知模式均为范畴感知，仅仅是对不同声调连续统的感知范畴化程度有所不同。但是对T2-T3声调连续统，藏语拉萨话被试在语言学意义上无法区分音位范畴，在行为学意义上未呈现范畴感知的特点。

（二）藏语拉萨话母语者感知普通话声调范畴的变化

从范畴化程度的对比来看，如表 4-10 所示，将被试对每组声调连续统的两套识别结果的 Wcb 值进行平均，T3-T4 的最窄，即识别结果的范畴化程度最高，各组识别结果范畴化程度：T3-T4>T2-T4>T1-T3>T1-T4>T1-T2。将表 4-10 中每组声调连续统的两套区分结果的 Ppk 值进行平均，可以发现 T2-T4 组的最高，即各组区分结果感知范畴化程度：T2-T4>T1-T4>T1-T3>T1-T2>T3-T4。识别结果与区分结果反映的范畴化程度略有不同。此外，藏语拉萨话被试对无法区分 T2-T3 音位范畴，所以对该组数据未作进一步统计。

表 4-10 各组声调连续统的范畴间区分率、范畴内区分率、区分峰度、边界宽度（藏语拉萨话被试）

声调连续统	母本	藏语拉萨话被试					
		Pbc	Pwc	Ppk	Ppk-mean	Wcb	Wcb-mean
T1-T2	T1	60.36%	49.81%	10.55%	15.06%	2.06	2.14
	T2	66.22%	46.65%	19.57%		2.21	
T1-T3	T1	70.27%	54.05%	16.22%	15.48%	2.17	1.97
	T3	64.41%	49.68%	14.74%		1.77	
T1-T4	T1	65.32%	43.05%	22.27%	20.13%	2.39	2.01
	T4	60.59%	42.60%	17.99%		1.62	
T2-T4	T2	72.30%	49.49%	22.81%	21.61%	2.04	1.69
	T4	69.82%	49.42%	20.40%		1.34	
T3-T4	T3	63.51%	46.01%	17.50%	12.34%	1.24	1.45
	T4	54.28%	47.10%	7.18%		1.66	

将被试对每个声调在每组声调连续统中两套识别边界的数据进行平均，用以讨论被试在面对不同的对立声调时，感知每个声调范畴的情况。根据表 4-11，可以发现，藏语拉萨话被试感知普通话四声的范畴：T4>T3>T2>T1。与第三章中普通话被试感知普通话四声的范畴对比来看，二者之间最大的差别是藏语拉萨话被试对 T2 感知范畴均值远小于普通话被试。藏语拉萨话被试在 T1 与其他三个声调的对立中，感知范畴先增后减；在 T3 与其他三个声调的对立中，感知范畴递减；在 T2、T4 分别与其他三个声调的对立中，感知范畴先减后增。

表 4-11 普通话四声的感知范畴（藏语拉萨话被试）

普通话声调	T1	T2	T3	T4	均值
T1		4.60	4.81	3.70	4.37
T2	6.40		5.14	5.55	5.70
T3	6.19	5.86		5.34	5.80
T4	7.30	5.45	5.66		6.14

（三）与普通话母语者感知范畴化程度对比

接下来，我们对每一组声调连续统中，藏语拉萨话被试与普通话被试的识别曲线、识别边界、边界宽度、区分曲线、区分峰度进行对比，用以对两组被试感知普通话声调的范畴化程度进行分析。统计方法采用第二章所述的 RM ANOVA 重复测量方差分析和 One-way ANOVA 单因素方差分析，被试的边界宽度越窄，识别曲线越陡峭，区分峰度越高，感知范畴化程度越高。由于藏语拉萨话被试无法区分 T2-T3 声调连续统的音位范畴，与普通话被试感知模式差异巨大，因此我们在这里对该组数据不作进一步统计。

1. T1-T2 声调连续统

母本为 T1 时，经过 RM ANOVA 重复测量方差分析，普通话被试与藏语拉萨话被试的识别曲线差异显著［$F(1, 60) = 9.527$, $p=0.003$］；经过 One-way ANOVA 单因素方差分析，藏语拉萨话被试和普通话被试的识别边界［$F(1, 60) = 7.126$, $p=0.010$］与边界宽度［$F(1, 60) = 5.767$, $p=0.019$］具有显著差异，藏语拉萨话被试的识别边界更靠近 T2，边界宽度显著大于普通话被试，即其识别曲线的陡峭程度小于普通话被试。对两组被试区分曲线进行 RM ANOVA 重复测量方差分析，虽然藏语拉萨话被试的平均区分率（52.2%）小于普通话被试（56.2%），但差异不显著［$F(1, 60) = 2.814$, $p=0.099$］；藏语拉萨话被试的区分峰度（10.55%）小于普通话被试（40%），且差异显著（$p<0.05$）。

母本为 T2 时，经过 RM ANOVA 重复测量方差分析，普通话被试与藏语拉萨话被试的识别曲线差异显著［$F(1, 60) = 6.653$, $p=0.012$］；经过 One-way ANOVA 单因素方差分析，藏语拉萨话被试和普通话被试的识别边界［$F(1, 60) = 4.249$, $p=0.044$］具有显著差异，藏语拉萨话被试的识别边界数值显著大于普通话被试，更靠近 T2；而虽然藏语拉萨话被试的边界宽度大于普通话被试，但在统计上不具有显著意义［$F(1, 60) = 1.106$, $p=0.297$］。对两组被试区分曲线进行 RM

ANOVA 重复测量方差分析，藏语拉萨话被试的平均区分率（51%）小于普通话被试（55.6%），差异不显著［F（1, 60）= 3.381, p=0.071］；藏语拉萨话被试的区分峰度（19.57%）小于普通话被试（33.48%），差异显著（p<0.05）。

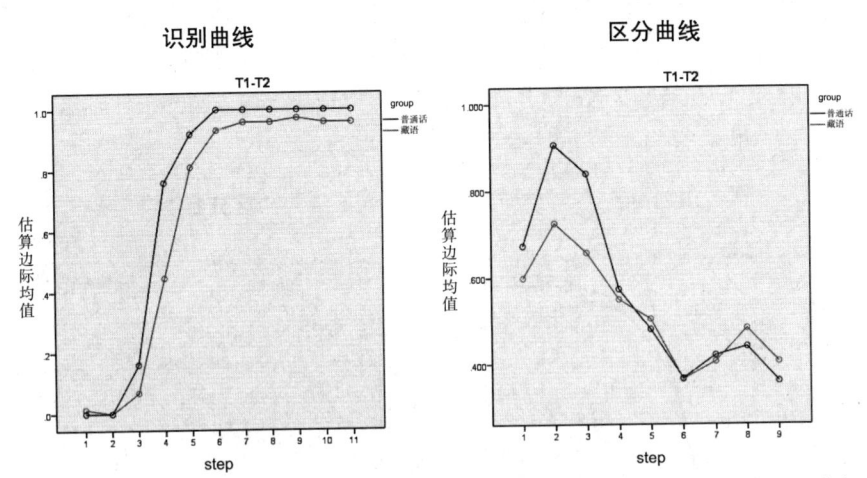

图 4-8　T1-T2（T1 母本）声调连续统藏语拉萨话被试与普通话被试感知结果对比

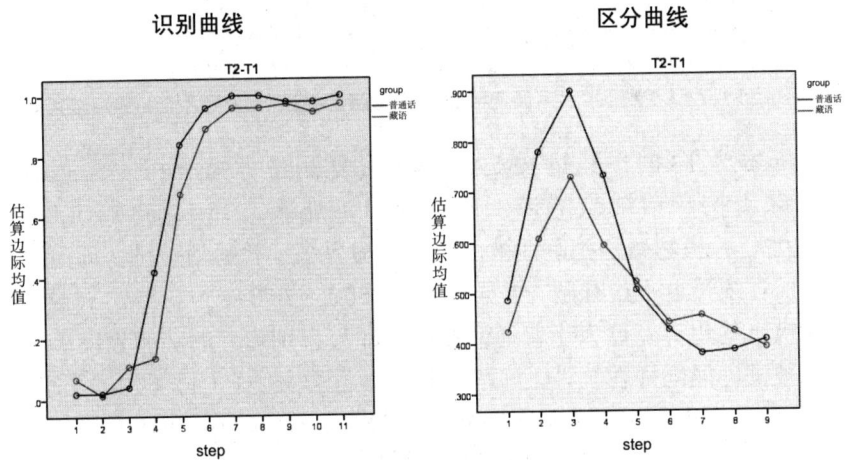

图 4-9　T1-T2（T2 母本）声调连续统藏语拉萨话被试与普通话被试感知结果对比

2. T1-T3 声调连续统

母本为 T1 时，经过 RM ANOVA 重复测量方差分析，普通话被试与藏语拉萨话被试的识别曲线差异不显著［F（1, 60）= 0.355, p=0.553］；经过 One-way ANOVA 单因素方差分析，虽然藏语拉萨话被试比普通话被试的识别边界略微靠近T3，但是二者之间不具有统计上的显著差异［F（1，60）= 3.140，p=0.081］；虽然藏语拉萨话被试的边界宽度大于普通话被试，但同样在统计上不具有显著意义［F（1，60）= 1.582，p=0.213］。对两组被试区分曲线进行RM ANOVA重复测量方差分析，藏语拉萨话被试的平均区分率（57.7%）显著小于普通话被试（73.6%）［F（1，60）= 33.432，p=0.000］；藏语拉萨话被试的区分峰度（16.22%）略大于普通话被试（12.14%），差异不显著（p>0.05）。

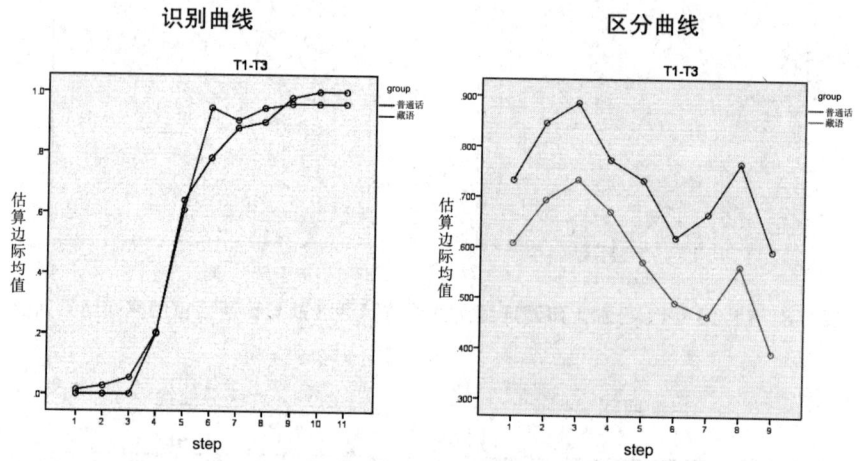

图 4-10 T1-T3（T1母本）声调连续统藏语拉萨话被试与普通话被试感知结果对比

母本为T3时，经过RM ANOVA重复测量方差分析，普通话被试和藏语拉萨话被试的识别曲线差异不显著［F（1，60）= 1.868，p=0.177］；虽然藏语拉萨话被试的识别边界小于普通话被试，即更靠近T1，但在统计上不具有显著差异［F（1，60）= 2.084，p=0.154］；藏语拉萨话被试的边界宽度大于普通话被试，即其识别边界的陡峭程度小于普通话被试，但同样在统计上二者不构成显著差异［F（1，60）= 3.279，p=0.075］。对两组被试区分曲线进行RM ANOVA重复测量方差分析，普通话被试平均区分率（67.9%）显著大于藏语拉萨话被试（53%）［F（1，60）= 21.480，p=0.003］；藏语拉萨话被试的区分峰度（14.74%）略小于普通话被试（17.24%），差异不显著（p>0.05）。

3. T1-T4声调连续统

母本为T1时，经过RM ANOVA重复测量方差分析，普通话被试和藏语拉萨话被试的识别曲线差异不显著［F（1，60）= 0.306， p=0.582〕；虽然藏语拉萨话被试的识别边界大于普通话被试，更靠近T4，但在统计上不具有显著差异〔F（1, 60）= 0.281，p=0.598〕；藏语拉萨话被试的边界宽度显著大于普通话被试〔F（1, 60）= 7.745，p=0.007〕，即藏语拉萨话被试识别边界的陡峭程度小于普通话被试。对两组被试区分曲线进行 RM ANOVA 重复测量方差分析，藏语拉萨话被试的平均区分率（48%）显著小于普通话被试（54.4%）〔F（1, 60）= 11.162，p=0.002〕；藏语拉萨话被试的区分峰度（22.27%）小于普通话被试（35.95%），差异显著（p<0.05）。

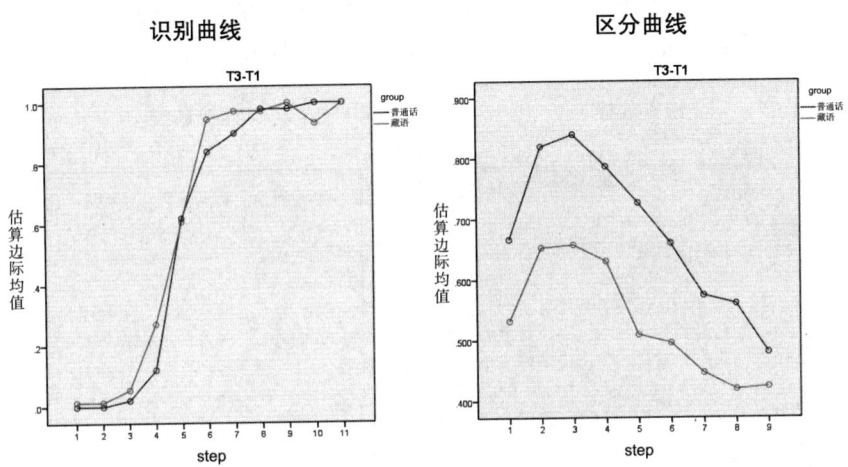

图 4-11　T1-T3（T3 母本）声调连续统藏语拉萨话被试与普通话被试感知结果对比

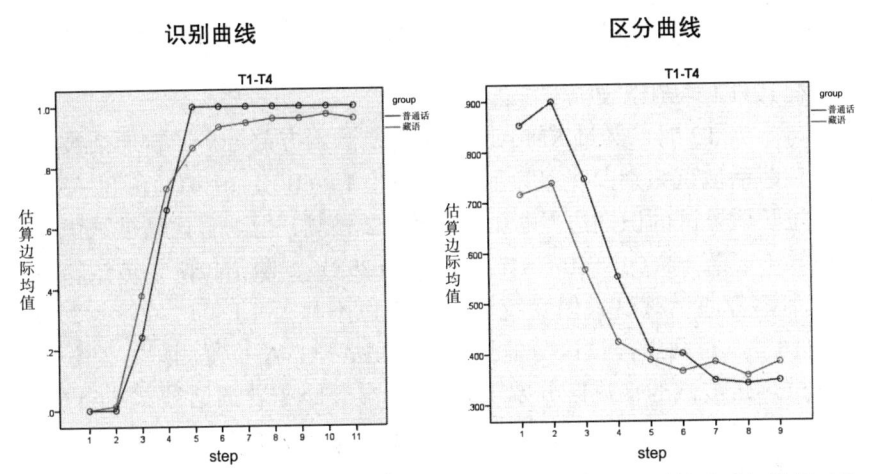

图 4-12　T1-T4（T1 母本）声调连续统藏语拉萨话被试与普通话被试感知结果对比

母本为 T4 时，经过 RM ANOVA 重复测量方差分析，普通话被试和藏语拉萨话被试的识别曲线差异不显著［F（1，60）= 0.445，p=0.507］；虽然藏语拉萨话被试的识别边界大于普通话被试，更靠近 T4，但在统计上不具有显著差异［F（1，60）= 0.166，p=0.685］；藏语拉萨话被试的边界宽度显著大于普通话被试［F（1，60）= 5.078，p=0.028］，即藏语拉萨话被试识别边界的陡峭程度小于普通话被试。对两组被试区分曲线进行 RM ANOVA 重复测量方差分析，虽然藏语拉萨话被试的平均区分率（46.6%）小于普通话被试（49%），但差异不显著［F（1，60）= 1.340，p=0.252］；藏语拉萨话被试的区分峰度（17.99%）小于普通话被试（23.62%），差异不显著（p>0.05）。

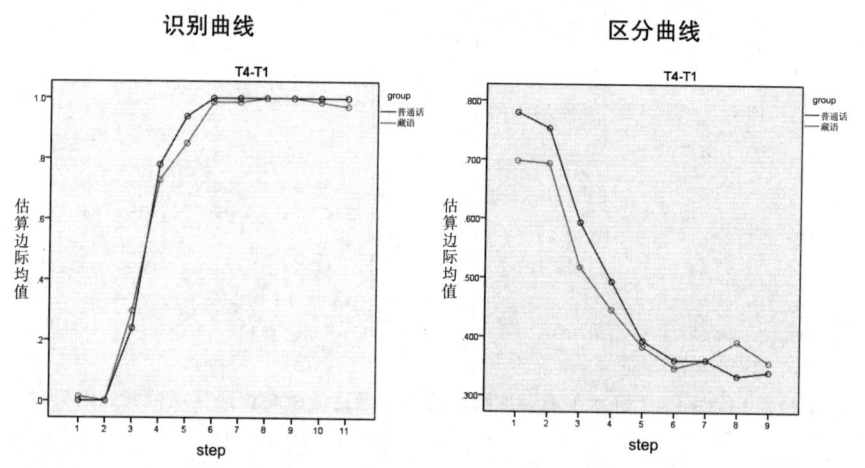

图 4-13　T1-T4（T4 母本）声调连续统藏语拉萨话被试与普通话被试感知结果对比

4. T2-T4 声调连续统

母本为 T2 时，经过 RM ANOVA 重复测量方差分析，普通话被试和藏语拉萨话被试识别曲线差异不显著［F（1，60）= 0.841，p=0.363］；藏语拉萨话被试的识别边界略微更靠近 T2 一侧，但与普通话被试识别边界差异不显著［F（1，60）= 1.104，p=0.298］；藏语拉萨话被试的边界宽度小于普通话被试，但在统计上意义也不显著［F（1，60）= 2.54，p=0.116］。对两组被试区分曲线进行 RM ANOVA 重复测量方差分析，藏语拉萨话被试的平均区分率（54.7%）显著小于普通话被试（64.6%）［F（1，60）= 15.042，p=0.002］；藏语拉萨话被试的区分峰度（22.81%）小于普通话被试（30.95%），差异显著（p<0.05）。

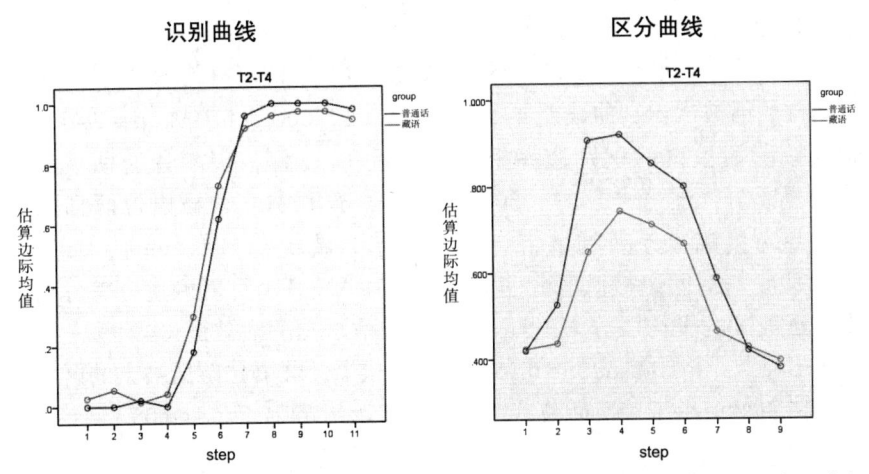

图 4-14　T2-T4（T2 母本）声调连续统藏语拉萨话被试与普通话被试感知结果对比

母本为 T4 时，经过 RM ANOVA 重复测量方差分析，普通话被试和藏语拉萨话被试识别曲线差异不显著［F（1, 60）= 0.110, p=0.741］；藏语拉萨话被试的识别边界稍稍更靠近 T2 一侧，但与普通话被试识别边界差异不显著［F（1, 60）= 0.118, p=0.732］；虽然藏语拉萨话被试的边界宽度小于普通话被试，但差异不显著［F（1, 60）= 3.793, p=0.056］。对两组被试区分曲线进行 RM ANOVA 重复测量方差分析，藏语拉萨话被试的平均区分率（54%）显著小于普通话被试（62.4%）［F（1, 60）= 12.632, p=0.001］；藏语拉萨话被试的区分峰度（20.40%）小于普通话被试（29.52%），且差异显著（p<0.05）。

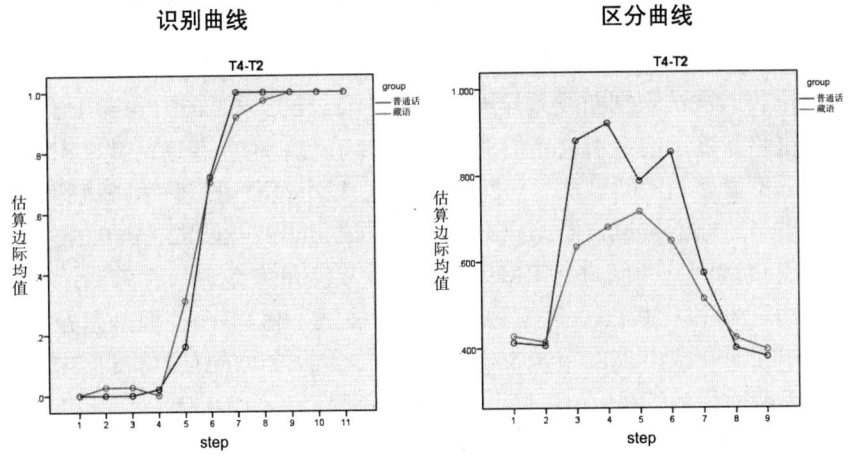

图 4-15　T2-T4（T4 母本）声调连续统藏语拉萨话被试与普通话被试感知结果对比

5. T3-T4 声调连续统

母本为 T3 时，经过 RM ANOVA 重复测量方差分析，普通话被试和藏语拉萨话被试识别曲线差异不显著［F（1，60）= 0.109，p=0.743］；藏语拉萨话被试的识别边界稍稍更靠近 T4 一侧，但与普通话被试识别边界差异不显著［F（1，60）= 0.120，p=0.731］；藏语拉萨话被试的边界宽度略大于普通话被试，但差异不显著［F（1，60）= 0.077，p=0.782］。对两组被试区分曲线进行 RM ANOVA 重复测量方差分析，普通话被试的平均区分率（51.4%）大于藏语拉萨话被试（49.9%），但差异不显著［F（1，60）= 0.354，p=0.554］；藏语拉萨话被试的区分峰度（17.50%）小于普通话被试（26.90%），差异显著（p<0.05）。

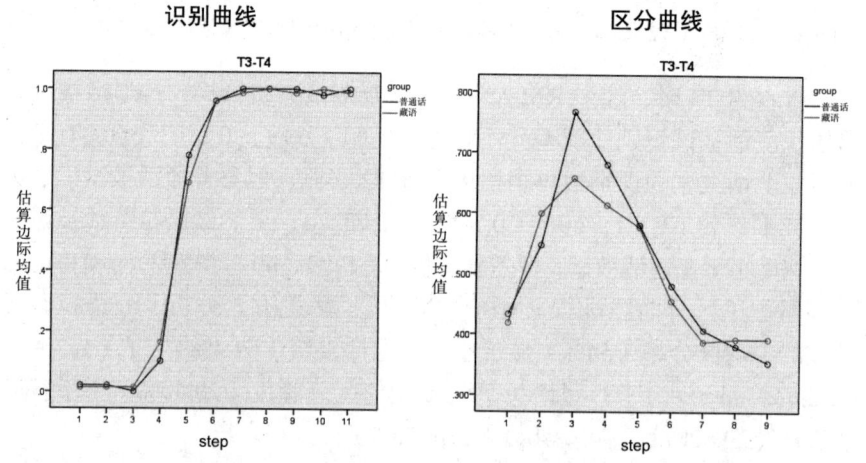

图 4-16　T3-T4（T3 母本）声调连续统藏语拉萨话被试与普通话被试感知结果对比

母本为 T4 时，经过 RM ANOVA 重复测量方差分析，普通话被试与藏语拉萨话被试识别曲线差异不显著［F（1，60）= 2.620，p=0.111］；藏语拉萨话被试的识别边界稍稍更靠近 T4 一侧，但与普通话被试识别边界差异不显著［F（1，60）= 2.609，p=0.112］；藏语拉萨话被试的边界宽度小于普通话被试，但差异不显著［F（1，60）= 3.282，p=0.075］。对两组被试区分曲线进行 RM ANOVA 重复测量方差分析，普通话被试的平均区分率（50.1%）大于藏语拉萨话被试（48.7%），但是差异不显著［F（1，60）= 0.288，p=0.594］；藏语拉萨话被试的区分峰度（7.18%）略小于普通话被试（9.76%），差异同样不显著（p>0.05）。

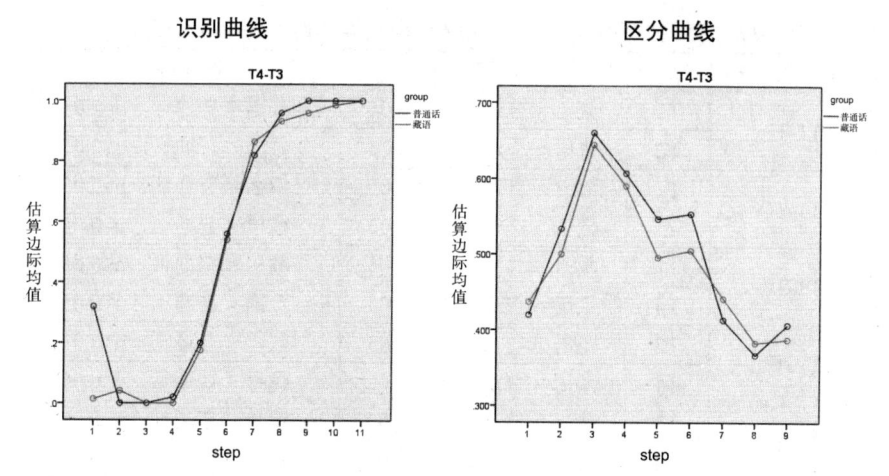

图 4-17 T3-T4（T4 母本）对立组藏语拉萨话被试与普通话被试感知结果对比

　　对比识别实验结果可以发现，除 T1-T2 声调连续统外，藏语拉萨话被试和普通话被试感知其他声调连续统的识别曲线差异均不显著。除了 T1-T3、T2-T4 这两组声调连续统外，藏语拉萨话被试的识别边界位置均比普通话被试更靠近每组声调连续统合成母本对立的一端，虽然部分数据在统计上不具有显著意义，但也说明了藏语拉萨话被试往往比母语被试需要更多步长才能区分每组声调对立。而在 T1-T3 和 T2-T4 声调连续统中，虽然藏语拉萨话被试的识别边界略小于普通话被试，更靠近母本一端，但二者之间在统计上差异不显著。对比区分实验结果，藏语拉萨话被试和普通话被试感知 T1-T3、T1-T4（T1 母本）、T2-T4 这三组声调连续统的区分曲线差异显著，感知 T1-T2、T1-T4（T4 母本）、T3-T4 这三组声调连续统的区分曲线差异不显著。对比藏语拉萨话被试和普通话被试的边界宽度与区分峰度，如表 4-12 所示，虽然部分数据在统计上并不具有显著差异，但藏语被试对普通话 T1-T2、T1-T3、T1-T4、T2-T4、T3-T4（T3 母本）这几组声调连续统的边界宽度均大于普通话被试，区分峰度基本都小于普通话被试。而虽然藏语拉萨话被试感知 T3-T4（T4 母本）声调连续统的边界宽度略小于普通话被试，但两组数据差异不显著。这说明，在感知这些声调对立时，藏语被试虽然能够建立起类似于普通话被试的范畴感知，但总体感知的范畴化程度仍然略弱于普通话母语被试。

表 4-12 藏语拉萨话被试与普通话被试不同声调连续统范畴化程度对比

声调连续统	母本	边界宽度	区分峰度
T1-T2	T1	藏语 > 普通话，p<0.05	藏语 < 普通话，p<0.05
	T2	藏语 > 普通话，p>0.05	藏语 < 普通话，p<0.05
T1-T3	T1	藏语 > 普通话，p>0.05	藏语 < 普通话，p>0.05
	T3	藏语 > 普通话，p>0.05	藏语 < 普通话，p>0.05
T1-T4	T1	藏语 > 普通话，p<0.05	藏语 < 普通话，p<0.05
	T4	藏语 > 普通话，p<0.05	藏语 < 普通话，p>0.05
T2-T4	T2	藏语 > 普通话，p>0.05	藏语 < 普通话，p<0.05
	T4	藏语 > 普通话，p>0.05	藏语 < 普通话，p<0.05
T3-T4	T3	藏语 > 普通话，p>0.05	藏语 < 普通话，p<0.05
	T4	藏语 < 普通话，p>0.05	藏语 < 普通话，p>0.05

五　小　结

本章探讨了藏语拉萨话母语者对普通话四个声调的感知特点。首先利用二元逻辑回归方程和区分率计算公式提取了识别曲线的识别边界和边界宽度、各个样本对的区分率等参数，计算并描绘了识别和区分曲线。其次通过观察曲线、进行 One-way ANOVA 单因素方差分析和 Tukey HSD post-hoc 事后检验，综合判断了区分波峰。最后采取边界宽度与区分峰度两个参数，对比分析了藏语拉萨话被试对普通话各组声调连续统的感知范畴化程度，并与普通话被试声调感知范畴化程度做了对比。在对数据进行深入分析的基础上，得出如下结论：

藏语拉萨话母语者对 T1-T2、T1-T3、T2-T4、T1-T4、T3-T4 声调连续统是范畴感知，但范畴化程度略小于普通话母语者。藏语拉萨话母语者感知 T2-T3 声调连续统的识别边界极为平缓，无区分波峰存在，反映了他们不能区分这两个音位范畴，不能建立范畴感知。藏语拉萨话母语者感知普通话四声的范畴均值：T4>T3>T2>T1，其中 T2 的范畴均值远小于普通话母语者。对于由不同母本合成的 T1-T2、T2-T3、T3-T4 声调连续统，藏语拉萨话母语者的识别结果具有差异显著，体现了母本发声类型等声源信息对藏语拉萨话母语者感知普通话声调的反作用。

第五章　德宏傣语母语者对普通话声调的感知

一　德宏傣语声调系统

（一）德宏傣语声调声学分析及感知研究

德宏傣族景颇族自治州位于中国云南省西部，州人民政府位于芒市。德宏傣语属于汉藏语系壮侗语族壮傣语支大泰方言北次方言区，由于调查点或发音人的差异，以往研究中对德宏傣语声调的记录不尽相同（喻翠荣、罗美珍，1980；周耀文、方峰和，1983；龚锦文，2003；杨若晓，2005；罗安源，2006；蔡荣男，2007），我们将其整理成表5-1。

表5-1　德宏傣语声调研究结果

记录人	1调	2调	3调	4调	5调	6调	7调	8调	9调
	阴平	阳平	阴上	阳上	阴去	阳去	阴入	阳入	阴入
喻、罗	35	55	31	53	11	33	35	53	11
周、方	35	55	42	54	11	33	35	53	11
龚	35	53	31	43	11	33	35	43	11
杨	24	353	51	54/55	31	443	22/33	54/55	31
罗	24	453	31	42	22	33	24	42	22
蔡（老派）	24	43	41	53	11	33	24	53	11
蔡（新派）	24	453	42	54	21	33	24	54	21

陆尧（2019）为了更准确地厘清傣语的声调，选择了4名来自德宏傣族景颇族自治州瑞丽市勐卯镇姐东村委会大等贺村民小组的村民作为发音人，对德宏傣语的声调进行了系统的声学分析。其中2名女性，2名男性，女发音人年龄均为30岁，男发音人年龄均为31岁。他们的母语均是德宏傣语，且在日常生活交流中主要使用德宏傣语。根据发音人录制的语音样本，提取男女发音人的基频数据作平均值，并采用半音法将基频进行转换，得出德宏傣语声调的基频值和五度值如图5-1所示。其中基频最低值为105.31赫兹，最高值为244.7赫兹。

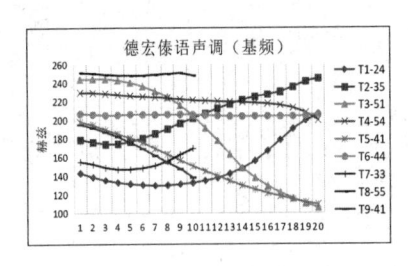

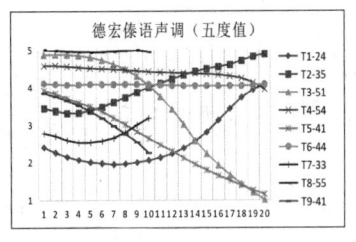

图 5-1　德宏傣语声调基频值和五度值

资料来源：陆尧：《德宏傣语母语者普通话声调感知研究》，《中国语音学报》第 1 期，第 118—128 页，2019。

可以看出，在陆尧（2019）的研究中，傣语的声调与以往研究中的记录相比较，已经发生了不少变化。不过，这一实验结果与杨若晓（2005）基本相符。其中 T2 由高平变为高升调，调值应为 35，T4、T8 和 T7 向平调发展，实际调值为 54、55、33，T5 和 T9 则往降调发展，调值由 11 变为 41。

（二）德宏傣语与普通话声调对比分析

与普通话声调进行对比，如表 5-2 所示，傣语声调多达 9 个，远多于普通话声调系统，虽然高平调、高升调和高降调在两种语言中都存在，仅调值略有差别，但是傣语的平调、升调和降调均不止一个，其中平调有 3 个，降调有 4 个，升调有 2 个。此外，德宏傣语中虽然没有类似普通话 T3 的降升调，但是低升调 T1 与普通话 T3 在调型上有相似之处。

表 5-2　德宏傣语和普通话声调对比

语言	声调类型	调值	语言	声调类型	调值
德宏傣语	高平调	T8-55（促）	普通话	高平调	55
	高平调	T6-44			
	中平调	T7-33（促）		高升调	35
	高升调	T2-35		降升调	214
	低升调	T1-24			
	高降调	T3-51		高降调	51
	高降调	T4-54			
	高降调	T5-41			
	高降调	T9-41（促）			

二 实验被试

德宏傣语被试共 30 名（15 男，15 女），均来自德宏傣族景颇族自治州瑞丽市勐卯镇姐东村委会大等贺村民小组，年龄 18—48 岁。所有被试从小在该村出生成长，以德宏傣语为母语，平时与家人、朋友交流以德宏傣语为主。同时，所有被试均从小学开始学习普通话，能够用普通话进行正常交流。

三 实验结果

（一）T1-T2 声调连续统

图 5-2 为 T1-T2 声调连续统的感知结果。我们从图中可以直观地观察到，德宏傣语被试的识别曲线均有较为陡峭的识别边界，区分曲线均有较为明显的区分波峰，但母本为 T1 时，区分波峰与识别边界有所偏离。

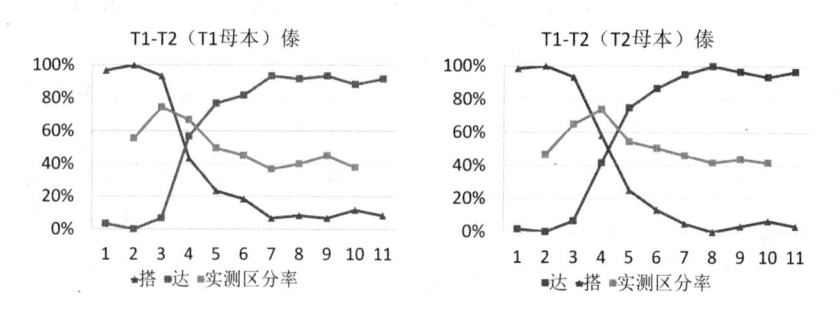

图 5-2　T1-T2 声调连续统感知结果（德宏傣语被试）

从识别结果来看，通过二元逻辑回归方程进行回归分析，母本为 T1 时，德宏傣语被试的识别边界和边界宽度分别为 4.59、3.03，边界基本对应 3-5 样本对；母本为 T2 时，德宏傣语被试的识别边界和边界宽度分别为 4.55、2.16，边界基本对应 3-5 样本对。对两组结果进行 RM ANOVA 重复测量方差检验，结果表明被试对基于不同母本合成的 T1-T2 声调连续统识别结果差异不显著［$F(1, 654) = 0.112$, $p=0.738$］，这说明不同母本的发声类型等声源信息对被试感知本组声调对立影响不大。

表 5-3 T1-T2 声调连续统各样本对区分率的同类子集（德宏傣语被试）

T1-T2（T1母本）	N	alpha = 0.05 的子集 1	2	T1-T2（T2母本）	N	alpha = 0.05 的子集 1	2	3
8	30	0.51		8	30	0.42		
10	30	0.51		10	30	0.42		
2	30	0.52		9	30	0.44		
9	30	0.53		7	30	0.46		
6	30	0.56		2	30	0.47		
7	30	0.56		6	30	0.51	0.51	
5	30	0.61		5	30	0.54	0.54	
3	30		0.74	3	30		0.65	0.65
4	30		0.83	4	30			0.74
显著性		0.09	0.33	显著性		0.19	0.09	0.68

从区分结果来看，如表 5-3 所示，经过 One-way ANOVA 单因素方差分析和 Tukey HSD post-hoc 事后检验，母本为 T1 时，德宏傣语被试区分率组间差异显著［F（8，261）= 15.067，p=0.000］，两两比较可以输出为 4 个子集，2-4、3-5 样本对处于同一子集，组均值最高，可以判定为区分波峰范围，与识别边界 4.59（3-5 样本对）能够完全对应，区分峰值出现于 3-5 样本对，达 83%；母本为 T2 时，德宏傣语被试区分率组间差异显著［F（8，261）= 10.299，p=0.000］，区分波峰位于 2-4、3-5 样本对，与识别边界 4.55（3-5 样本对）完全对应，区分峰值出现于 3-5 样本对，达 74%。

（二）T1-T3 声调连续统

图 5-3 为 T1-T3 声调连续统的感知结果，我们从图中可以直观地观察到，德宏傣语被试的识别曲线均有较为陡峭的识别边界，但是区分曲线整体都表现得较为平缓，区分波峰也不是非常地明显。

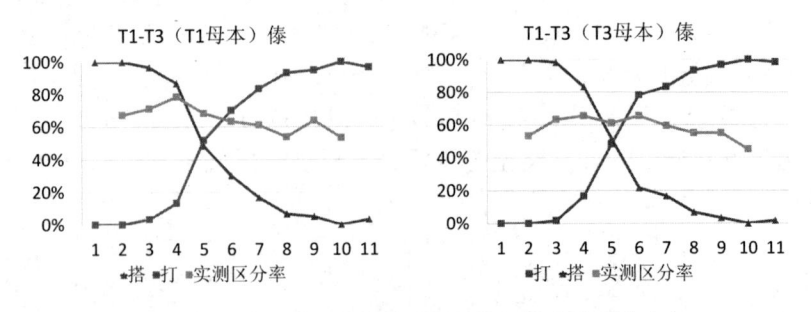

图 5-3 T1-T3 声调连续统感知结果（德宏傣语被试）

从识别结果来看，通过二元逻辑回归方程进行回归分析，母本为 T1 时，德宏傣语被试的识别边界和边界宽度分别为 5.41、2.06，边界基本对应 4-6 样本对；母本为 T3 时，德宏傣语被试的识别边界和边界宽度分别为 5.33、1.9，边界同样对应 4-6 样本对；对两组结果进行 RM ANOVA 重复测量方差检验，结果表明被试对基于不同母本合成的 T1-T3 声调连续统识别结果差异不显著 [F（1，654）= 0.150，p=0.699]，这说明不同母本的发声类型等声源信息对被试感知本组声调对立影响不大。

从区分结果来看，如表 5-4 所示，经过 One-way ANOVA 单因素方差分析和 Tukey HSD post-hoc 事后检验，母本为 T1 时，德宏傣语被试的区分率虽然组间差异显著 [F（8，261）= 5.535，p=0.000]，但两两比较仅输出了 2 个子集且子集间重叠度较高，仅有 7-9、9-11 两个样本对区分率显著小于其余 7 个样本对，在统计上不存在区分波峰，区分峰值出现在 3-5 样本对，完全偏离识别边界 5.41（4-6 样本对）；母本为 T3 时，德宏傣语被试的区分率虽然组间差异显著 [F（8，261）= 2.556，p=0.011]，两两比较同样仅输出了 2 个子集且重叠度较高，仅有 9-11 一个样本对的区分率显著小于其余 8 个样本对，在统计上不存在区分波峰，区分峰值出现在 5-7 样本对，为 66%。

表 5-4　T1-T3 声调连续统各样本对区分率的同类子集（德宏傣语被试）

T1-T3（T1 母本）	N	alpha = 0.05 的子集 1	alpha = 0.05 的子集 2	T1-T3（T3 母本）	N	alpha = 0.05 的子集 1	alpha = 0.05 的子集 2
10	30	0.53		10	30	0.45	
8	30	0.54		2	30	0.53	0.53
7	30	0.61	0.61	9	30	0.55	0.55
6	30	0.63	0.63	8	30	0.55	0.55
9	30	0.64	0.64	7	30	0.59	0.59
2	30	0.67	0.67	5	30	0.61	0.61
5	30	0.68	0.68	3	30	0.63	0.63
3	30	0.71	0.71	4	30		0.66
4	30		0.78	6	30		0.66
显著性		0.08	0.10	显著性		0.06	0.51

（三）T1-T4 声调连续统

图 5-4 为 T1-T4 声调连续统的感知结果。我们从图中可以直观地观察到，德宏傣语被试的识别曲线均有较为陡峭的识别边界，区分曲线有

较为明显的区分波峰，但两组实验结果的区分波峰均稍稍偏离识别边界。

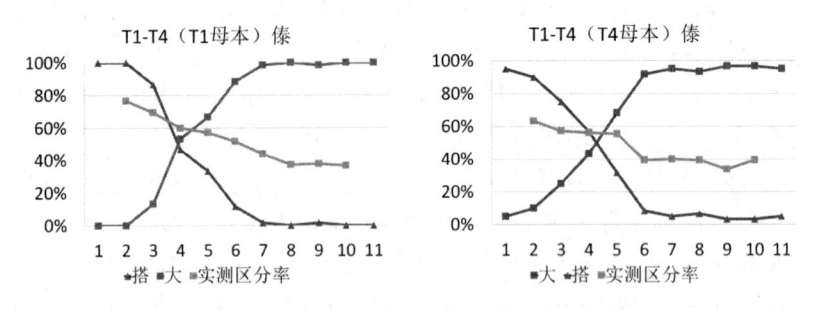

图 5-4　T1-T4 声调连续统感知结果（德宏傣语被试）

从识别结果来看，通过二元逻辑回归方程进行回归分析，母本为 T1 时，德宏傣语被试的识别边界和边界宽度分别为 4.31、1.61，边界跨越 3-5、4-6 两个样本对；母本为 T4 时，德宏傣语被试的识别边界和边界宽度分别为 4.24、2.76，边界跨越 3-5、4-6 两个样本对。对两组结果进行 RM ANOVA 重复测量方差检验，结果表明被试对基于不同母本合成的 T1-T4 声调连续统识别结果差异不显著〔F（1，654）= 0.005，p=0.956〕，这说明不同母本的发声类型等声源信息对被试感知本组声调对立影响不大。

从区分结果来看，如表 5-5 所示，经过 One-way ANOVA 单因素方差分析和 Tukey HSD post-hoc 事后检验，母本为 T1 时，德宏傣语被试区分率组间差异显著〔F（8，261）= 18.438，p=0.000〕，区分波峰范围位于 1-3、2-4、3-5、4-6 样本对，基本对应识别边界 4.31（3-5、4-6 样本对），区分峰值出现于 1-3 样本对，达 76.67%；母本为 T4 时，德宏傣语被试区分率组间差异显著〔F（8，261）=10.767，p=0.000〕，区分波峰范围位于 1-3、2-4、3-5、4-6 样本对，是一个平台状的波峰，与识别边界 4.24（3-5、4-6 样本对）基本对应，区分峰值出现于 1-3 样本对，为 63.33%。

表 5-5　T1-T4 声调连续统各样本对区分率的同类子集（德宏傣语被试）

T1-T4（T1母本）	N	alpha = 0.05 的子集					T1-T4（T4母本）	N	alpha = 0.05 的子集	
		1	2	3	4	5			1	2
10	30	0.37					9	30	0.34	
8	30	0.37					8	30	0.39	
9	30	0.38					10	30	0.39	

（续表）

T1-T4（T1母本）	N	alpha = 0.05 的子集					T1-T4（T4母本）	N	alpha = 0.05 的子集	
		1	2	3	4	5			1	2
7	30	0.44	0.44				6	30	0.39	
6	30	0.52	0.52	0.52			7	30	0.40	
5	30		0.57	0.57	0.57		5	30		0.56
4	30			0.60	0.60		4	30		0.56
3	30				0.69	0.69	3	30		0.57
2	30					0.77	2	30		0.63
显著性		0.05	0.13	0.73	0.22	0.86	显著性		0.92	0.76

（四）T2-T3 声调连续统

图 5-5 为 T2-T3 声调连续统的感知结果。从图中可以看出，德宏傣语被试的识别曲线有较为陡峭的识别边界，但是区分曲线整体表现得较为平缓，整体区分率在 50% 以下，难以发现波峰。

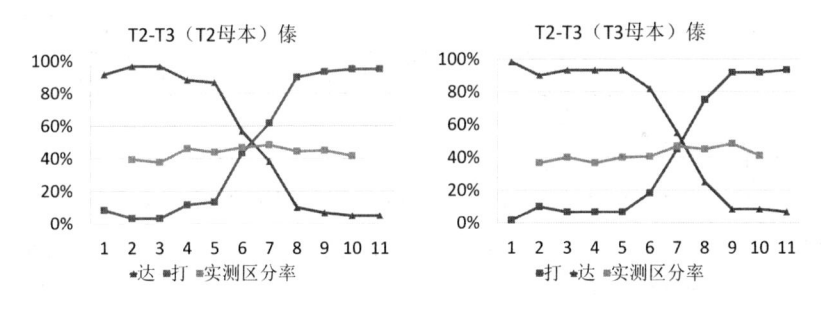

图 5-5 T2-T3 声调连续统感知结果（德宏傣语被试）

从识别结果来看，通过二元逻辑回归方程进行回归分析，母本为 T2 时，德宏傣语被试的识别边界和边界宽度分别为 6.32、2.69，边界跨越 5-7、6-8 两个样本对；母本为 T3 时，德宏傣语被试的识别边界和边界宽度分别为 7.08、2.73，边界跨越 6-8、7-9 两个样本对。对两组结果进行 RM ANOVA 重复测量方差检验，结果表明被试对基于不同母本合成的 T2-T3 声调连续统识别结果差异显著［$F(1, 654) = 9.124$，$p=0.003$］，这说明不同母本的发声类型等声源信息对被试感知本组声调对立影响显著。

从区分结果来看，如表 5-6 所示，经过 One-way ANOVA 单因素方差分析和 Tukey HSD post-hoc 事后检验，母本为 T2 时，德宏傣语被试区分率组间没有显著差异［F（8，261）= 1.597，p=0.126］，不存在区分波峰，且整体区分率仅在 40% 左右，区分峰值位于 6-8 样本对，仅为 48%；母本为 T3 时，德宏傣语被试区分率组间没有显著差异［F（8，261）= 2.033，p=0.053］，不存在区分波峰，区分峰值出现于 8-10 样本对，仅为 48%。

表 5-6　T2-T3 声调连续统各样本对区分率的同类子集（德宏傣语被试）

T2-T3 （T2 母本）	N	alpha = 0.05 的子集 1	T2-T3 （T3 母本）	N	alpha = 0.05 的子集 1
3	30	0.38	2	30	0.37
2	30	0.39	4	30	0.37
10	30	0.42	3	30	0.40
5	30	0.44	5	30	0.40
8	30	0.44	6	30	0.41
9	30	0.45	10	30	0.41
4	30	0.46	8	30	0.45
6	30	0.47	7	30	0.47
7	30	0.48	9	30	0.48
显著性		0.14	显著性		0.11

（五）T2-T4 声调连续统

图 5-6 为 T2-T4 声调连续统的感知结果。我们从图中可以直观地观察到，德宏傣语被试均有较为陡峭的识别边界，且与区分波峰相对应，区分波峰呈现平台状。

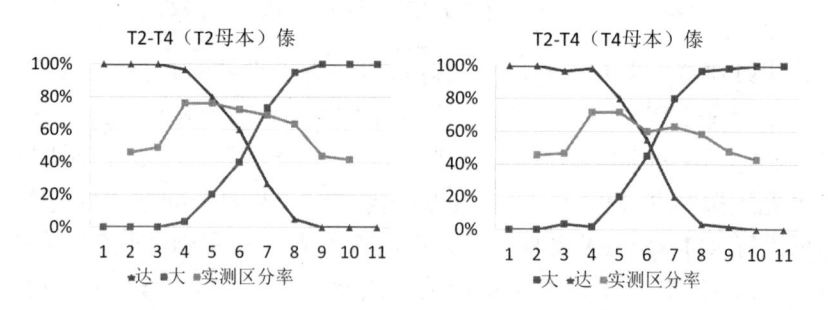

图 5-6　T2-T4 声调连续统感知结果（德宏傣语被试）

从识别结果来看，通过二元逻辑回归方程进行回归分析，母本为

T2 时，德宏傣语被试的识别边界和边界宽度分别为 6.17、1.42，边界跨越 5-7、6-8 两个样本对；母本为 T4 时，德宏傣语被试的识别边界和边界宽度分别为 6.07、1.45，边界跨越两个 5-7、6-8 样本对。对两组结果进行 RM ANOVA 重复测量方差检验，结果表明被试对基于不同母本合成的 T2-T4 声调连续统识别结果差异不显著〔$F(1, 654) = 0.261$，$p=0.610$〕，这说明不同母本的发声类型等声源信息对被试感知本组声调对立影响不大。

从区分结果来看，如表 5-7 所示，经过 One-way ANOVA 单因素方差分析和 Tukey HSD post-hoc 事后检验，母本为 T2 时，德宏傣语被试区分率组间差异显著〔$F(8, 261) = 13.093$，$p=0.000$〕，区分波峰位于 3-5、4-6、5-7、6-8、7-9 样本对，为一个典型的平台状波峰，与识别边界 6.17（5-7、6-8 样本对）基本对应，区分峰值出现于 3-5、4-6 样本对，均为 76%；母本为 T4 时，德宏傣语被试区分率组间差异显著〔$F(8, 261) = 8.471$，$p=0.000$〕，区分波峰范围较宽，位于 3-5、4-6、5-7、6-8、7-9 样本对，为一个典型的平台状波峰，区分波峰大于识别边界，与识别边界 6.07（5-7、6-8 样本对）基本对应。区分峰值出现于 3-5、4-6 样本对，为 72%。

表 5-7 T2-T4 声调连续统各样本对区分率的同类子集（德宏傣语被试）

T2-T4（T2母本）	N	alpha = 0.05 的子集 1	2	3	T2-T4（T4母本）	N	alpha = 0.05 的子集 1	2	3	4
10	30	0.42			10	30	0.43			
9	30	0.44			2	30	0.46	0.46		
2	30	0.46	0.46		3	30	0.47	0.47	0.47	
3	30	0.49	0.49		9	30	0.48	0.48	0.48	
8	30		0.63	0.63	8	30	0.58	0.58	0.58	0.58
7	30			0.69	6	30		0.60	0.60	0.60
6	30			0.72	7	30			0.63	0.63
5	30			0.76	4	30				0.72
4	30			0.76	5	30				0.72
显著性		0.94	0.06	0.37	显著性		0.10	0.17	0.08	0.26

（六）T3-T4 声调连续统

图 5-7 为 T3-T4 声调连续统的感知结果。我们从图中可以直观地观察到，德宏傣语被试均有较为陡峭的识别边界。母本为 T3 时，区分波峰

稍微偏离识别边界，二者未能完全吻合；母本为 T4 时，区分曲线几乎为一条直线。

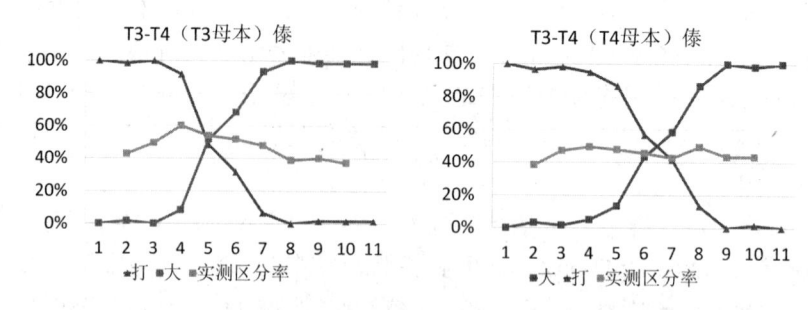

图 5-7　T3-T4 声调连续统感知结果（德宏傣语被试）

从识别结果来看，通过二元逻辑回归方程进行回归分析，母本为 T3 时，德宏傣语被试的识别边界和边界宽度分别为 5.32、1.6，边界基本对应 4-6 样本对；母本为 T4 时，德宏傣语被试的识别边界和边界宽度分别为 6.4、1.87，边界跨越 5-7、6-8 两个样本对。对两组结果进行 RM ANOVA 重复测量方差检验，结果表明被试对基于不同母本合成的 T3-T4 声调连续统识别结果差异显著［$F(1, 654) = 24.952$，$p<0.001$］，这说明不同母本的发声类型等声源信息对被试感知本组声调对立有显著影响。

从区分结果来看，如表 5-8 所示，经过 One-way ANOVA 单因素方差分析和 Tukey HSD post-hoc 事后检验，母本为 T3 时，德宏傣语被试的区分率组间差异显著［$F(8, 261) = 5.700$，$p=0.000$］，两两比较可以输出 4 个子集，不过子集间重叠度较高，组均值最高的子集内有 2-4、3-5、4-6、5-7、6-8 这 5 个样本对，即为区分波峰范围，是一个非常平缓的波峰，不过区分波峰还是包含了识别边界 5.32（4-6 样本对），即能够与识别边界基本对应，其中区分峰值位于 3-5 样本对，为 60%；母本为 T4 时，德宏傣语被试的区分率组间差异不显著［$F(8, 261) = 1.338$，$p=0.225$］，不存在区分波峰，区分峰值位于 3-5、7-9 样本对，为 49%。

表 5-8　T3-T4 声调连续统各样本对区分率的同类子集（德宏傣语被试）

T3-T4 （T3 母本）	N	alpha = 0.05 的子集				T3-T4 （T4 母本）	N	alpha = 0.05 的子集
		1	2	3	4			1
10	30	0.37				2	30	0.38

(续表)

T3-T4 (T3母本)	N	alpha = 0.05 的子集				T3-T4 (T4母本)	N	alpha = 0.05 的子集
		1	2	3	4			1
8	30	0.39	0.39			7	30	0.43
9	30	0.40	0.40	0.40		9	30	0.43
2	30	0.43	0.43	0.43		10	30	0.43
7	30	0.48	0.48	0.48	0.48	6	30	0.46
3	30	0.49	0.49	0.49	0.49	3	30	0.47
6	30		0.52	0.52	0.52	5	30	0.48
5	30			0.54	0.54	8	30	0.49
4	30				0.60	4	30	0.49
显著性		0.16	0.12	0.06	0.16	显著性		0.24

四　讨　论

（一）德宏傣语母语者对普通话声调的感知模式

首先，从识别结果来看，表5-9显示了德宏傣语被试识别结果中二元逻辑回归方程方程的常量b_0、系数b_1，以及本章第三节中统计出的各组识别边界和边界宽度。其中T2-T4、T3-T4、T1-T3声调连续统的边界宽度相对较窄，基本在2以内；T1-T2、T2-T3、T1-T4声调连续统稍宽，基本在2-3之间；T1-T2（T1母本）声调连续统略微超过3。也就是说，德宏傣语被试对各组声调连续统的识别曲线在50%交叉点的位置基本上都有一个相对较为急剧的变化。虽然这样的变化曲线斜率稍大于普通话被试，但是若是由此都判断为边界不分明，显然也不符合事实，根据第三章第四节的判断标准，德宏傣语被试是能够区分普通话各组声调对立的。那么由此可以认为，德宏傣语被试对普通话各组声调连续统的识别结果，均能够在语言学意义上区分音位范畴，在行为学层面上体现范畴感知的特点。

表5-9 识别实验结果（德宏傣语被试）

声调 连续统	母本	b_0	b_1	识别 边界	边界 均值	边界 宽度	宽度 均值
T1-T2	T1	-3.33	0.73	4.59	4.57	3.03	2.59
	T2	-4.63	1.02	4.55		2.16	

(续表)

声调连续统	母本	b_0	b_1	识别边界	边界均值	边界宽度	宽度均值
T1-T3	T1	-5.76	1.06	5.41	5.37	2.06	1.98
	T3	-6.16	1.15	5.33		1.90	
T1-T4	T1	-5.88	1.36	4.31	4.28	1.61	2.19
	T4	-3.38	0.80	4.24		2.76	
T2-T3	T2	-5.16	0.82	6.32	6.70	2.69	2.71
	T3	-5.69	0.80	7.08		2.73	
T2-T4	T2	-9.54	1.55	6.17	6.12	1.42	1.44
	T4	-9.19	1.52	6.07		1.45	
T3-T4	T3	-7.30	1.37	5.32	5.86	1.60	1.73
	T4	-7.53	1.18	6.40		1.87	

其次，从区分结果来看，表 5-10 显示了统计得出的每组声调连续统的区分波峰和与识别边界的对应情况。数据显示，T1-T3、T2-T3 和 T3-T4（T4 母本）从统计学意义上与观察上都无法发现显著的区分波峰，其他各组声调连续统则能够发现显著的区分波峰，即德宏傣语被试对 T1-T3、T2-T3 和 T3-T4（T4 母本）声调连续统的区分结果，未能体现范畴感知的特点，对其他各组声调连续统的区分结果，体现出了范畴感知的特点。不过，与普通话被试和藏语拉萨话被试相似，大部分区分波峰都不是一个显著的尖峰，即在每组区分结果的内部，没有哪一个样本对的区分率显著高于其他所有样本对，区分波峰范围大多包含了不止一个样本对，而且大部分与识别边界都仅仅是部分对应，或者基本对应。

表 5-10 区分实验结果（德宏傣语被试）

声调连续统	母本	区分波峰范围	识别边界对应样本对	与识别边界对应情况
T1-T2	T1	2-4、3-5	3-5	完全对应
	T2	2-4、3-5	3-5	完全对应
T1-T3	T1	无	4-6	
	T3	无	4-6	
T1-T4	T1	1-3、2-4、3-5、4-6	3-5、4-6	基本对应
	T4	1-3、2-4、3-5、4-6	3-5、4-6	基本对应
T2-T3	T2	无	5-7、6-8	
	T3	无	6-8、7-9	

（续表）

声调连续统	母本	区分波峰范围	识别边界对应样本对	与识别边界对应情况
T2-T4	T2	3-5、4-6、5-7、6-8、7-9	5-7、6-8	基本对应
	T4	3-5、4-6、5-7、6-8、7-9	5-7、6-8	基本对应
T3-T4	T3	2-4、3-5、4-6、5-7、6-8	4-6	基本对应
	T4	无	5-7、6-8	

最后，从发声类型对声调感知的影响来看，德宏傣语被试对由不同母本合成的 T2-T3、T3-T4 声调连续统的识别结果差异显著 [F(1, 654) = 9.124, p=0.003；F(1, 654) = 24.952, p<0.001]，对于由不同母本合成的其他声调连续统的识别结果差异不显著（p>0.05）。合成母本的发声类型等声源信息同样对 T2-T3、T3-T4 声调连续统的识别起了反作用。

综上所述，德宏傣语母语者在语言学层面上能够区分普通话各声调的音位范畴。但是在行为学意义上，对普通话 T1-T3、T2-T3 和 T3-T4（T4 母本）声调连续统的感知未能达到范畴感知的标准，对普通话 T1-T2、T1-T4、T2-T4、T3-T4（T3 母本）声调连续统的感知是范畴感知，且感知范畴化程度有所不同。

（二）德宏傣语母语者感知普通话声调范畴的变化

从范畴化程度的对比来看，如表 5-11 所示，将每组声调对立中两套识别结果的 Wcb 值进行平均，范畴化程度：T2-T4>T3-T4（T3 母本）>T1-T4>T1-T2。将 T1-T2、T1-T4、T2-T4、T3-T4（T3 母本）声调连续统中两套区分结果的 Ppk 值进行平均，T1-T2 组最高，即区分结果感知范畴化程度：T1-T2>T1-T4>T2-T4>T3-T4（T3 母本）。识别结果的范畴化程度未能与区分结果完全对应。由于德宏傣语被试对 T1-T3、T2-T3 和 T3-T4（T4 母本）对立组无法建立范畴感知，因此我们对这几组数据不做进一步统计。

表 5-11　各组声调对立的范畴间区分率、范畴内区分率、
区分峰度、边界宽度（德宏傣语被试）

声调连续统	母本	德宏傣语被试					
		Pbc	Pwc	Ppk	Ppk-mean	Wcb	Wcb-mean
T1-T2	T1	70.56%	44.21%	26.35%	21.29%	3.03	2.59
	T2	64.17%	47.94%	16.23%		2.16	

（续表）

声调连续统	母本	德宏傣语被试					
		Pbc	Pwc	Ppk	Ppk-mean	Wcb	Wcb-mean
T1-T4	T1	64.72%	48.73%	15.99%	13.57%	1.61	1.98
	T4	55.83%	44.68%	11.15%		2.76	
T2-T4	T2	70.56%	56.59%	13.97%	10.22%	1.42	1.44
	T4	61.39%	54.92%	6.47%		1.45	
T3-T4	T3	53.89%	45.97%	7.92%	7.92%	1.60	1.60

根据表 5-12 中的各个声调识别边界均值，可以发现，德宏傣语被试对普通话四声的感知范畴：T2>T3>T4>T1。与普通话被试相比，最大的差别在于对 T4 感知范畴的不同，德宏傣语被试感知 T4 的范畴显著小于普通话被试。此外，德宏傣语被试在 T1、T2 分别与其他三个声调的对立中，感知范畴先增后减；在 T3、T4 分别与其他三个声调的对立中，感知范畴先减后增。

表 5-12　普通话四声的感知范畴均值（德宏傣语被试）

普通话声调	T1	T2	T3	T4	均值
T1		4.57	5.37	4.28	4.74
T2	6.43		6.7	6.12	6.41
T3	5.63	4.3		5.86	5.08
T4	6.72	4.88	5.14		5.01

（三）与普通话母语者感知范畴化程度对比

接下来，我们对每一组声调连续统中，德宏傣语被试与普通话被试的识别曲线、识别边界、边界宽度、区分曲线、区分峰度进行对比，用以对德宏傣语被试和普通话被试感知普通话声调的范畴化程度进行分析。统计方法采用第二章所述的 RM ANOVA 重复测量方差分析和 One-way ANOVA 单因素方差分析，被试的边界宽度越窄，识别曲线越陡峭，区分峰度越高，感知范畴化程度越高。同样，由于德宏傣语被试对 T1-T3、T2-T3 和 T3-T4（T4 母本）声调连续统不是范畴感知，所以我们对这几组数据不做进一步统计分析。

1. T1-T2 声调连续统

母本为 T1 时，经过 RM ANOVA 重复测量方差分析，普通话被试与德宏傣语被试的识别曲线差异显著［F（1，53）= 8.439，p=0.005］；经过 One-way ANOVA 单因素方差分析，德宏傣语被试和普通话被试的识别边界具有显著差异［F（1，53）= 4.267，p=0.044］，边界宽度［F（1，53）= 7.379，p=0.009］的差异同样显著，德宏傣语被试的识别边界更靠近 T2，边界宽度显著大于普通话被试，其识别曲线的陡峭程度显著小于普通话被试。对两组被试区分曲线进行 RM ANOVA 重复测量方差分析，德宏傣语被试的平均区分率（50.1%）小于普通话被试（56.2%），差异显著［F（1，53）= 6.294，p=0.015］。德宏傣语被试的区分峰度（26.45%）小于普通话被试（40%），且差异显著（p<0.05）。

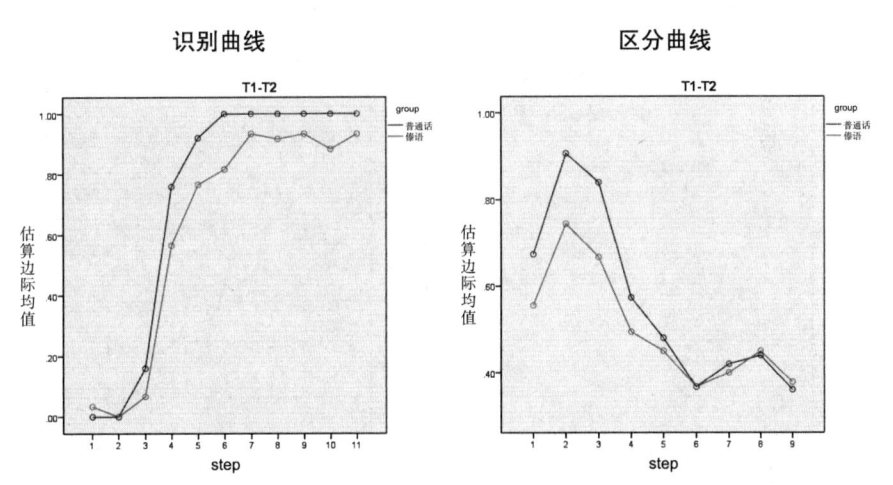

图 5-8　T1-T2（T1 母本）声调连续统德宏傣语被试与普通话被试感知结果对比

母本为 T2 时，经过 RM ANOVA 重复测量方差分析，普通话被试与德宏傣语被试识别曲线差异不显著［F（1，53）= 1.818，p=0.183］；经过 One-way ANOVA 单因素方差分析，德宏傣语被试的识别边界略大于普通话被试，更靠近 T2，差异不显著［F（1，53）= 1.835，p=0.181］；德宏傣语被试的边界宽度略大于普通话被试，差异不显著［F（1，53）= 2.444，p=0.124］。对两组被试区分曲线进行 RM ANOVA 重复测量方差分析，德宏傣语被试的平均区分率（51.5%）略小于普通话被试（55.6%），差异不显著［F（1，53）= 2.275，p=0.137］；德宏傣语被试的区分峰度（16.23%）小于普通话被试（33.48%），差异显著（p<0.05）。

2. T1-T4 声调连续统

母本为 T1 时，经过 RM ANOVA 重复测量方差分析，普通话被试和德宏傣语被试的识别曲线差异显著［F（1，53）= 8.486，p=0.005］；

德宏傣语被试的识别边界与普通话被试差异显著［F（1，53）= 8.375，p=0.006］，普通话被试的识别边界小于德宏傣语被试，德宏傣语被试的识别边界更靠近T4；德宏傣语被试的边界宽度和普通话被试差异显著［F（1，53）= 9.357，p=0.003］，即德宏傣语被试的边界宽度显著大于普通话被试，识别曲线的陡峭程度显著小于普通话被试。对两组被试区分曲线进行RM ANOVA重复测量方差分析，德宏傣语被试的平均区分率（52.3%）略小于普通话被试（54.4%），差异不显著［F（1，53）= 0.765，p=0.386］。德宏傣语被试区分峰度（15.99%）小于普通话被试（35.95%），差异显著（p<0.05）。

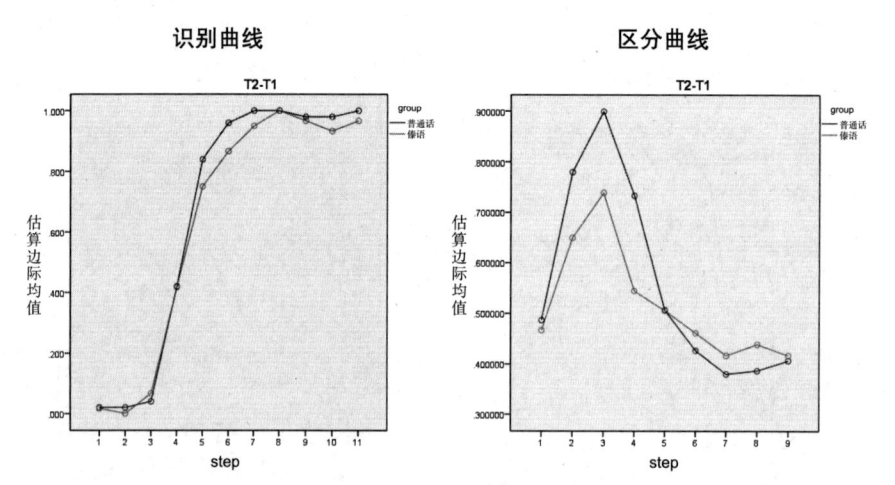

图 5-9　T1-T2（T2母本）声调连续统德宏傣语被试与普通话被试感知结果对比

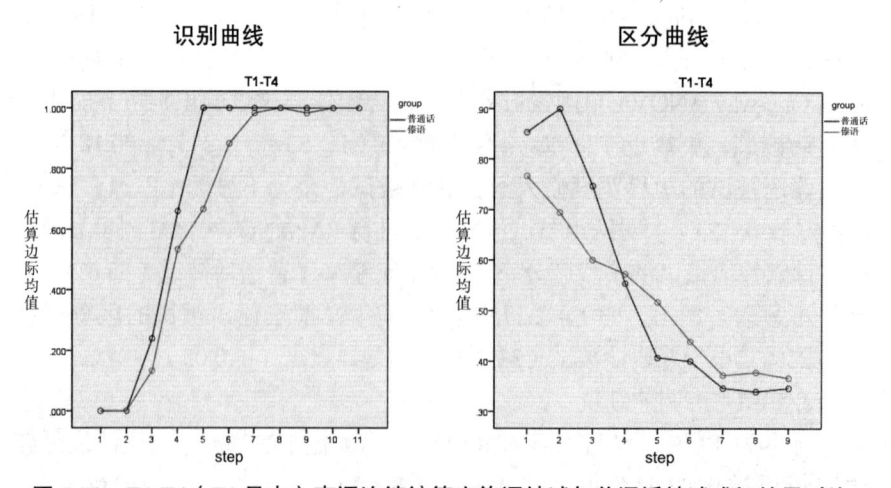

图 5-10　T1-T4（T1母本）声调连续统德宏傣语被试与普通话被试感知结果对比

母本为 T4 时，经过 RM ANOVA 重复测量方差分析，普通话被试和德宏傣语被试的识别曲线差异显著［F（1, 53）= 7.044，p=0.010］；德宏傣语被试的识别边界大于普通话被试，更靠近 T4，边界宽度大于普通话被试，差异不显著［F（1, 53）= 2.992，p=0.090］，［F（1, 53）= 2.742，p=0.104］。对两组被试区分曲线进行 RM ANOVA 重复测量方差分析，普通话被试平均区分率（49%）略大于德宏傣语被试（47.2%），但差异不显著［F（1, 53）= 0.634，p=0.429］；德宏傣语被试的区分峰度（11.15%）小于普通话被试（23.62%），差异显著（p<0.05）。

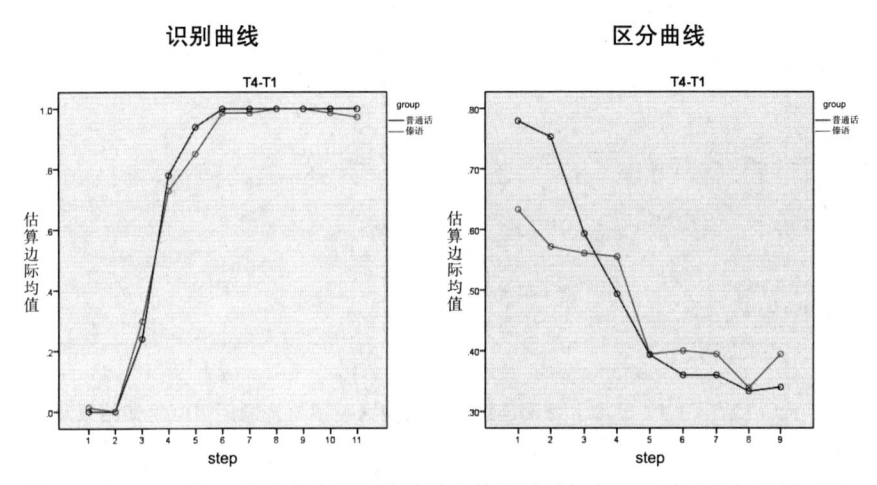

图 5-11　T1-T4（T4 母本）声调连续统德宏傣语被试与普通话被试感知结果对比

3. T2-T4 声调连续统

母本为 T2 时，经过 RM ANOVA 重复测量方差分析，普通话被试和德宏傣语被试识别曲线差异显著［F（1, 53）= 4.580，p=0.037］；德宏傣语被试的识别边界略大于普通话被试，更靠近 T4［F（1, 53）= 4.777，p=0.033］；虽然德宏傣语被试的边界宽度大于普通话被试，但在统计意义上差异不显著［F（1, 53）= 1.486，p=0.228］。对两组被试区分曲线进行 RM ANOVA 重复测量方差分析，德宏傣语被试的平均区分率（59.7%）略小于普通话被试（64.6%），差异不显著［F（1, 53）= 2.455，p=0.123］；德宏傣语被试的区分峰度（13.97%）小于普通话被试（30.95%），差异显著（p<0.05）。

母本为 T4 时，经过 RM ANOVA 重复测量方差分析，普通话被试和德宏傣语被试识别曲线差异不显著［F（1, 53）= 8.342，p=0.006］；德宏傣语被试的识别边界与普通话被试差异显著［F（1, 53）= 7.790， p=0.007〕，德宏傣语被试的识别边界显著大于普通话被试，偏向 T4 一侧；德宏傣语被试的边界宽度显著大于普通话被试〔$F(1, 53) = 11.251$，p=0.001〕。对两组被试区分曲线进行 RM ANOVA 重复测量方差分析，德宏傣语被试的平均区分率（56.4%）显著小于普通话被试（62.4%）〔$F(1, 53) = 4.453$, p=0.040〕；德宏傣语被试的区分峰度（6.47%）小于普通话被试（29.52%），差异显著（$p<0.05$）。

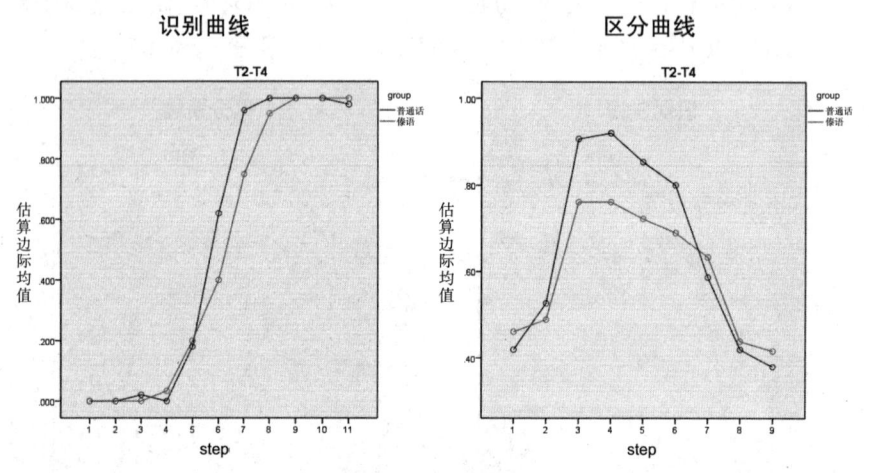

图 5-12　T2-T4（T2 母本）声调连续统德宏傣语被试与普通话被试感知结果对比

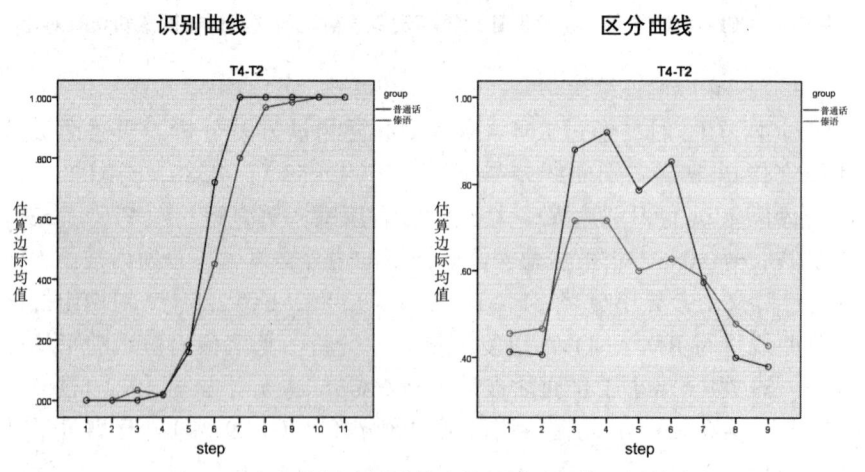

图 5-13　T2-T4（T4 母本）声调连续统德宏傣语被试与普通话被试感知结果对比

4. T3-T4（T3 母本）声调连续统

经过 RM ANOVA 重复测量方差分析，普通话被试和德宏傣语被试识别曲线差异显著［F（1，53）= 12.976，p=0.001］；德宏傣语被试的识别边界显著大于普通话被试，更靠近 T4 一侧，与普通话被试差异显著［F（1，53）= 12.980，p=0.001］；虽然德宏傣语被试的边界宽度略大于普通话被试，但在统计意义上不显著［F（1，53）= 0.2.201，p=0.144］。对两组被试区分曲线进行 RM ANOVA 重复测量方差分析，普通话被试平均区分率（51.4%）大于德宏傣语被试（46.9%），差异不显著［F（1，53）= 3.233，p=0.078］；德宏傣语被试的区分峰度（7.92%）小于普通话被试（26.9%），且差异显著（p<0.05）。

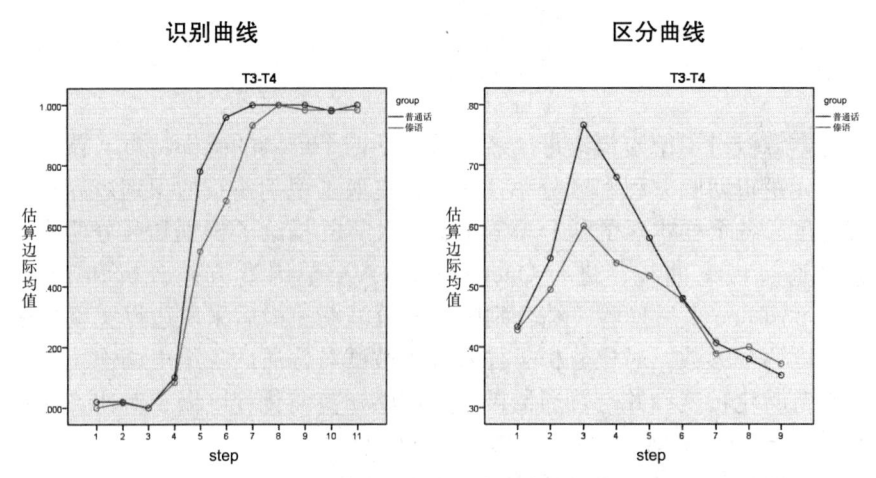

图 5-14　T3-T4（T3 母本）声调连续统德宏傣语被试与普通话被试感知结果对比

对比识别实验结果，如表 5-13 所示，可以发现德宏傣语被试和普通话被试感知 T1-T2（T2 母本）、T2-T4（T4 母本）声调连续统的识别曲线差异不显著，感知 T1-T2（T1 母本）、T1-T4、T2-T4（T2 母本）、T3-T4（T3 母本）声调连续统的识别曲线差异显著。虽然部分数据差异不显著，但德宏傣语被试的识别边界均比普通话被试更靠近每组声调连续统合成母本对立的一端，即德宏傣语被试往往比普通话被试需要更多步长才能区分每组声调对立。对比区分实验结果，除了 T1-T2（T1 母本）、T2-T4（T4 母本）声调连续统，德宏傣语被试和普通话被试的区分实验结果差异均不显著。对比德宏傣语被试和普通话被试的边界宽度与区分峰度，德宏傣语被试的边界宽度均大于普通话被试，区分峰度均小于普通话被试，只是部分数据在统计上并不具有显著差异。这说明，在感知这些声调连续统时，虽然德宏傣语被试能够建立起类似于普通话被试的范畴感知，但感知的范畴化程度均弱于普通话被试。

表 5-13 德宏傣语被试与普通话被试不同声调连续统感知范畴化程度对比

声调连续统	母本	边界宽度	区分峰度
T1-T2	T1	傣语＞普通话，p<0.05	傣语＜普通话，p<0.05
	T2	傣语＞普通话，p>0.05	傣语＜普通话，p<0.05
T1-T4	T1	傣语＞普通话，p<0.05	傣语＜普通话，p<0.05
	T4	傣语＞普通话，p<0.05	傣语＜普通话，p<0.05
T2-T4	T2	傣语＞普通话，p>0.05	傣语＜普通话，p<0.05
	T4	傣语＞普通话，p<0.05	傣语＜普通话，p<0.05
T3-T4	T3	傣语＞普通话，p>0.05	傣语＜普通话，p<0.05

五　小　结

本章探讨了德宏傣语母语者对普通话四个声调的感知特点。首先利用二元逻辑回归方程和区分率计算公式提取了识别曲线的识别边界和边界宽度、各个样本对的区分率等参数，计算并描绘了识别和区分曲线。其次通过观察曲线、进行 One-way ANOVA 单因素方差分析和 Tukey HSD post-hoc 事后检验，综合判断了区分波峰。最后采取边界宽度与区分峰度两个参数，对比分析了德宏傣语被试对普通话各组声调连续统的感知范畴化程度，并与普通话被试声调感知范畴化程度做了对比。在对数据进行深入分析的基础上，得出如下结论：

德宏傣语母语者在语言学层面上能够区分普通话四个声调两两之间的音位范畴，在行为学层面上对 T1-T2、T2-T4、T1-T4、T3-T4（T3 母本）声调连续统的感知是范畴感知，但是范畴化程度均低于普通话母语者。对 T1-T3、T2-T3、T3-T4（T4 母本）声调连续统，德宏傣语母语者未能建立范畴感知。德宏傣语母语者感知普通话四声的范畴：T2>T3>T4>T1，其中 T4 声调的范畴均值显著小于普通话母语者。对于由不同母本合成的 T2-T3、T3-T4 声调连续统，德宏傣语母语者的识别结果具有差异显著，体现了母本发声类型等声源信息对德宏傣语母语者感知普通话声调的反作用。

第六章 载瓦语母语者对普通话声调的感知

一 载瓦语声调系统

（一）载瓦语声调声学分析及感知研究

载瓦语属于汉藏语系藏缅语族缅语支，当地人称"小山话"，与同语支的缅语、阿昌语有许多共同的特征（徐悉艰、徐桂珍，1984；戴庆厦，1989；何勒腊，2016）。载瓦语主要使用人群为景颇族中自称"载瓦"的支系，主要聚居在云南省德宏傣族景颇族自治州的潞西、盈江、陇川、瑞丽、梁河、畹町等县，境外分布于缅甸的掸邦和克钦邦。载瓦语在聚居区或以载瓦支系为主的地区普遍通行，不仅用于家庭、村寨、集市、商店等日常生活领域，而且用于机关和法院、电台和广播站等多种社会领域。在景颇族内部载瓦语使用范围最广，其他支系兼用载瓦语的人数最多。同载瓦语支系邻近地区或以载瓦支系为主的杂居区，其他民族如阿昌族、汉族、傣族、傈僳族也有不少人兼通载瓦语［中国社会科学院语言学研究所等编《中国语言地图集（第二版）》（少数民族语言卷），2012：172—181］。根据2010年中国第六次人口普查数据，我国境内景颇族人口约有14万人。其中使用载瓦语的人数约为8万，约占中国境内景颇族总人口的六成（何勒腊，2016）。载瓦语的声调较为复杂，徐悉艰、徐桂珍（1984），孔江平（2001），何勒腊（2016），陆尧、孔江平（2019）等曾对载瓦语的声调进行过研究。

徐悉艰、徐桂珍编著的《景颇族语言简志（载瓦语）》（1984）认为，载瓦语声调共有3个，调值分别为21、55、51。其中，正常嗓音韵母能同所有的声母结合，而发声类型为紧嗓音的韵母只能同不送气音、浊擦音、鼻音、边音声母相结合。当声母是不送气音（清擦音除外），韵母的发声类型是正常嗓音时，55调的实际调值是15。根据是否带塞尾，21调和55调有促声调和舒声调之分。戴庆厦（1989）通过载瓦语同缅语、阿昌语、哈尼语等亲属语言之间比较，详细论证了载瓦语声调的来源和分化问题。戴文指出，对载瓦语声调的归类有两种方法：一种主要根据调值的相近程度，把舒声调和促声调合为一类，声调有3个，调值分别为 21、55、51，但是在 21、55 两个调里既有舒声调，又有促声调；另一种方法是把舒声调和促声调分开，归为 5 个调，即 3 个舒声调（调值为 21、55、51）和 2 个促声调（调值为 21、55）。文章还指出，如果为了研究载瓦语声调的发展变化，似乎把舒声调和促声调分开分析更方便些。何勒腊（2016）认同以往研究，但是认为载瓦语 3 个声调的调值应为 22、55、51，当声母是不送气音（清擦音除外）、韵母的发声类型是正常嗓音时，55 调的实际调值是 35。

陆尧、孔江平（2019）为更准确地厘清载瓦语的声调情况，选择了 4 名来自德宏傣族景颇族自治州瑞丽市户育乡的村民作为发音人采集数据。其中，2 名女性，一名 19 岁，一名 48 岁；2 名男性，一名 20 岁，一名 36 岁。他们的母语均为载瓦语。根据发音人录制的语音样本，提取男女发音人的基频数据作平均值，并采用半音法将基频进行转换，得出载瓦语声调的基频值和五度值如图 6-1 所示。

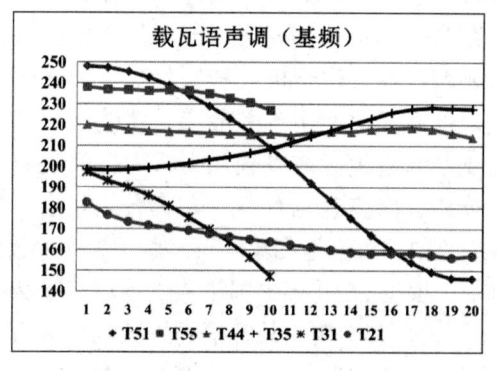

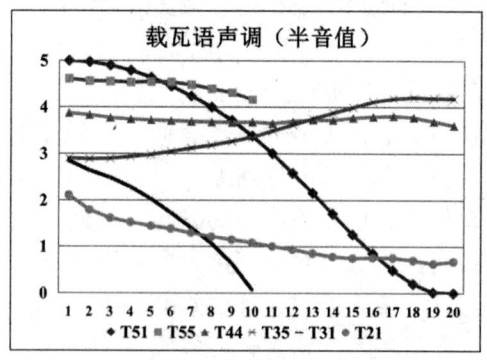

图 6-1　载瓦语声调基频值与五度值

资料来源：陆尧、孔江平：《载瓦语声调的声学及感知研究》，《民族语文》第 1 期，第 55—65 页，2019。

接着，为了进一步厘清发声类型和基频对载瓦语的影响，陆尧、孔江平（2019）选取"声调不同，元音同为正常嗓音""声调不同，元音同为紧嗓音""声调不同，元音发声类型不同"这3种声调和发声类型的组合对载瓦语声调进行了感知实验研究。例词分别为：/po²¹/"蛙"和/po⁵¹/"便宜"、/i²¹/"尿"和/i⁵¹/"酒"、/mau³⁵/"奇怪"和/mau⁴⁴/"骗人"。这6个词都为载瓦语的常用词。其中，第1、2组母本声韵母相同，声调不同，元音发声类型相同，都为紧嗓音或都为正常嗓音，即这两组母本仅存在基频对立；第3组母本声韵母相同，声调不同，且元音发声类型不同，1个为正常嗓音，1个为紧嗓音，如图6-2所示，分别测量/mau³⁵/"奇怪"和/mau⁴⁴/"骗人"第一谐波（h1）和第二谐波（h2）的振幅（dB），其谐波的振幅差（h2-h1的数值）一般能反映声带振动时的紧张程度，振幅差越大，声带越紧。其中/mau³⁵/谐波振幅差值为负，显著小于/mau⁴⁴/，本组母本同时存在基频和发声类型的对立。28名（12男，16女）来自云南省德宏傣族景颇族自治州瑞丽市户育乡户育村尹山、广帕、芒弄、户育4个村民小组的被试参加了实验。感知结果发现，载瓦语母语者对载瓦语中声调不同、元音发声类型相同的声调连续统能够区分音位范畴，但感知模式为连续感知。声调和发声类型都不同的声调连续统，当母本为紧嗓音时，被试感知模式虽然为连续感知，但能够区分音位范畴；而当母本为正常嗓音时，被试无法区分音位范畴。

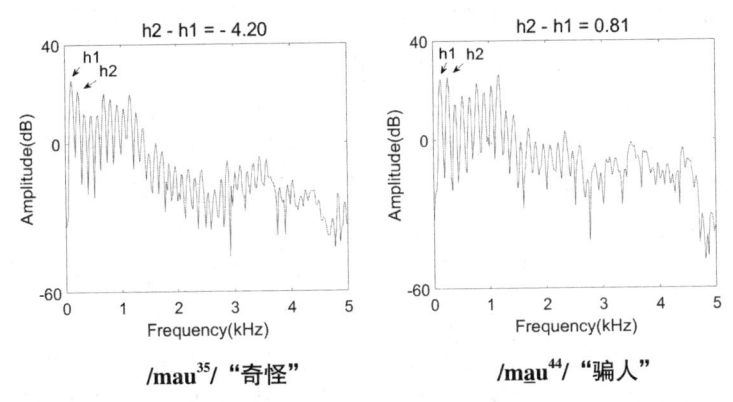

图6-2 /mau³⁵/"奇怪"和/mau⁴⁴/"骗人"元音稳定段功率谱

资料来源：陆尧、孔江平，《载瓦语声调的声学及感知研究》，《民族语文》第1期，第55—65页，2019。

结合声学分析和感知实验结果，陆尧、孔江平（2019）对载瓦语声调进行了重新归纳，与以往研究主要体现在以下两点差异：首先是舒声调与促声调的处理。徐悉艰、徐桂珍（1984）与何勒腊（2016）归为55调和21（22）调的两个声调都既包括舒声调，又包括促声调，但声学实验发现其中的舒声调和促声调的基频有较大差异，舒声调的低一些，促声调的高一些，陆尧、孔江平（2019）将其分别处理为两个调，即传统分类的55调析分为44调和55调，21（22）调析分为21调和31调。与戴庆厦（1989）"把舒声调和促声调分开"的处理方法相同。其次是对55调变调的处理。传统记音中，将15调与55调合并为一个调位，认为是由于发声类型不同而形成的音位互补。但通过感知实验，陆尧、孔江平（2019）证明了载瓦语高平调和高升调这两个音位之间，存在基频和发声类型两种区别性特征的对立，其中，基频对确定音位范畴占主要影响，而发声类型的影响是次要的，所以应当根据这两个声调之间在基频上的显著差异，将其确定为两个声调。因此，载瓦语声调应当这样来描述：载瓦语有6个声调，其中2个平调，1个升调，3个降调，调值记为：55、44、35、51、31、21。其中，31调和55调为促声调，带有塞音韵尾，其余为舒声调。载瓦语的元音发声类型有松紧之分，可以称为正常嗓音和紧嗓音，且与声调紧密配合。其中升调35的出现需要一定的条件，即声母是不送气音（清擦音除外），韵母是正常嗓音，其他声调中的韵母可以是紧嗓音，也可以是正常嗓音。

本书采用陆尧、孔江平（2019）对载瓦语声调系统的描述与归纳。

（二）载瓦语与普通话声调对比分析

载瓦语声调与普通话声调系统的对比如表6-1所示。从基频的角度来看，高平调、高升调和高降调在两种语言中都存在，且调值相似。虽然载瓦语中的低降调21和31与普通话中的降升调214在对方语言中缺乏对应，但是21和31的调值与214的前半段有相似之处。从发声的角度来看，载瓦语的高平调（44和55）的音节中可以出现正常嗓音和紧嗓音，但是高升调35的音节中则只能出现正常嗓音。尽管普通话声调的发声信息并不能够区别意义，但是如前文中所述，普通话各个声调的发声类型也是不同的，最突出的特点就是上声在基频较低时会出现挤喉嗓音，在发声层面上与载瓦语中的紧嗓音很相似（孔江平，2001）。

表 6-1　载瓦语声调与普通话声调对比

语言	调型	调值	语言	调型	调值
载瓦语	高平调（促）	55	普通话	高平调	55
	高平调	44			
	高升调	35		高升调	35
	高降调	51		高降调	51
	低降调（促）	31		降升调	214
	低降调	21			

二　实验被试

载瓦语被试共 28 名（14 男，14 女），均来自德宏傣族景颇族自治州瑞丽市户育乡户育村尹山、广帕、芒弄、户育四个村民小组，年龄范围在 18—48 岁。所有被试在该村生活，均以载瓦语为母语。平时与家人、朋友交流以载瓦语为主。同时，所有被试均从小学开始学习普通话，能够用普通话进行正常交流。

三　实验结果

（一）T1-T2 声调连续统

图 6-3 为 T1-T2 声调连续统的感知结果。我们从图中可以直观地观察到，载瓦语被试的识别曲线均有较为陡峭的识别边界，区分曲线均有较为明显的区分波峰，但区分波峰与识别边界有所偏离。

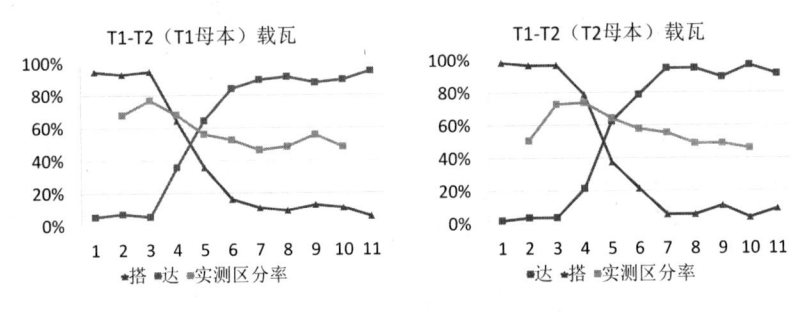

图 6-3　T1-T2 声调连续统感知结果（载瓦语被试）

从识别结果来看，通过二元逻辑回归方程进行回归分析，母本为 T1 时，载瓦语被试的识别边界和边界宽度分别为 4.91、3.21，边界跨越

3-5、4-6 两个样本对；母本为 T2 时，载瓦语被试的识别边界和边界宽度分别为 5.11、2.63，边界跨越 3-5、4-6 两个样本对。对两组结果进行 RM ANOVA 重复测量方差检验，被试对基于不同母本合成的 T1-T2 声调连续统识别结果差异不显著［F（1，610）= 0.384，p=0.536］，这说明不同母本的发声类型等声源信息对被试感知本组声调对立影响不大。

从区分结果来看，如表 6-2 所示，经过 One-way ANOVA 单因素方差分析和 Tukey HSD post-hoc 事后检验，母本为 T1 时，载瓦语被试区分率组间差异显著［F（8，243）= 8.441，p=0.000］，两两比较可以输出为 3 个子集，子集间重合较多，波峰较为平缓，1-3、2-4、3-5 样本对处于同一子集，组均值最高，可以判定为区分波峰，与识别边界 4.91（3-5、4-6 样本对）部分对应，区分峰值出现于 2-4 样本对，达 79%；母本为 T2 时，载瓦语被试区分率组间差异显著［F（8，243）= 8.273，p=0.000］，两两比较输出为 3 个子集，子集间重合较多，区分波峰范围位于在 2-4、3-5、4-6、5-7 样本对，是一个较为平缓的波峰，区分波峰包含了识别边界 5.11（3-5、4-6 样本对），二者基本能够对应，区分峰值出现于 3-5 样本对，达 74%。

表 6-2　T1-T2 声调连续统各样本对区分率的同类子集（载瓦语被试）

T1-T2（T1 母本）	N	alpha = 0.05 的子集			T1-T2（T2 母本）	N	alpha = 0.05 的子集		
		1	2	3			1	2	3
7	28	0.48			10	28	0.46		
10	28	0.50			9	28	0.49	0.49	
8	28	0.50			8	2	0.49	0.49	
6	28	0.54	0.54		2	28	0.51	0.51	
9	28	0.57	0.57		7	28	0.55	0.55	
5	28	0.58	0.58		6	28	0.58	0.58	0.58
2	28		0.70	0.70	5	28		0.64	0.64
4	28		0.70	0.70	3	28			0.73
3	28			0.79	4	28			0.74
显著性		0.66	0.08	0.74	显著性		0.34	0.07	0.05

（二）T1-T3 声调连续统

图 6-4 为 T1-T3 声调连续统的感知结果，载瓦语被试的识别曲线均有较为陡峭的识别边界，但是区分曲线整体都表现得较为平缓，区分波峰也不是非常地明显。

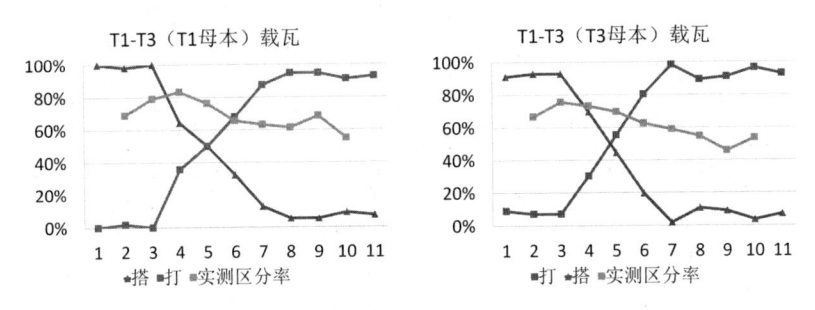

图 6-4　T1-T3 声调连续统感知结果（载瓦语被试）

从识别结果来看，通过二元逻辑回归方程进行回归分析，母本为 T1 时，载瓦语被试的识别边界和边界宽度分别为 5.32、2.68，结合图 6-4 所示，边界跨越 3-5、4-6 样本对；母本为 T3 时，载瓦语被试的识别边界和边界宽度分别为 4.89、2.96，边界跨越 3-5、4-6 两个样本对。对两组结果进行 RM ANOVA 重复测量方差检验，结果表明被试对基于不同母本合成的声调 T1-T3 对立组识别结果差异不显著［$F(1, 610) = 2.520$，$p=0.113$］，这说明不同母本的发声类型等声源信息对被试感知本组声调对立影响不大。

从区分结果来看，如表 6-3 所示，经过 One-way ANOVA 单因素方差分析和 Tukey HSD post-hoc 事后检验，母本为 T1 时，载瓦语被试区分率虽然组间差异显著［$F(8, 243) = 5.535$，$p=0.000$］，但两两比较输出的 4 个子集之间重叠度较高，组均值最高的是 1-3、2-4、3-5、4-6 样本对，即为区分波峰范围，是一个相对平缓的波峰，包含识别边界，与识别边界 5.32（3-5、4-6 样本对）基本对应，区分峰值出现于 3-5 样本对，达 83%；母本为 T3 时，载瓦语被试区分率虽然组间差异显著［$F(8, 243) = 5.643$，$p=0.000$］，但两两比较输出为 3 个子集，且子集间重叠度较高，组均值最高的子集内有 6 个样本对：1-3、2-4、3-5、4-6、5-7、6-8 样本对，即区分波峰范围，可以看出，是一个非常平缓的波峰，包含识别边界所跨越的两个样本对，与识别边界 4.89（3-5、4-6 样本对）基本对应，区分峰值出现于 2-4 样本对，为 76%。

表 6-3　T1-T3 声调连续统各样本对区分率的同类子集（载瓦语被试）

T1-T3 （T1母本）	N	alpha = 0.05 的子集				T1-T3 （T3母本）	N	alpha = 0.05 的子集		
		1	2	3	4			1	2	3
10	28	0.55				9	28	0.46		
8	28	0.61	0.61			10	28	0.54	0.54	
7	28	0.63	0.63	0.63		8	28	0.55	0.55	
6	28	0.65	0.65	0.65		7	28	0.59	0.59	0.59
9	28	0.68	0.68	0.68		6	28	0.63	0.63	0.63
2	28	0.69	0.69	0.69	0.69	2	28		0.67	0.67
5	28		0.76	0.76	0.76	5	28		0.70	0.70
3	28			0.79	0.79	4	28			0.73
4	28				0.83	3	28			0.76
显著性		0.19	0.15	0.09	0.15	显著性		0.11	0.14	0.11

（三）T1-T4 声调连续统

图 6-5 为 T1-T4 声调连续统的感知结果。我们从图中可以直观地观察到，载瓦语被试的识别曲线均有较为陡峭的识别边界，区分曲线均有较为明显的区分波峰，区分峰值与识别边界稍有偏离。

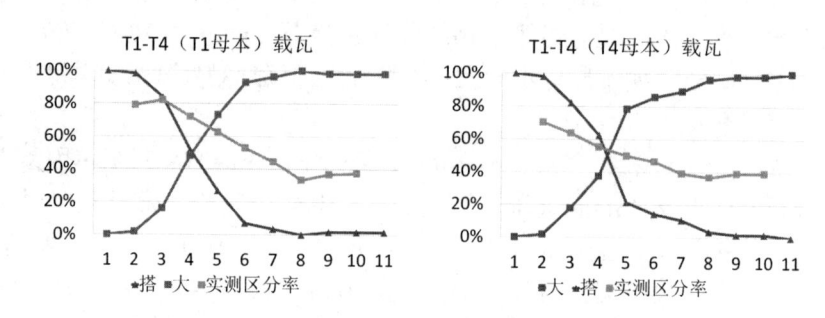

图 6-5　T1-T4 声调连续统感知结果（载瓦语被试）

从识别结果来看，通过二元逻辑回归方程进行回归分析，母本为 T1 时，载瓦语被试的识别边界和边界宽度分别为 4.26、1.81，边界基本对应 3-5 样本对；母本为 T4 时，载瓦语被试的识别边界和边界宽度分别为 4.45、2.04，边界跨越 3-5、4-6 两个样本对。对两组结果进行 RM ANOVA 重复测量方差检验，结果表明被试对基于不同母本合成的 T1-T4 声调连续统识别结果差异不显著［$F(1, 610) = 0.728$, $p=0.394$］，这说明不同母本的发声类型等声源信息对被试感知本组声调对立影响不大。

从区分结果来看,如表6-4所示,经过One-way ANOVA 单因素方差分析和Tukey HSD post-hoc 事后检验,母本为T1时,载瓦语被试区分率组间差异显著[$F(8, 243) = 33.286$, $p=0.000$],区分波峰范围位于1-3、2-4、3-5样本对,包含识别边界,与识别边界4.26(3-5样本对)基本对应,区分峰值出现于2-4样本对,达82%;母本为T4时,载瓦语被试区分率组间差异显著[$F(8, 243) = 14.034$, $p=0.000$],区分波峰范围位于1-3、2-4样本对,与识别边界4.45(3-5、4-6样本对)稍有偏离,区分峰值出现于1-3样本对,为70%。

表6-4 T1-T4声调连续统各样本对区分率的同类子集(载瓦语被试)

T1-T4 (T1母本)	N	alpha = 0.05 的子集					T1-T4 (T4母本)	N	alpha = 0.05 的子集			
		1	2	3	4	5			1	2	3	4
8	28	0.33					8	28	0.37			
9	28	0.37					10	28	0.39			
10	28	0.38					7	28	0.39			
7	28	0.45	0.45				9	28	0.39			
6	28		0.53	0.53			6	28	0.46	0.46		
5	28			0.63	0.63		5	28	0.50	0.50	0.50	
4	28				0.72	0.72	4	28		0.55	0.55	
2	28					0.79	3	28			0.64	0.64
3	28					0.82	2	28				0.70
显著性		0.27	0.69	0.51	0.51	0.42	显著性		0.09	0.56	0.07	0.88

(四)T2-T3声调连续统

图6-6为T2-T3声调连续统的感知结果。我们从图中可以直观地观察到,母本为T2时,载瓦语被试的识别曲线能发现识别边界,但是不够陡峭。母本为T3时,载瓦语被试的识别曲线基本平行,很难发现识别边界。两种合成母本条件下,区分曲线整体表现得都较为平缓,几乎为一条直线。

从识别结果来看,通过二元逻辑回归方程进行回归分析,母本为T2时,载瓦语被试的识别边界和边界宽度分别为6.96、2.74,边界跨越6-8、7-9两个样本对。母本为T3时,载瓦语被试的识别边界和边界宽度分别为6.28、14.83,边界对应5-7样本对。对两组结果进行RM ANOVA重复测量方差检验,结果表明被试对基于不同母本合成的T2-T3声调连续统识别结果差异显著[$F(1, 610) = 4.598$, $p=0.047$],这说明不同母本的发声类型等声源信息对被试感知本组声调对立有显著影响。

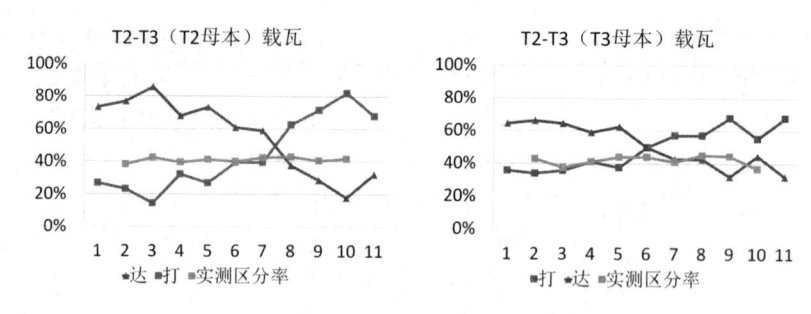

图 6-6　T2-T3 声调连续统感知结果（载瓦语被试）

从区分结果来看，如表 6-5 所示，经过 One-way ANOVA 单因素方差分析和 Tukey HSD post-hoc 事后检验，母本为 T1 时，载瓦语被试区分率没有显著差异［$F(8, 243) = 0.264$, $p=0.977$］，不存在区分波峰，且整体区分率仅在 40% 左右，区分峰值位于 7-9 样本对，仅为 43%；母本为 T4 时，载瓦语被试的区分率组间同样没有显著差异［$F(8, 243) = 0.945$, $p=0.480$］，不存在区分波峰，区分峰值出现于 7-9 样本对，为 45%。

表 6-5　T2-T3 声调连续统各样本对区分率的同类子集（载瓦语被试）

T2-T3（T2母本）	N	alpha = 0.05 的子集 1	T2-T3（T3母本）	N	alpha = 0.05 的子集 1
2	28	0.38	10	28	0.37
4	28	0.39	3	28	0.38
6	28	0.40	4	28	0.41
9	28	0.40	7	28	0.41
5	28	0.41	2	28	0.43
10	28	0.42	6	28	0.44
3	28	0.42	5	28	0.44
7	28	0.42	9	28	0.45
8	28	0.43	8	28	0.45
显著性		0.97	显著性		0.63

（五）T2-T4 声调连续统

图 6-7 为 T2-T4 声调连续统的感知结果。我们从图中可以直观地观察到，载瓦语被试均有较为陡峭的识别边界，且与区分波峰相对应，区分波峰呈现平台状。

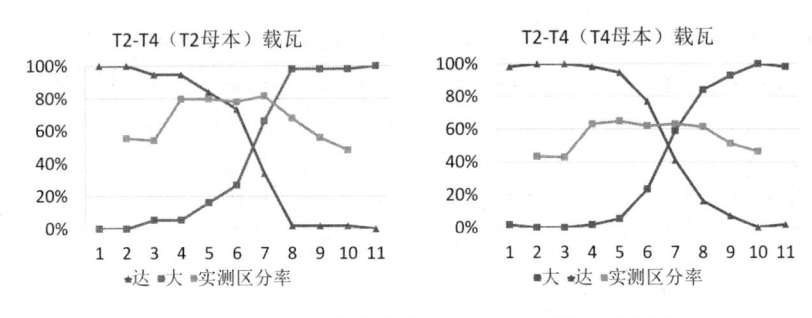

第六章　载瓦语母语者对普通话声调的感知　119

图 6-7　T2-T4 声调连续统感知结果（载瓦语被试）

从识别结果来看，通过二元逻辑回归方程进行回归分析，母本为 T2 时，载瓦语被试的识别边界和边界宽度分别为 6.36、1.67，边界跨越 5-7、6-8 两个样本对；母本为 T4 时，载瓦语被试的识别边界和边界宽度分别为 6.84、1.67，边界跨越 5-7、6-8 两个样本对。对两组结果进行 RM ANOVA 重复测量方差检验，结果表明被试对基于不同母本合成的声调 T2-T4 对立组识别结果差异显著［F（1，610）= 4.925，p=0.027］，这说明不同母本的发声类型等声源信息对被试感知本组声调对立有显著影响。

表 6-6　T2-T4 声调连续统各样本对实测区分率的同类子集（载瓦语被试）

T2-T4 （T2母本）	N	alpha = 0.05 的子集			T2-T4 （T4母本）	N	alpha = 0.05 的子集		
		1	2	3			1	2	3
10	28	0.48			3	28	0.43		
3	28	0.54	0.54		2	28	0.43		
2	28	0.55	0.55		10	28	0.46	0.46	
9	28	0.56	0.56		9	28	0.51	0.51	0.51
8	28		0.68	0.68	8	28		0.61	0.61
6	28			0.78	6	28		0.62	0.62
4	28			0.80	4	28			0.63
5	28			0.80	7	28			0.63
7	28			0.82	5	28			0.65
显著性		0.84	0.15	0.15	显著性		0.79	0.07	0.17

从区分结果来看，如表 6-6 所示，经过 One-way ANOVA 单因素方差分析和 Tukey HSD post-hoc 事后检验，母本为 T2 时，载瓦语被试区分率差异显著［F（8，243）= 13.951，p=0.000］，区分波峰范围位于

3-5、4-6、5-7、6-8、7-9 样本对，为一个典型的平台状波峰，包含识别边界 6.36 所跨越的 5-7、6-8 样本对，与识别边界基本对应，区分峰值出现于 6-8 样本对，为 82%；母本为 T4 时，载瓦语被试区分率组间差异显著［$F(8, 243) = 6.461$，$p=0.000$］，区分波峰范围较宽，位于 3-5、4-6、5-7、6-8、7-9、8-10 样本对，为一个典型的平台状波峰，包含识别边界 6.84 所跨越的样本对 5-7、6-8，与识别边界基本对应，区分峰值出现于 4-6 样本对，为 65%。

（六）T3-T4 声调连续统

图 6-8 为 T3-T4 声调连续统的感知结果。我们从图中可以直观地观察到，载瓦语被试均有较为陡峭的识别边界。母本为 T3 时，区分波峰稍微偏离识别边界，二者未能完全吻合；母本为 T4 时，区分曲线几乎为一条直线。

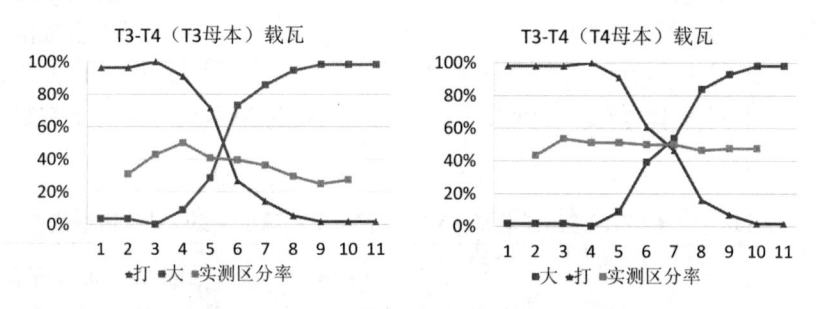

图 6-8　T3-T4 声调连续统感知结果（载瓦语被试）

从识别结果来看，通过二元逻辑回归方程进行回归分析，母本为 T3 时，载瓦语被试的识别边界和边界宽度分别为 5.57、1.93，边界跨越 4-6、5-7 两个样本对；母本为 T4 时，载瓦语被试的识别边界和边界宽度分别为 6.72、1.91，边界跨越 5-7、6-8 两个样本对。对两组结果进行 RM ANOVA 重复测量方差检验，结果表明被试对基于不同母本合成的 T3-T4 声调连续统识别结果差异非常显著［$F(1, 610) = 25.172$，$p<0.001$］，这说明不同母本的发声类型等声源信息对被试感知本组声调对立有显著影响。

从区分结果来看，如表 6-7 所示，经过 One-way ANOVA 单因素方差分析和 Tukey HSD post-hoc 事后检验，母本为 T3 时，载瓦语被试的区分率虽然组间差异显著［$F(8, 243) = 5.510$，$p=0.000$］，但两两比较输出的 3 个子集间重叠度较高，组均值最高的子集内有 2-4、3-5、4-6、5-7、6-8 这 5 个样本对，即为区分波峰范围，是一个非常平缓的波峰，与识别边界 5.57（4-6、5-7 样本对）部分对应，其中区分峰值位于 3-5

样本对，为 63%；母本为 T4 时，载瓦语被试的区分率组间差异不显著〔F（8, 243）= 0.722，p=0.672〕，不存在区分波峰，区分峰值位于 2-4 样本对处，为 54%。

表 6-7　T3-T4 声调连续统各样本对区分率的同类子集（载瓦语被试）

T3-T4 （T3母本）	N	alpha = 0.05 的子集			T3-T4 （T4母本）	N	alpha = 0.05 的子集
		1	2	3			1
9	28	0.39			2	28	0.43
10	28	0.43	0.43		8	28	0.46
8	28	0.43	0.43		10	28	0.48
2	28	0.44	0.44		9	28	0.48
7	28	0.51	0.51	0.51	6	28	0.50
6	28	0.53	0.53	0.53	7	28	0.50
5	28		0.55	0.55	4	28	0.51
3	28			0.58	5	28	0.51
4	28			0.63	3	28	0.54
显著性		0.11	0.06	0.20	显著性		0.54

四　讨　论

（一）载瓦语母语者对普通话声调的感知模式

首先，从识别结果来看，表 6-8 显示了载瓦语被试识别结果二元逻辑回归方程的常量 b_0、系数 b_1，以及本章第三节中统计出的各组识别边界和边界宽度。T2-T4、T3-T4 和 T1-T4 声调连续统边界宽度均值相对较窄，基本在 2 以内；T1-T2 和 T1-T3 稍宽，基本在 2-4；T1-T2（T1 母本）声调连续统略微超过 3。但是 T2-T3 声调连续统内部差异较大，当母本为 T2 时，识别边界较为陡峭，边界宽度较窄，为 2.74；当母本为 T3 时，边界宽度高达 14.83，远超过普通话被试，这意味着载瓦语被试在 T3 母本条件下不能区分 T2 和 T3 这两个音位范畴。

表 6-8　识别实验结果（载瓦语被试）

声调连续统	母本	b_0	b_1	识别边界	边界均值	边界宽度	宽度均值
T1-T2	T1	-3.36	0.68	4.91	5.01	3.21	2.92
	T2	-4.27	0.84	5.11		2.63	

（续表）

声调连续统	母本	b_0	b_1	识别边界	边界均值	边界宽度	宽度均值
T1-T3	T1	-4.36	0.82	5.32	5.11	2.68	2.82
	T3	-3.63	0.74	4.89		2.96	
T1-T4	T1	-5.16	1.21	4.26	4.36	1.81	1.93
	T4	-4.80	1.08	4.45		2.04	
T2-T3	T2	-1.96	0.28	6.96	6.62	2.74	8.79
	T3	-0.93	0.15	6.28		14.83	
T2-T4	T2	-8.34	1.31	6.36	6.60	1.67	1.67
	T4	-8.98	1.31	6.84		1.67	
T3-T4	T3	-6.36	1.14	5.57	6.14	1.93	1.92
	T4	-7.72	1.15	6.72		1.91	

从图 6-3 至图 6-8 中也可以看出，T2-T3 组的识别曲线较为平缓，尤其是当母本为 T3 时非常平缓，而其他各组声调连续统的识别曲线在 50% 交叉点的位置都有一个相对较为急剧的变化。根据第三章第四节的判断标准，我们认为在母本为 T3 时，载瓦语母语者无法区分 T2 和 T3 这两个声调音位范畴，而对于普通话其他各组声调连续统的识别结果，均能够区分音位范畴，且体现出了范畴感知的特点。

其次，从区分结果来看，表 6-9 显示了统计得出的每组声调连续统区分波峰和与识别边界的对应情况。被试在 T2-T3、T3-T4（T4 母本）声调连续统中的区分结果未能发现区分波峰，在其他各组声调连续统的区分结果中都能够发现显著的区分波峰，即载瓦语母语者对 T2-T3、T3-T4（T4 母本）之外其他各组声调连续统的区分结果，均体现出了范畴感知的特点。不过，与普通话母语者相似，大部分区分波峰都不是一个显著的尖峰，在每组区分结果的内部，没有哪一个样本对的区分率显著高于其他所有样本对，区分波峰范围大多包含了不止一个样本对，而且大部分与识别边界都仅仅是部分对应，或者基本对应。此外，T1-T4（T4 母本）声调连续统的区分结果虽然与识别边界不能对应，但我们从区分曲线图上能够直观地观察到较为明显的区分波峰，各组区分率之间也存在显著差异，两两比较输出了 4 个子集，所以在这里我们仍然倾向于判定载瓦语被试对 T1-T4（T4 母本）声调连续统的区分实验结果能够体现范畴感知的特点。

表 6-9 区分实验结果（载瓦语被试）

声调连续统	母本	区分波峰范围	识别边界对应样本对	与识别边界对应情况
T1-T2	T1	1-3、2-4、3-5	3-5、4-6	部分对应
	T2	2-4、3-5、4-6、5-7	3-5、4-6	基本对应
T1-T3	T1	1-3、2-4、3-5、4-6	3-5、4-6	基本对应
	T3	1-3、2-4、3-5、4-6、5-7、6-8	3-5、4-6	基本对应
T1-T4	T1	1-3、2-4、3-5	3-5	基本对应
	T4	1-3、2-4	3-5、4-6	有偏离
T2-T3	T2	无		
	T3	无		
T2-T4	T2	3-5、4-6、5-7、6-8、7-9	5-7、6-8	基本对应
	T4	3-5、4-6、5-7、6-8、7-9、8-10	5-7、6-8	基本对应
T3-T4	T3	2-4、3-5、4-6、5-7、6-8	4-6、5-7	基本对应
	T4	无		

最后，对于载瓦语被试，由不同母本合成的 T2-T3、T2-T4、T3-T4 声调连续统识别结果差异显著（p<0.05），母本的发声类型等声源信息同样对识别起了反作用。对于由不同母本合成的其他声调连续统的识别结果差异不显著（p>0.05）。

综上所述，在语言学层面上，载瓦语被试对 T2-T3（T3 母本）声调连续统无法区分音位范畴，对其他声调连续统能够区分音位范畴。在行为学层面上，载瓦语被试对 T2-T3、T3-T4（T4 母本）声调连续统未能建立范畴感知，对其他各组声调连续统均为范畴感知，但感知范畴化程度有所不同。

（二）载瓦语母语者感知普通话声调范畴的变化

从范畴化程度的对比来看，如表 6-10 所示，将每组声调连续统中两套识别结果的 Wcb 值进行平均，T2-T4< T1-T4=T3-T4（T3 母本）<T1-T3<T1-T2，即识别结果范畴化程度由高到低。将每组声调连续统中两套区分结果的 Ppk 值进行平均，区分结果感知范畴化程度：T2-T4>T1-T4>T1-T2>T1-T3>T3-T4（T3 母本）。识别结果与区分结果的感知范畴化程度基本可以对应，只有 T3-T4（T3 母本）比较特殊，区分结果范畴化程度最低，但识别结果范畴化程度较高。载瓦语被试对 T2-T3、T3-T4

（T4母本）未建立范畴感知，因此对这几组数据不做进一步统计。

表6-10 各组声调对立的范畴间区分率、范畴内区分率、
区分峰度、边界宽度（载瓦语被试）

声调连续统	母本	载瓦语被试					
		Pbc	Pwc	Ppk	Ppk-mean	Wcb	Wcb-mean
T1-T2	T1	63.69%	58.25%	5.44%	10.12%	3.21	2.92
	T2	69.05%	54.25%	14.80%		2.63	
T1-T3	T1	76.19%	68.08%	8.11%	9.92%	2.68	2.82
	T3	71.43%	59.69%	11.73%		2.96	
T1-T4	T1	72.02%	53.65%	18.38%	11.60%	1.81	1.93
	T4	52.68%	47.87%	4.81%		2.04	
T2-T4	T2	79.76%	63.01%	16.75%	12.97%	1.67	1.67
	T4	62.50%	53.32%	9.18%		1.67	
T3-T4	T3	54.17%	48.72%	5.44%	5.44%	1.93	1.93

根据表6-11中的各个识别边界均值，可以发现，载瓦语被试对普通话四声的感知范畴：T2>T3>T4>T1，与普通话被试之间最大的差别是感知T4范畴大小的不同。载瓦语被试在T1、T2与其他三个声调的对立中，感知范畴先增后减；在T3、T4分别与其他三个声调的对立中，感知范畴先减后增。

表6-11 普通话四声的感知范畴（载瓦语被试）

普通话声调	T1	T2	T3	T4	均值
T1		5.01	5.11	4.36	4.82
T2	5.99		6.62	6.60	6.40
T3	5.89	4.38		6.14	5.47
T4	6.64	4.40	4.86		5.30

（三）与普通话母语者感知范畴化程度对比

接下来，我们对每一组声调连续统中，载瓦语被试与普通话被试的识别曲线、识别边界、边界宽度、区分曲线、区分峰度进行对比，用以对两组被试普通话声调的感知范畴化程度进行分析。统计方法采用第二章所述的RM ANOVA重复测量方差分析和One-way ANOVA单因素方差分析，被试的边界宽度越窄，识别曲线越陡峭，区分峰度越高，感知范

畴化程度越高。由于载瓦语被试对 T2-T3、T3-T4（T4 母本）、T1-T4（T4 母本）声调连续统未建立范畴感知，因此对这几组数据不做进一步统计。

1. T1-T2 声调连续统

母本为 T1 时，经过 RM ANOVA 重复测量方差分析，普通话被试与载瓦语被试的识别曲线差异显著［$F(1, 51) = 21.489$, p=0.000］；经过 One-way ANOVA 单因素方差分析，载瓦语被试和普通话被试的识别边界［$F(1, 60) = 19.783$, p=0.000］与边界宽度［$F(1, 51) = 12.019$, p=0.001］具有显著差异，载瓦语被试的识别边界更靠近 T2，边界宽度显著大于普通话被试，即其识别边界的陡峭程度显著小于普通话被试。对两组被试区分曲线进行 RM ANOVA 重复测量方差分析，载瓦语被试的平均区分率（59.5%）略大于普通话被试（56.2%），但差异不显著［$F(1, 51) = 1.247$, p=0.269］。载瓦语被试的区分峰度（5.44%）小于普通话被试（40%），差异显著（p<0.05）。

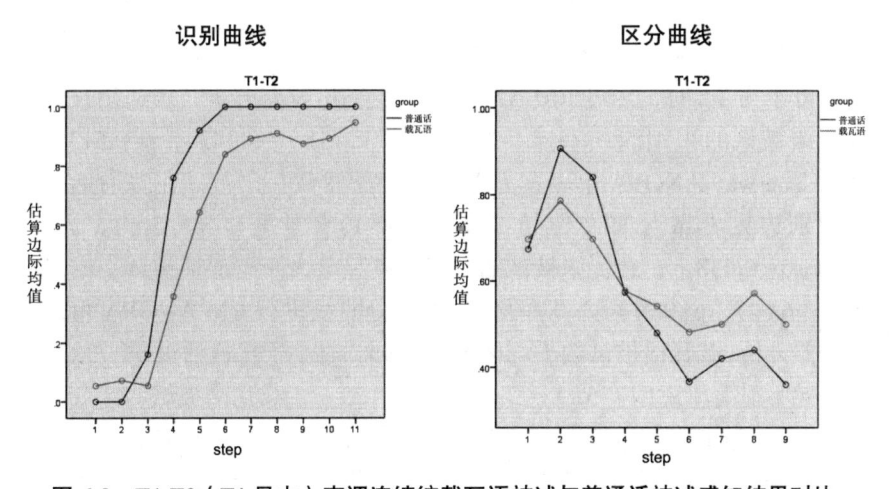

图 6-9　T1-T2（T1 母本）声调连续统载瓦语被试与普通话被试感知结果对比

母本为 T2 时，经过 RM ANOVA 重复测量方差分析，普通话被试与载瓦语被试的识别曲线差异显著［$F(1, 51) = 12.164$, p=0.012］；经过 One-way ANOVA 单因素方差分析，载瓦语被试的识别边界显著大于普通话被试［$F(1, 51) = 12.154$, p=0.044］，载瓦语被试的识别边界更靠近 T2；载瓦语被试的边界宽度显著大于普通话被试［$F(1, 51) = 4.800$, p=0.033］。对两组被试区分曲线进行 RM ANOVA 重复测量方差分析，载瓦语被试的平均区分率（57.5%）略大于普通话被试（55.6%），但差异不显著［$F(1, 51) = 0.566$, p=0.455］；载瓦语被试区分峰度

（14.8%）小于普通话被试（33.48%），差异显著（p<0.05）。

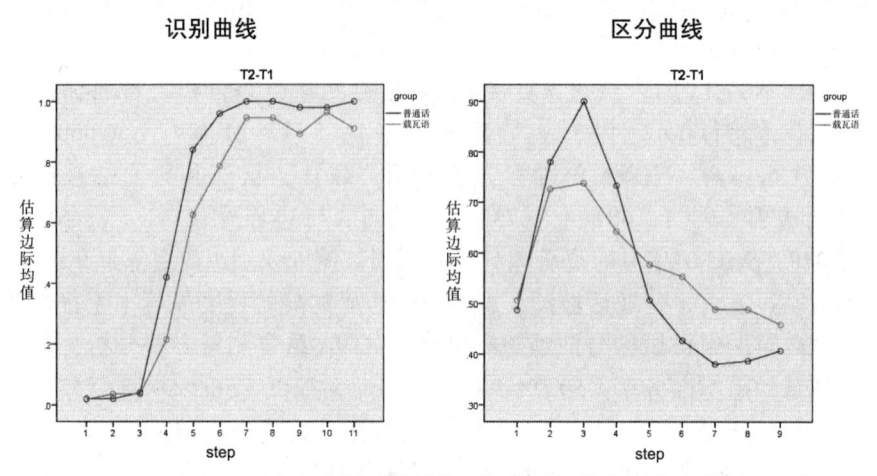

识别曲线　　　　　　　　区分曲线

图 6-10　T1-T2（T2 母本）声调连续统载瓦语被试与普通话被试感知结果对比

2. T1-T3 声调连续统

母本为 T1 时，经过 RM ANOVA 重复测量方差分析，普通话被试与载瓦语被试的识别曲线差异不显著 [F（1，51）= 0.434，p=0.513]；经过 One-way ANOVA 单因素方差分析，虽然载瓦语被试比普通话被试的识别边界更靠近 T2，但是二者之间不具有显著差异 [F（1，51）= 0.611，p=0.438]；载瓦语被试的边界宽度显著大于普通话被试 [F（1，51）= 6.547，p=0.014]。对两组被试区分曲线进行 RM ANOVA 重复测量方差分析，载瓦语被试的平均区分率（69%）略小于普通话被试（73.6%），但差异不显著 [F（1，51）= 2.428，p=0.125]；载瓦语被试的区分峰度（8.11%）小于普通话被试（12.14%），差异不显著（p>0.05）。

母本为 T3 时，经过 RM ANOVA 重复测量方差分析，普通话被试和载瓦语被试的识别曲线差异不显著 [F（1，51）= 0.121，p=0.730]；经过 One-way ANOVA 单因素方差分析，虽然载瓦语被试的识别边界小于普通话被试，即更靠近 T1，但在统计上不具有显著差异 [F（1，51）= 0.077，p=0.782]；载瓦语的边界宽度显著大于普通话被试 [F（1，60）= 6.722，p=0.012]。对两组被试区分曲线进行 RM ANOVA 重复测量方差分析，载瓦语被试的平均区分率（62.3%）略小于普通话被试（67.9%），但差异不显著 [F（1，51）=2.394，p=0.128]；载瓦语被试的区分峰度（11.73%）小于普通话被试（17.24%），差异不显著（p>0.05）。

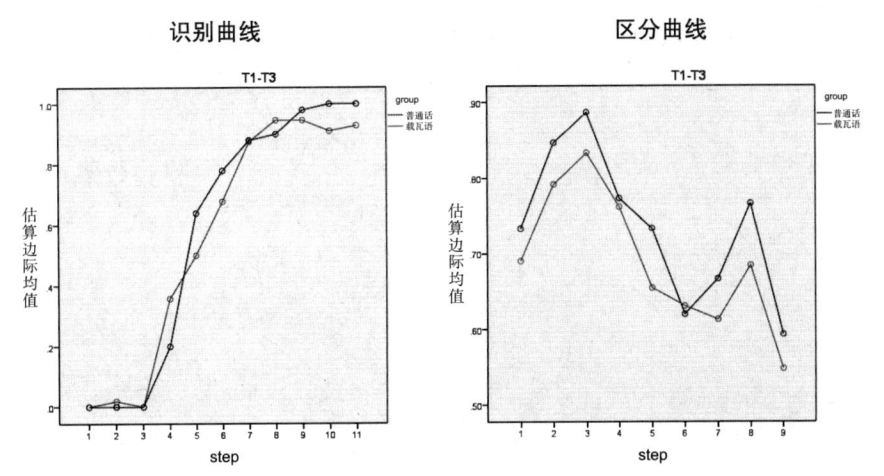

图 6-11　T1-T3（T1 母本）声调连续统载瓦语被试与普通话被试感知结果对比

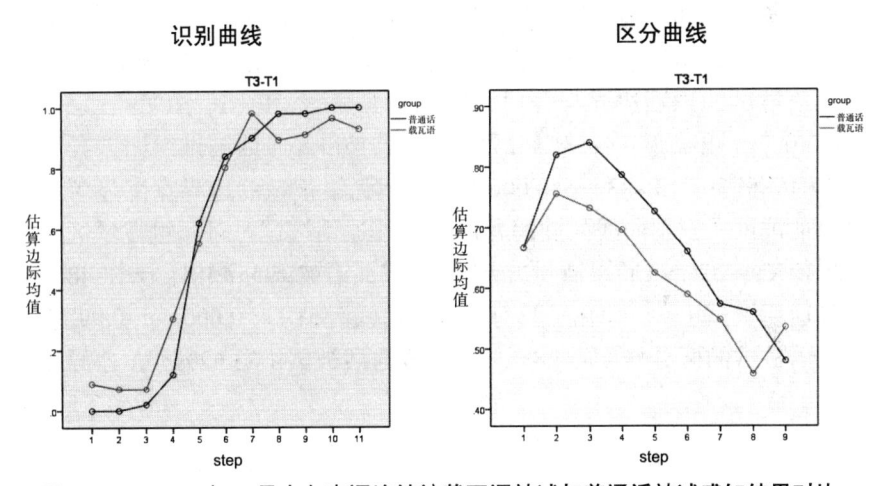

图 6-12　T1-T3（T3 母本）声调连续统载瓦语被试与普通话被试感知结果对比

3. T1-T4 声调连续统

母本为 T1 时，经过 RM ANOVA 重复测量方差分析，普通话被试和载瓦语被试的识别曲线差异显著［$F(1, 51) = 8.290$，$p=0.006$］；载瓦语被试的识别边界与普通话被试差异显著［$F(1, 51) = 8.155$，$p=0.006$］，更靠近 T4；载瓦语的边界宽度和普通话被试组间差异显著［$F(1, 51) = 9.050$，$p=0.004$］，即载瓦语被试的边界宽度显著大于普通话被试，识别曲线的陡峭程度小于普通话被试。对两组被试区分曲线进行 RM ANOVA 重复测量方差分析，载瓦语被试的平均区分率（55.7%）略大于普通话被试（54.4%），差异不显著［$F(1, 51) = 0.349$，$p=0.557$］；载瓦语被试的区分峰度（18.38%）小于普通话被试（35.95%），差异显著（$p<0.05$）。

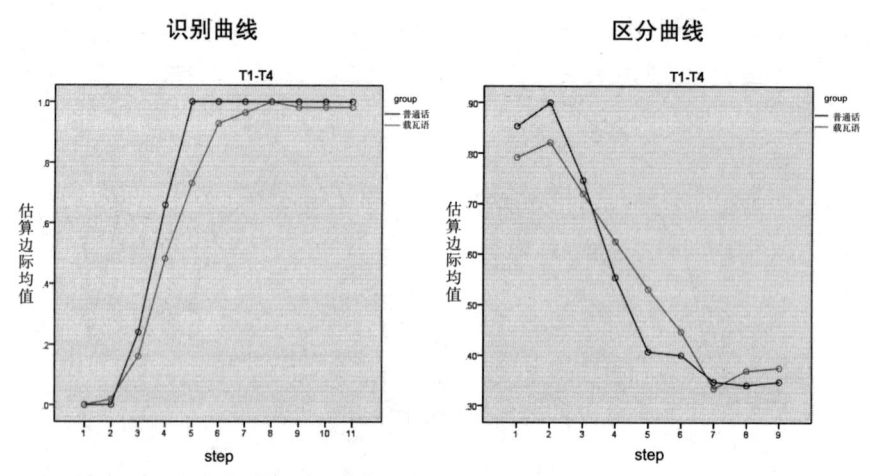

图 6-13　T1-T4（T1 母本）声调连续统载瓦语被试与普通话被试感知结果对比

母本为 T4 时，经过 RM ANOVA 重复测量方差分析，普通话被试和载瓦语被试的识别曲线差异显著［F（1，51）= 13.892，p=0.000］；载瓦语被试的识别边界与普通话被试差异显著［F（1，51）= 13.578，p=0.001］，更靠近 T4；载瓦语的边界宽度和普通话被试组间差异显著［F（1，51）= 13.883，p=0.000］，即载瓦语被试的边界宽度显著大于普通话被试，识别曲线的陡峭程度小于普通话被试。对两组被试区分曲线进行 RM ANOVA 重复测量方差分析,载瓦语被试的平均区分率(48.9%)与普通话被试（49%）几乎没有差异［F（1，51）= 0.000，p=0.992］；载瓦语被试的区分峰度（4.8%）小于普通话被试（23.62%），差异显著（p<0.05）。

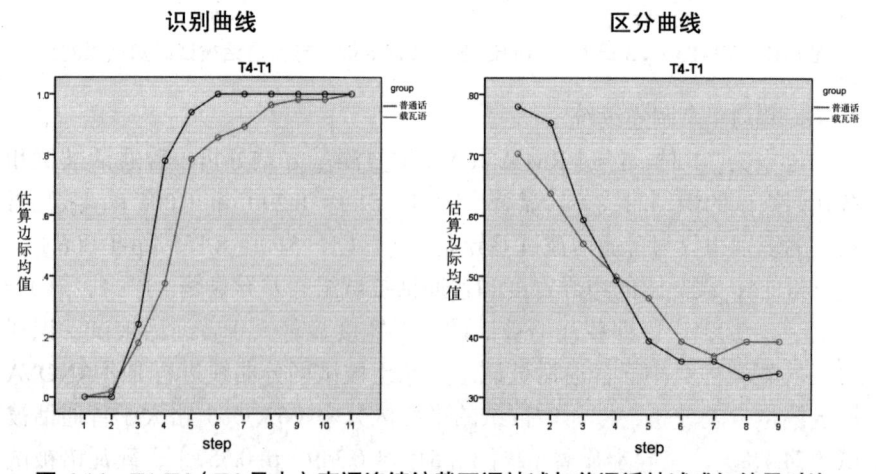

图 6-14　T1-T4（T4 母本）声调连续统载瓦语被试与普通话被试感知结果对比

4. T2-T4 声调连续统

母本为 T2 时,经过 RM ANOVA 重复测量方差分析,普通话被试和载瓦语被试的识别曲线差异显著 [$F(1, 51) = 7.896$, $p=0.007$];经过 One-way ANOVA 单因素方差分析,载瓦语被试的识别边界与普通话被试的识别边界组间差异显著 [$F(1, 60) = 7.795$, $p=0.007$],载瓦语被试的识别边界更靠近 T4;虽然载瓦语的边界宽度大于普通话被试,但在统计上差异不显著 [$F(1, 60) = 0.779$, $p=0.381$]。对两组被试区分曲线进行 RM ANOVA 重复测量方差分析,载瓦语被试的平均区分率(66.7%)略大于普通话被试(64.6%),差异不显著 [$F(1, 51) = 0.660$, $p=0.420$];载瓦语被试的区分峰度(16.75%)小于普通话被试(30.95%),差异显著($p<0.05$)。

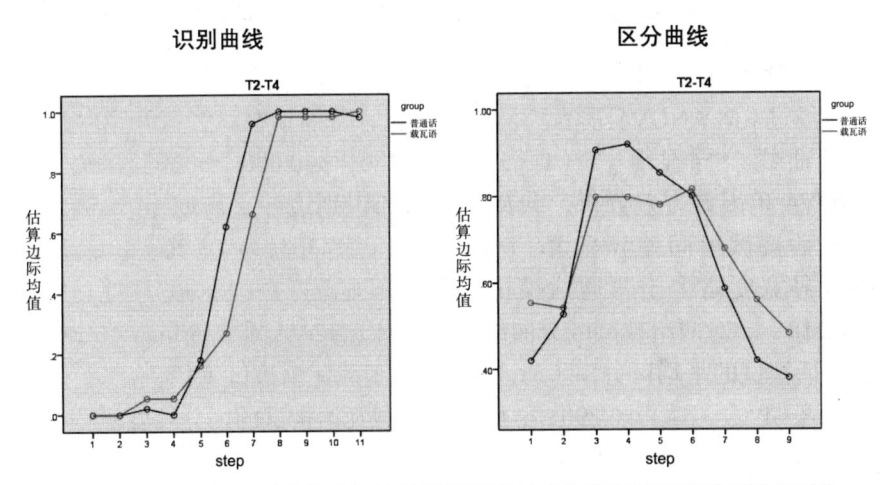

图 6-15 T2-T4(T2 母本)声调连续统载瓦语被试与普通话被试感知结果对比

母本为 T4 时,经过 RM ANOVA 重复测量方差分析,普通话被试和载瓦语被试的识别曲线差异不显著 [$F(1, 51) = 40.527$, $p=0.000$];经过 One-way ANOVA 单因素方差分析,载瓦语被试的识别边界显著大于普通话被试 [$F(1, 51) = 38.462$, $p=0.000$],偏向 T4 一侧;载瓦语被试的边界宽度显著大于普通话被试 [$F(1, 60) = 8.653$, $p=0.005$]。对两组被试区分曲线进行 RM ANOVA 重复测量方差分析,载瓦语被试的平均区分率(55.4%)显著小于普通话被试(62.4%) [$F(1, 51) = 6.890$, $p=0.011$],载瓦语被试的区分峰度(9.18%)显著小于普通话被试(20.92%)($p<0.05$)。

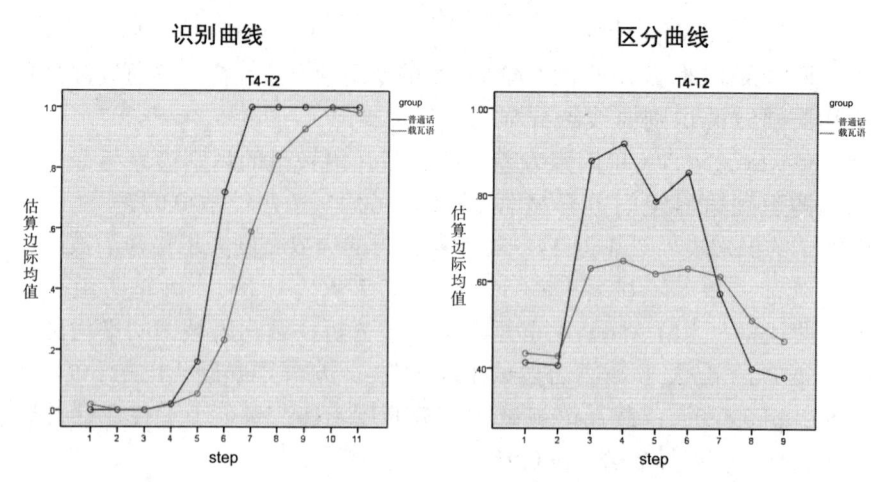

图 6-16 T2-T4（T4 母本）声调连续统载瓦语被试与普通话被试感知结果对比

5. T3-T4（T3 母本）声调连续统

经过 RM ANOVA 重复测量方差分析，普通话被试和载瓦语被试的识别曲线差异显著 [$F(1, 51) = 16.180$, $p=0.000$]；经过 One-way ANOVA 单因素方差分析，载瓦语被试的识别边界更靠近 T4 一侧，与普通话被试组间差异显著 [$F(1, 51) = 15.563$, $p=0.000$]；载瓦语的边界宽度略大于普通话被试，差异不显著 [$F(1, 60) = 0.1553$, $p=0.218$]。对两组被试区分曲线进行 RM ANOVA 重复测量方差分析，普通话被试的平均区分率（51.4%）略大于载瓦语被试（49.9%），差异不显著 [$F(1, 51) = 0.290$, $p=0.592$]；载瓦语被试的区分峰度（5.44%）显著小于普通话被试（26.9%）（$p<0.05$）。

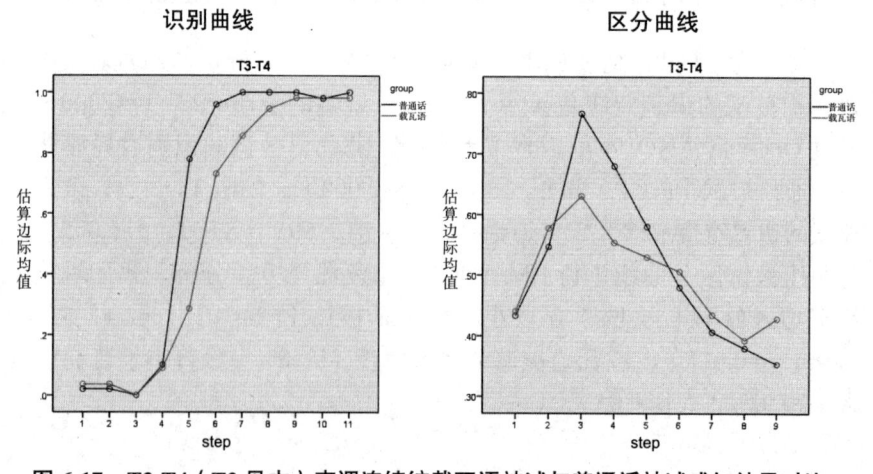

图 6-17 T3-T4（T3 母本）声调连续统载瓦语被试与普通话被试感知结果对比

综上所述，如表 6-12 所示，对比识别实验结果，可以发现载瓦语被试与普通话被试对 T1-T2、T2-T4、T1-T4、T3-T4（T3 母本）声调连续统的识别曲线差异显著，对 T1-T3 声调连续统的识别曲线差异不显著。虽然部分数据差异不显著，但除了 T1-T3（T3 母本）声调连续统，载瓦语被试对其他声调连续统的识别边界均比普通话被试更靠近每组刺激连续统母本对立的一端，即载瓦语被试往往需要更多步长才能区分每组声调对立。而在 T1-T3（T3 母本）声调连续统中，虽然载瓦语被试的识别边界略小于普通话被试，更靠近母本一端，但载瓦语被试与普通话被试的识别边界差异不显著。对比区分实验结果，除了 T2-T4（T4 母本）声调连续统，载瓦语被试与普通话被试的区分实验结果差异均不显著。但综合识别和区分实验结果来看，载瓦语被试的边界宽度均大于普通话被试，区分峰度均小于普通话被试，只是部分数据在统计上并不具有显著差异。这说明，在感知这些声调连续统时，载瓦语被试感知的范畴化程度均弱于普通话被试。

表 6-12　载瓦语被试与普通话被试不同声调连续统范畴化程度对比

声调连续统	母本	边界宽度	区分峰度
T1-T2	T1	载瓦语 > 普通话，p<0.05	载瓦语 < 普通话，p<0.05
	T2	载瓦语 > 普通话，p<0.05	载瓦语 < 普通话，p<0.05
T1-T3	T1	载瓦语 > 普通话，p<0.05	载瓦语 < 普通话，p>0.05
	T3	载瓦语 > 普通话，p<0.05	载瓦语 < 普通话，p>0.05
T1-T4	T1	载瓦语 > 普通话，p<0.05	载瓦语 < 普通话，p<0.05
	T4	载瓦语 > 普通话，p<0.05	载瓦语 < 普通话，p<0.05
T2-T4	T2	载瓦语 > 普通话，p>0.05	载瓦语 < 普通话，p<0.05
	T4	载瓦语 > 普通话，p<0.05	载瓦语 < 普通话，p<0.05
T3-T4	T3	载瓦语 > 普通话，p>0.05	载瓦语 < 普通话，p<0.05

五　小　结

本章探讨了载瓦语母语者对普通话四个声调的感知特点。首先利用二元逻辑回归方程和区分率计算公式提取了识别曲线的识别边界和边界宽度、各个样本对的区分率等参数，计算并描绘了识别和区分曲线。其次通过观察曲线、进行 One-way ANOVA 单因素方差分析和 Tukey HSD post-hoc 事后检验，综合判断了区分波峰。最后采取边界宽度与区分峰度两个参数，对比分析了载瓦语被试对普通话各组声调连续统的感知范畴化程度，并与普通话被试声调感知范畴化程度做了对比。在对数据进行深入分析的基础上，得出如下结论：

在语言学意义上，载瓦语母语者对 T2-T3（T3 母本）声调连续统无法区分音位范畴，对其他各组声调连续统均能够区分音位范畴。在行为学意义上，载瓦语被试对 T2-T3（T3 母本）、T3-T4（T4 母本）声调连续统未能建立起范畴感知，对其他各组声调连续统均为范畴感知，感知范畴化程度均低于普通话母语者。载瓦语母语者感知普通话四声的边界范畴：T2>T3>T4>T1，与普通话母语者之间最大的差别在于 T4 范畴大小的不同。载瓦语母语者对由不同母本合成的 T2-T3、T2-T4、T3-T4 声调连续统，识别结果具有差异显著，体现了母本发声类型等声源信息对被试感知声调的反作用。

第七章 石门坎苗语母语者对普通话声调的感知

一 石门坎苗语声调系统

（一）石门坎苗语声调声学分析及感知研究

石门坎镇位于贵州省毕节市威宁彝族回族苗族自治县（后文简称"威宁县"），在20世纪初至40年代，这里曾经是"中国西南苗族文化的复兴地"和"中国西南文化最高区"，当地的苗族文化影响了当时整个西南地区，名扬中外。石门坎苗语属于汉藏语系苗瑶语族苗语支滇东北次方言。王辅世（1986）认为，石门坎苗语的声调系统较为复杂。古苗语中的平、上、去、入四声在石门坎苗语中因声母发音方法不同而各分裂为两个声调，即阴平、阳平、阴上、阳上、阴去、阳去、阴入、阳入，而其中阳上、阳去、阳入又根据词性各有两个声调，因此石门坎苗语的声调系统有十一个调类，具体如表7-1所示。但是，有的调类调值是相同的，所以归纳之后石门坎苗语的实际调值仅有6个：55、35、33、11、31、53。王辅世（1986）还认为，35实际为24，因无更高的声调，故定为35；量词不定指普通称和指小称的声调为354或243，即调尾有一些下降，但因为有词汇和语音条件的限制，也并入35；33实际为44，因为没有真正的中平调，故定为33；31实际为21，因为没有第二个低降调，为了避免奇数字和偶数字同时出现在调值里，因此定为31；11实际为22，因为没有更低的平调，所以定为11；声母为送气浊音的音节，其声调为12，即略有一些上升，因有语音条件限制，也定为11。

表7-1 石门坎苗语声调系统（王辅世，1986）

声调	调号	调值	例词
阴平	1	55	坡地最上部 /a^{55}la^{55}/，针 /kau^{55}/
阳平	2	35	扔 /lɦa^{35}/，围 /gɦau^{35}/
阴上	3	55	兔子 /la^{55}/，污垢 /kau^{55}/
阳上（名）	4I	33	话 /lu^{33}/，犬齿 /gau^{33}/

（续表）

声调	调号	调值	例词
阳上（非名）	4II	11	伸入 /lɦa¹¹/，驯顺 /gɦau¹¹/
阴去	5	33	骂 /la³³/，刮 /kau³³/
阳去（名）	6I	53	别人 /la⁵³/，块（竹林）/gau⁵³/
阳去（非名）	6II	31	快乐 /la³¹/，官府 /tʂy⁵⁵ gau³¹/
阴入	7	11	也 /la¹¹/，祖护 /kau¹¹/
阳入（名）	8I	53	饭 /va⁵³/，外面 /gau⁵³/
阳入（非名）	8II	31	游水 /lɦa³¹/，十 /gɦau³¹/

王维阳《苗汉词典（滇东北次方言）》（2013）则认为，石门坎苗语声调共有 8 个，调值分别为：T1-b54、T2-x35、T3-d55、T4-l12、T5-t33、T6-s31、T7-k11、T8-f31。其中 T8 与 T6 调调值相同，T8 用在浊音音节中，T6 用于清音音节中。

从发声的角度来看，孔江平（1993）的研究认为，石门坎苗语的塞音（塞擦音）都有清音、清送气音和浊音、浊送气音的对立。浊边音、浊鼻音、和浊擦音也有送气与不送气的对立。苗语的浊送气形成了一种特殊的发声类型——气嗓音（breathy voice），在功率谱上体现为第一谐波的强度大于第二谐波的强度。浊送气音节的声调比非浊送气音节的声调要低一度左右。

为更准确地厘清石门坎苗语的声调情况，陆尧、孔江平（2023）根据《苗汉词典（滇东北次方言）》（2013）所记录的 8 个声调，为每个声调分别选择了 6 个单音节词，选择了 2 名来自石门坎镇的男性村民作为发音人重新采集数据。发音人年龄分别为 72 岁和 38 岁，他们均在石门坎地区出生、成长，母语均是石门坎苗语。提取发音人的基频数据作平均值，并采用半音法将基频进行转换，得出石门坎苗语声调的基频值和五度值如图 7-1 所示。

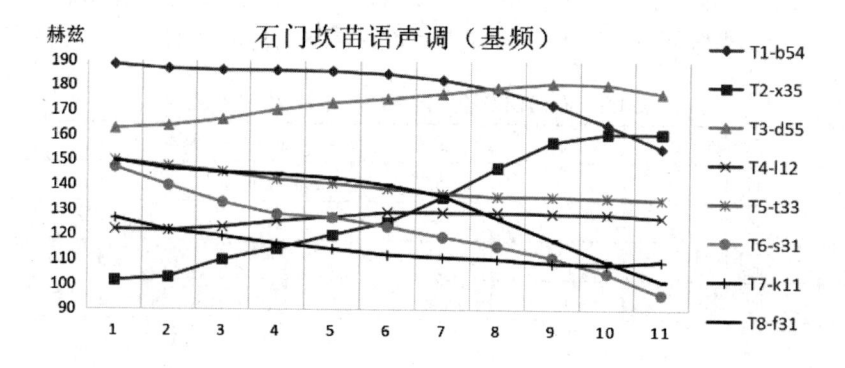

第七章　石门坎苗语母语者对普通话声调的感知　135

石门坎苗语声调（五度值）

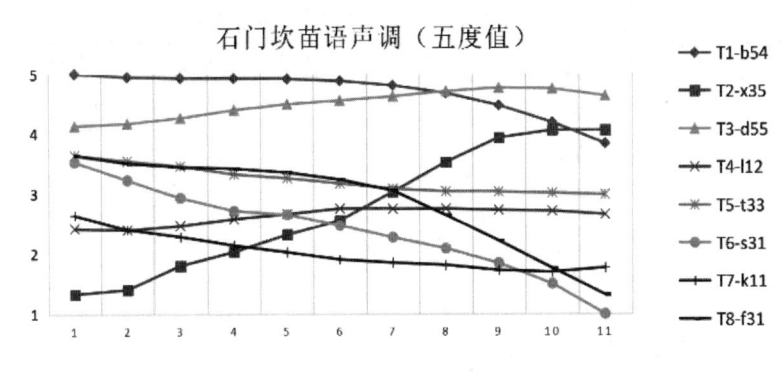

图 7-1 石门坎苗语声调基频值和五度值

资料来源：陆尧、孔江平：《苗语母语者普通话声调感知研究》，《语言文字应用》第 4 期，第 83—93 页，2023。

从图 7-1 可以看出，与以往研究相比较，石门坎苗语的声调已经发生了不少变化。其中低平调 T4-l12 和 T7-k11，实际调值约为 22 与 21，升调 T2-x35 的实际调值约为 14。而 T6-s31 与 T8-f31 的基频确实较为一致，但是存在发声类型的差异。因此，陆尧、孔江平（2023）认为石门坎苗语声调系统 8 个声调如表 7-2 所示。

表 7-2　石门坎苗语声调以往研究对比

已有研究	T1	T2	T3	T4	T5	T6（清）	T7	T8（浊）
《苗汉词典》(2013)	54	35	55	12	33	31	11	31
陆尧、孔江平（2023）	54	14	55	22	33	31	21	31

目前，还没有学者对石门坎苗语声调进行感知研究，以进一步明确其在感知和认知上的特点。本书采用陆尧、孔江平（2023）对石门坎苗语声调系统的描述与归纳。

（二）石门坎苗语与普通话声调对比分析

与普通话声调进行对比，可以发现，首先，石门坎苗语的声调类型远远多于普通话声调，不过高平调、高升调在两种语言中都存在，仅调值略有差别。高降调 T1-b54 与普通话的高平调 55 类似。但是石门坎苗语的平调、升调和降调均不止一个，其中平调有 3 个，降调有 4 个，且其中 3 个都为低降调。此外，石门坎苗语中虽然没有类似普通话 T3 的降升调，但是低降调 T6、T7 和 T8 与普通话的 T3 在调型前半段有相似之处。

表 7-3　石门坎苗语与普通话声调对比

语言	声调类型	调值	语言	声调类型	调值
石门坎苗语	高平调	T3-55	普通话	高平调	55
	高降调	T1-54		高降调	51
	中平调	T5-33		高升调	35
	高升调	T2-14		降升调	214
	低平调	T4-22			
	低降调	T6-31（清）			
	低降调	T8-31（浊）			
	低降调	T7-21			

二　实验被试

石门坎苗语被试共 30 名（14 男，16 女），均来自贵州省毕节市威宁县石门坎镇，年龄为 18—48 岁。所有被试均在石门坎镇出生、成长，以石门坎苗语为母语，平时与亲友交流以石门坎苗语为主。同时，所有被试均从小学开始学习普通话，能够用普通话进行正常交流。

三　实验结果

（一）T1-T2 声调连续统

图 7-2 为 T1-T2 声调连续统的感知结果。我们从图中可以直观地观察到，石门坎苗语被试的识别曲线均有较为陡峭的识别边界，较为明显的区分波峰，但区分波峰与识别曲线的边界略有偏离。

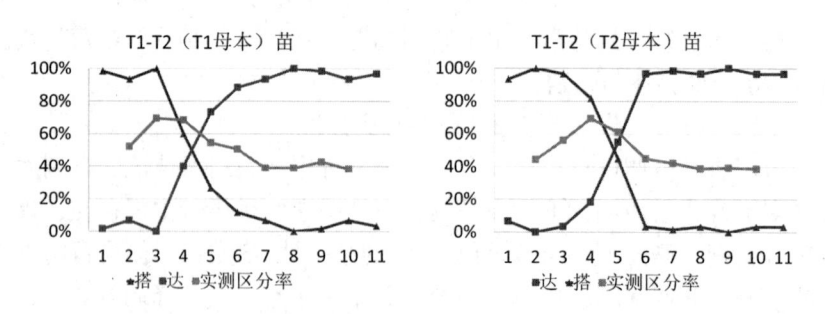

图 7-2　T1-T2 声调连续统感知结果（石门坎苗语被试）

从识别结果来看，通过二元逻辑回归方程进行回归分析，母本为 T1

时，石门坎苗语被试的识别边界和边界宽度分别为4.57、2.17，边界跨越3-5、4-6两个样本对；母本为T2时，石门坎苗语被试的识别边界和边界宽度分别为4.81、1.83，边界跨越3-5、4-6两个样本对。对两组结果进行RM ANOVA重复测量方差检验，结果表明被试对基于不同母本合成的T1-T2声调连续统识别结果差异不显著［F（1，654）= 0.963，p=0.327］，这说明不同母本的发声类型等声源信息对被试感知本组声调对立影响不大。

从区分结果来看，如表7-4所示，经过One-way ANOVA单因素方差分析和Tukey HSD post-hoc事后检验，母本为T1时，石门坎苗语被试的区分率组间差异显著［F（8，261）= 14.644，p=0.000］，两两比较可以输出为4个子集，2-4、3-5样本对处于同一子集，组均值最高，可以判定为区分波峰，与识别边界4.57（3-5、4-6样本对）部分对应，稍有偏离，区分峰值出现于2-4样本对，达69%；母本为T2时，石门坎苗语被试区分率组间差异显著［F（8，261）= 13.710，p=0.000］，区分波峰范围位于3-5、4-6样本对，与识别边界4.81（3-5、4-6样本对）完全对应，区分峰值出现于3-5样本对，达69%。

表7-4 T1-T2声调连续统各样本对区分率的同类子集（石门坎苗语被试）

T1-T2（T1母本）	N	alpha = 0.05 的子集				T1-T2（T2母本）	N	alpha = 0.05 的子集			
		1	2	3	4			1	2	3	4
10	30	0.38				10	30	0.39			
7	30	0.39				8	30	0.39			
8	30	0.39				9	30	0.39			
9	30	0.43	0.43			7	30	0.42			
6	30	0.51	0.51			2	30	0.44	0.44		
2	30	0.52	0.52			6	30	0.45	0.45		
5	30		0.54	0.54		3	30		0.56	0.56	
4	30			0.68	0.68	5	30			0.61	0.61
3	30				0.69	4	30				0.69
显著性		0.05	0.19	0.05	1.00	显著性		0.88	0.14	0.96	0.57

（二）T1-T3声调连续统

图7-3为T1-T3声调连续统的感知结果。我们从图中可以直观地观察到，石门坎苗语被试的识别曲线均有较为陡峭的识别边界，但是母本为T1时，区分曲线表现得较为平缓。

138　普通话声调感知研究

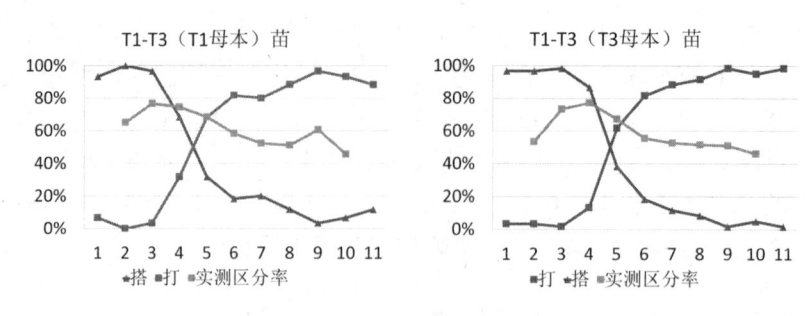

图7-3　T1-T3声调连续统感知结果（石门坎苗语被试）

从识别结果来看，通过二元逻辑回归方程进行回归分析，母本为T1时，石门坎苗语被试的识别边界和边界宽度分别为5.06、3.09，边界跨越3-5、4-6两个样本对；母本为T3时，石门坎苗语被试的识别边界和边界宽度分别为5.13、2.18，边界跨越3-5、4-6两个样本对。对两组结果进行RM ANOVA重复测量方差检验，结果表明被试对基于不同母本合成的T1-T3声调连续统识别结果差异不显著［$F(1,654)=0.018$，$p=0.893$］，这说明不同母本的发声类型等声源信息对被试感知本组声调对立影响不大。

从区分结果来看，如表7-5所示，经过One-way ANOVA单因素方差分析和Tukey HSD post-hoc事后检验，母本为T1时，石门坎苗语被试的区分率虽然组间差异显著［$F(8,261)=9.385$，$p=0.000$］，但两两比较输出的5个子集之间重叠度较高，组均值最高的是1-3、2-4、3-5、4-6样本对，是一个非常平缓的区分波峰，包含了识别边界5.06（3-5、4-6样本对），与识别边界基本对应，区分峰值出现于2-4样本对，达77%；母本为T3时，石门坎苗语被试区分率组间差异显著［$F(8,261)=9.312$，$p=0.000$］，两两比较可以输出为3个子集，区分波峰范围位于2-4、3-5、4-6样本对，与识别边界5.13（3-5、4-6样本对）基本对应，区分峰值出现于3-5样本对，为77%。

表7-5　T1-T3声调连续统各样本对区分率的同类子集（石门坎苗语被试）

T1-T3 (T1母本)	N	\multicolumn{5}{c}{alpha = 0.05 的子集}	T1-T3 (T3母本)	N	\multicolumn{3}{c}{alpha = 0.05 的子集}
		1	2	3	4	5			1	2	3
10	30	0.46					10	30	0.46		
8	30	0.51	0.51				9	30	0.51		
7	30	0.52	0.52				8	30	0.52	0.52	
6	30	0.58	0.58	0.58			7	30	0.53	0.53	

（续表）

T1-T3 (T1母本)	N	alpha = 0.05 的子集					T1-T3 (T3母本)	N	alpha = 0.05 的子集		
		1	2	3	4	5			1	2	3
9	30	0.54	0.54	0.54	0.54		2	30	0.53	0.53	
2	30		0.65	0.65	0.65	0.65	6	30	0.56	0.56	
5	30			0.68	0.68	0.68	5	30		0.67	0.67
4	30				0.74	0.74	3	30			0.73
3	30					0.77	4	30			0.77
显著性		0.07	0.12	0.53	0.12	0.31	显著性		0.65	0.06	0.57

（三）T1-T4声调连续统

图7-4为T1-T4声调连续统的感知结果。我们从图中可以直观地观察到，石门坎苗语被试的识别曲线均有较为陡峭的识别边界，区分曲线均有明显的区分波峰，区分波峰与识别边界基本能够对应。

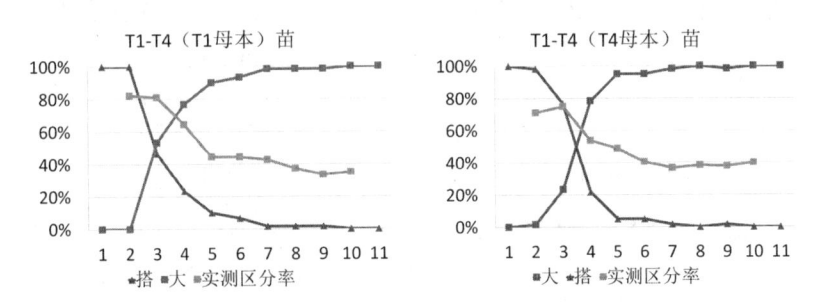

图 7-4　T1-T4 声调连续统感知结果（石门坎苗语被试）

从识别结果来看，通过二元逻辑回归方程进行回归分析，母本为T1时，石门坎苗语被试的识别边界和边界宽度分别为3.4、1.66，边界基本对应2-4样本对；母本为T4时，石门坎苗语被试的识别边界和边界宽度分别为3.6、1.29，边界跨越2-4、3-5两个样本对。对两组结果进行RM ANOVA重复测量方差检验，结果表明被试对基于不同母本合成的T1-T4声调连续统识别结果差异不显著［F（1,654）= 0.582, p=0.446］，这说明不同母本的发声类型等声源信息对被试感知本组声调对立影响不大。

从区分结果来看，如表7-6所示，经过One-way ANOVA 单因素方差分析和Tukey HSD post-hoc事后检验，母本为T1时，石门坎苗语被试的区分率组间差异显著［F（8,261）= 44.046, p=0.000］，区分波峰范围位于1-3、2-4样本对，与识别边界3.4（2-4样本对）基本对应，但区分峰值出现于 1-2 样本对，达 82%，未落在识别边界内；母本为 T4 时，被试区分率组间差异显著［F（8，261）= 24.025，p=0.000］，区分波峰范围位于 1-3、2-4 样本对，与识别边界 3.6（2-4、3-5 样本对）部分对应，区分峰值出现于 2-4 样本对，为 75%。

表 7-6　T1-T4 声调连续统各样本对区分率的同类子集（石门坎苗语被试）

T1-T4（T1 母本）	N	alpha = 0.05 的子集 1	2	3	T1-T4（T4 母本）	N	alpha = 0.05 的子集 1	2	3
9	30	0.33			7	30	0.37		
10	30	0.35			9	30	0.38		
8	30	0.37			8	30	0.38		
7	30	0.43			10	30	0.40		
6	30	0.44			6	30	0.41		
5	30	0.44			5	30	0.49	0.49	
4	30		0.64		4	30		0.54	
3	30			0.81	2	30			0.71
2	30			0.82	3	30			0.75
显著性		0.15	1.00	1.00	显著性		0.10	0.96	0.99

（四）T2-T3 声调连续统

图 7-5 为 T2-T3 声调连续统的感知结果。我们从图中可以直观地观察到，石门坎苗语被试的识别曲线可以发现较为陡峭的识别边界，但区分曲线整体表现得较为平缓，几乎为一条直线。

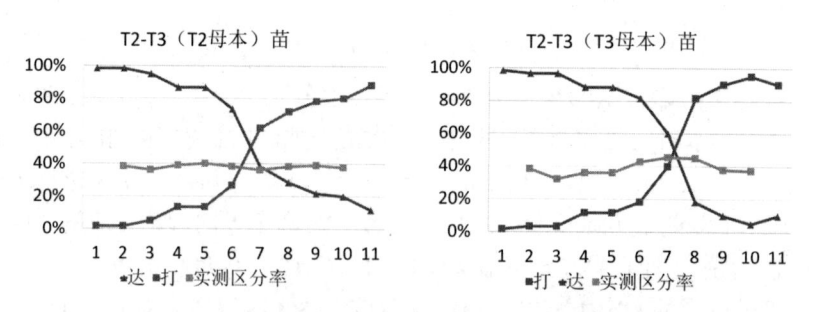

图 7-5　T2-T3 声调连续统感知结果（石门坎苗语被试）

从识别结果来看，通过二元逻辑回归方程进行回归分析，母本为 T2 时，石门坎苗语被试的识别边界和边界宽度分别为 7.15、3.36，边界跨越 5-7、6-8 两个样本对；母本为 T3 时，石门坎苗语被试的识别边界和边界宽度分别为 7.06、2.65，边界跨越 6-8、7-9 两个样本对。对两组结果进行 RM ANOVA 重复测量方差检验，结果表明被试对基于不同母本合成的 T2-T3 声调连续统识别结果差异不显著 [F（1，654）= 0.042，p=0.837]，这说明不同母本的发声类型等声源信息对被试感知本组声调对立影响不大。

从区分结果来看，如表 7-7 所示，经过 One-way ANOVA 单因素方差分析和 Tukey HSD post-hoc 事后检验，母本为 T2 时，石门坎苗语被试的区分率没有显著差异 [F（8，261）= 0.303，p=0.965]，不存在区分波峰，且整体区分率仅在 40% 左右。母本为 T3 时，石门坎苗语被试的区分率组间差异显著 [F（8，261）= 4.015，p=0.000]，但两两比较仅输出为两个子集，且子集间重叠严重，不存在区分波峰，区分峰值出现于 6-8 样本对，为 46%。

表 7-7 T2-T3 声调连续统各样本对区分率的同类子集（石门坎苗语被试）

T2-T3（T2母本）	N	alpha = 0.05 的子集 1	T2-T3（T3母本）	N	alpha = 0.05 的子集 1	2
3	30	0.36	3	30	0.32	
7	30	0.36	4	30	0.36	0.36
10	30	0.38	5	30	0.36	0.36
2	30	0.38	10	30	0.37	0.37
6	30	0.38	9	30	0.38	0.38
8	30	0.38	2	30	0.38	0.38
4	30	0.39	6	30		0.43
9	30	0.39	8	30		0.45
5	30	0.40	7	30		0.46
显著性		0.96	显著性		0.59	0.08

（五）T2-T4 声调连续统

图 7-6 为 T2-T4 声调连续统的感知结果。我们从图中可以直观地观察到，石门坎苗语被试的识别曲线均有较为陡峭的识别边界，且与区分波峰相对应，区分波峰呈现平台状。

从识别结果来看，通过二元逻辑回归方程进行回归分析，母本为 T2 时，石门坎苗语被试的识别边界和边界宽度分别为 5.7、1.75，边界跨越 4-6、5-7 两个样本对。母本为 T4 时，石门坎苗语被试的识别边界和边界宽度分别为 5.83、2.13，边界跨越 4-6、5-7 两个样本对。对两组结果进行 RM ANOVA 重复测量方差检验，结果表明被试对基于不同母本合成的 T2-T4 声调连续统识别结果差异不显著 [F（1, 654）= 0.379, p=0.538]，这说明不同母本的发声类型等声源信息对被试感知本组声调对立影响不大。

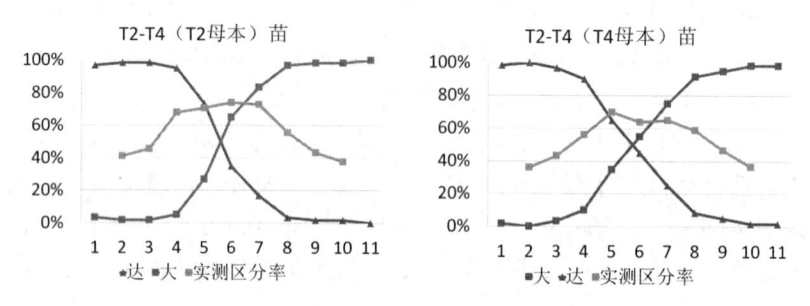

图 7-6　T2-T4 声调连续统感知结果（石门坎苗语被试）

从区分结果来看，如表 7-8 所示，经过 One-way ANOVA 单因素方差分析和 Tukey HSD post-hoc 事后检验，母本为 T2 时，石门坎苗语被试的区分率组间差异显著 [F（8, 261）= 17.137, p=0.000]，两两比较可以输出为 4 个子集，区分波峰范围较大，位于 3-5、4-6、5-7、6-8 样本对，为一个典型的平台状波峰，与识别边界 5.7（4-6、5-7 样本对）基本对应，区分峰值出现于 5-7 样本对，为 74%；母本为 T4 时，石门坎苗语被试的区分率组间差异显著 [F（8, 261）= 14.331, p=0.000]，区分波峰范围较大，位于 3-5、4-6、5-7、6-8、7-9 样本对，为一个典型的平台状波峰，与识别边界 5.83（4-6、5-7 样本对）基本对应，区分峰值出现于 4-6 样本对，为 70%。

表 7-8　T2-T4 声调连续统各样本对区分率的同类子集（石门坎苗语被试）

T2-T4（T2母本）	N	alpha = 0.05 的子集				T2-T4（T4母本）	N	alpha = 0.05 的子集			
		1	2	3	4			1	2	3	4
10	30	0.38				2	30	0.36			
2	30	0.41	0.41			10	30	0.37			
9	30	0.43	0.43			3	30	0.43	0.43		
3	30	0.46	0.46			9	30	0.47	0.47	0.47	
8	30		0.56	0.56		4	30		0.56	0.56	0.56
4	30			0.68	0.68	8	30			0.59	0.59
5	30			0.71	0.71	6	30				0.64

（续表）

T2-T4 （T2母本）	N	\multicolumn{4}{c|}{alpha = 0.05 的子集}	T2-T4 （T4母本）	N	\multicolumn{4}{c}{alpha = 0.05 的子集}
		1	2	3	4			1	2	3	4
7	30				0.73	7	30				0.65
6	30				0.74	5	30				0.70
显著性		0.84	0.11	0.08	0.96	显著性		0.39	0.15	0.20	0.09

（六）T3-T4 声调连续统

图 7-7 为 T3-T4 声调连续统的感知结果。我们从图中可以直观地观察到，石门坎苗语被试的识别曲线均有较为陡峭的识别边界，区分曲线均有较为明显的区分波峰，区分波峰均偏离识别边界。

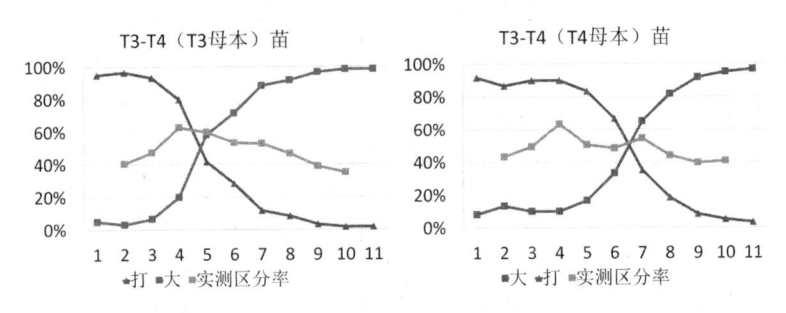

图 7-7　T3-T4 声调连续统感知结果（石门坎苗语被试）

从识别结果来看，通过二元逻辑回归方程进行回归分析，母本为 T3 时，石门坎苗语被试的识别边界和边界宽度分别为 5.09、2.33，边界跨越 3-5、4-6 两个样本对；母本为 T4 时，石门坎苗语被试的识别边界和边界宽度分别为 6.3、3.18，边界跨越 5-7、6-8 两个样本对。对两组结果进行 RM ANOVA 重复测量方差检验，结果表明被试对基于不同母本合成的 T3-T4 声调连续统识别结果差异显著 [$F(1, 654)=23.375$, $p<0.001$]，这说明不同母本的发声类型等声源信息对被试感知本组声调对立有显著影响。

从区分结果来看，如表 7-9 所示，经过 One-way ANOVA 单因素方差分析和 Tukey HSD post-hoc 事后检验，母本为 T3 时，石门坎苗语被试的区分率虽然组间差异显著 [$F(8, 261) = 7.572$, $p=0.000$]，但两两比较输出的 4 个子集间重叠度较高，组均值最高的子集内有 3-5、4-6、5-7、6-8 这 4 个样本对，即为区分波峰，是一个非常平缓的波峰，与识别边界 5.09（3-5、4-6 样本对）基本对应，其中区分峰值位于 3-5 样本对，为 63%；母本为 T4 时，石门坎苗语被试的区分率组间差异显著［F（8，261）= 5.618，p=0.000］，两两比较可以输出为 3 个子集，组均值最高的是 2-4、3-5、4-6、5-7、6-8 样本对，但是该组数据与其他 2 个子集重叠度较高，是一个较为平缓的波峰，与识别边界 6.3（5-7、6-8 样本对）部分重合，区分峰值位于 3-5 样本对处，为 63%。

表 7-9　T3-T4 声调连续统各样本对区分率的同类子集（石门坎苗语被试）

T3-T4（T2 母本）	N	alpha = 0.05 的子集				T3-T4（T4 母本）	N	alpha = 0.05 的子集		
		1	2	3	4			1	2	3
10	30	0.35				9	30	0.39		
9	30	0.39	0.39			10	30	0.41	0.41	
2	30	0.41	0.41			2	30	0.43	0.43	
8	30	0.47	0.47	0.47		8	30	0.44	0.44	
3	30	0.47	0.47	0.47		6	30	0.48	0.48	0.48
7	30		0.53	0.53	0.53	3	30	0.49	0.49	0.49
6	30		0.53	0.53	0.53	5	30	0.51	0.51	0.51
5	30			0.53	0.53	7	30		0.54	0.54
4	30				0.63	4	30			0.63
显著性		0.23	0.08	0.14	0.51	显著性		0.25	0.06	0.06

四　讨　论

（一）石门坎苗语母语者对普通话声调的感知模式

首先，从识别结果来看，表 7-10 显示了石门坎苗语被试识别结果二元逻辑回归方程的常量 b_0、系数 b_1，以及本章第三节中统计出的各组识别边界和边界宽度。其中边界宽度 T1-T3、T2-T3、T3-T4 相对较宽，均值为 3 左右，这 3 组声调连续统都包含 T3，且 T1-T3（T1 母本）、T2-T3（T2 母本）、T3-T4（T4 母本）三组的边界宽度略微超过了 3。T1-T2、T1-T4 和 T2-T4 稍窄，在 2 左右。从图 7-2 至图 7-7 中也可以看出，各组声调连续统的识别曲线都在 50% 的交叉点位置上有一个相对比较急剧的变化，不过 T1-T2、T1-T4 和 T2-T4 的识别曲线比 T1-T3、T2-T3、T3-T4 的变化更为显著。根据第三章第四节的判断标准，石门坎苗语被试能够区分普通话各组声调对立，识别结果也均体现出了范畴感知的特点。

表 7-10 识别实验结果（石门坎苗语被试）

声调连续统	母本	b_0	b_1	识别边界	边界均值	边界宽度	宽度均值
T1-T2	T1	-4.64	1.01	4.57	4.69	2.17	2.00
	T2	-5.78	1.20	4.81		1.83	
T1-T3	T1	-3.59	0.71	5.06	5.09	3.09	2.64
	T3	-5.16	1.01	5.13		2.18	
T1-T4	T1	-4.51	1.33	3.40	3.50	1.66	1.47
	T4	-6.15	1.71	3.60		1.29	
T2-T3	T2	-4.67	0.65	7.15	7.10	3.36	3.00
	T3	-5.86	0.83	7.06		2.65	
T2-T4	T2	-7.14	1.25	5.70	5.77	1.75	1.94
	T4	-6.02	1.03	5.83		2.13	
T3-T4	T3	-4.81	0.95	5.09	5.69	2.33	2.75
	T4	-4.36	0.69	6.30		3.18	

其次，从区分结果来看，表 7-11 显示了统计得出的每组声调连续统区分波峰和与识别边界的对应情况。可以发现，除了 T2-T3，其他各组区分曲线都能够发现显著的区分波峰，即除了 T2-T3，石门坎苗语被试对其他各组声调连续统的区分结果，均体现出了范畴感知的特点。不过，与普通话被试相似，大部分区分波峰都不是一个显著的尖峰，在每组区分实验结果的内部，没有哪一个样本对的区分率显著高于其他所有样本对，区分波峰大部分与识别边界仅仅是部分对应，或者基本对应。

最后，对于石门坎苗语被试来说，由不同母本合成的 T3-T4 声调连续统识别结果差异显著（$p<0.05$），母本的发声类型等声源信息同样对识别起了反作用。对于石门坎苗语被试，由不同母本合成的其他声调连续统的识别结果差异不显著（$p>0.05$）。

综上所述，石门坎苗语被试在语言学层面上能够区分普通话各声调的音位范畴，除了 T2-T3 声调连续统，被试在行为学意义上对普通话各声调连续统的感知模式均可判定为范畴感知，仅对不同声调连续统的感知范畴化程度有所不同。对 T2-T3 声调连续统，石门坎苗语被试在行为学意义上未呈现范畴感知的特点。

表 7-11　区分实验结果（石门坎苗语被试）

声调连续统	母本	区分波峰范围	识别边界对应样本对	与识别边界对应情况
T1-T2	T1	2-4、3-5	3-5、4-6	部分对应
	T2	3-5、4-6	3-5、4-6	完全对应
T1-T3	T1	1-3、2-4、3-5、4-6	3-5、4-6	基本对应
	T3	2-4、3-5、4-6	3-5、4-6	基本对应
T1-T4	T1	1-3、2-4	2-4	基本对应
	T4	1-3、2-4	2-4、3-5	部分对应
T2-T3	T2	无	5-7、6-8	
	T3	无	6-8、7-9	
T2-T4	T2	3-5、4-6、5-7、6-8	4-6、5-7	基本对应
	T4	3-5、4-6、5-7、6-8、7-9	4-6、5-7	基本对应
T3-T4	T3	3-5、4-5、5-7、6-8	3-5、4-6	基本对应
	T4	2-4、3-5、4-6、5-7、6-8	5-7、6-8	基本对应

（二）石门坎苗语母语者感知普通话声调范畴的变化

从范畴化程度的对比来看，如表 7-12 所示，将各声调连续中两套识别结果的 Wcb 值进行平均，T1-T4<T2-T4<T1-T2<T1-T3<T3-T4，即感知范畴化程度由高到低。将各声调连续统中两套区分结果的 Ppk 值进行平均，区分结果感知范畴化程度：T1-T4>T2-T4>T1-T2>T1-T3>T3-T4。识别结果与区分结果的感知范畴化程度完全对应。由于石门坎苗语被试对 T2-T3 声调连续统无法建立范畴感知，因此我们对该组数据不做进一步统计。

表 7-12　各组声调对立的范畴间区分率、范畴内区分率、
区分峰度、边界宽度（石门坎苗语被试）

声调连续统	母本	石门坎苗语被试					
		Pbc	Pwc	Ppk	Ppk-mean	Wcb	Wcb-mean
T1-T2	T1	61.39%	47.30%	14.09%	17.90%	2.17	2.00
	T2	65.28%	43.57%	21.71%		1.83	
T1-T3	T1	71.39%	58.49%	12.90%	15.14%	3.09	2.64
	T3	72.22%	54.84%	17.38%		2.18	
T1-T4	T1	81.11%	47.99%	33.13%	26.40%	1.66	1.47
	T4	64.44%	44.76%	19.68%		1.29	

（续表）

声调连续统	母本	石门坎苗语被试					
		Pbc	Pwc	Ppk	Ppk-mean	Wcb	Wcb-mean
T2-T4	T2	72.22%	51.98%	20.24%	19.11%	1.75	1.94
	T4	66.94%	48.97%	17.98%		2.13	
T3-T4	T3	61.39%	44.92%	16.47%	10.32%	2.33	2.75
	T4	51.39%	47.22%	4.17%		3.18	

根据表 7-13 中的各个识别边界均值，可以发现，石门坎苗语被试感知普通话四声的范畴：T2>T4>T3>T1。与普通话被试对比来看，二者之间四声范畴的趋势相似性较高。石门坎苗语被试在 T1、T2 分别与其他三个声调的对立中，感知范畴先增后减；在 T3、T4 分别与其他三个声调的对立中，感知范畴先减后增。

表 7-13 普通话四声的感知范畴（石门坎苗语被试）

普通话声调	T1	T2	T3	T4	均值
T1		4.69	5.09	3.50	4.43
T2	6.31		7.10	5.77	6.39
T3	5.91	3.90		5.69	5.17
T4	7.50	5.23	5.31		6.01

（三）与普通话母语者感知范畴化程度对比

接下来，我们对每一组声调连续统中，石门坎苗语被试与普通话被试的识别曲线、识别边界、边界宽度、区分曲线、区分峰度进行对比，用以对两组被试普通话声调的感知范畴化程度进行分析。统计方法采用第二章所述的 RM ANOVA 重复测量方差分析和 One-way ANOVA 单因素方差分析，被试的边界宽度越窄，识别曲线越陡峭，区分峰度越高，感知范畴化程度越高。由于石门坎苗语被试对 T2-T3 对立组无法建立范畴感知，因此对该组数据不做进一步统计。

1. T1-T2 声调连续统

母本为 T1 时，经过 RM ANOVA 重复测量方差分析，普通话被试与石门坎苗语被试的识别曲线差异显著 [$F(1, 53) = 19.314$, $p=0.000$]；经过 One-way ANOVA 单因素方差分析，石门坎苗语被试和普通话被试的识别边界 [$F(1, 53) = 17.931$, $p=0.010$] 与边界宽度［F（1，53）= 9.755，p=0.003］具有显著差异，石门坎苗语被试的识别边界更靠近 T2，边界宽度显著大于普通话被试，即其识别边界的陡峭程度小于普通话被试。对两组被试区分曲线进行 RM ANOVA 重复测量方差分析，虽然石门坎苗语被试的平均区分率（50.4%）小于普通话被试（56.2%），差异显著［F（1，53）= 5.191，p=0.027］；石门坎苗语被试区分峰度（14.09%）小于普通话被试（40%），差异显著（p<0.05）。

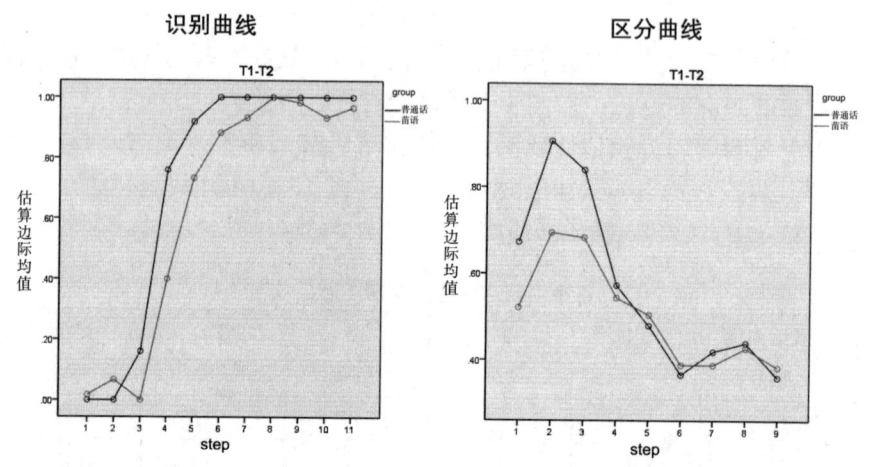

图 7-8　T1-T2（T1 母本）声调连续统石门坎苗语被试与普通话被试感知结果对比

母本为 T2 时，经过 RM ANOVA 重复测量方差分析，普通话被试与石门坎苗语被试的识别曲线差异显著［F（1，53）= 9.138，p=0.004］；经过 One-way ANOVA 单因素方差分析，石门坎苗语被试和普通话被试的识别边界［F（1，53）= 7.371，p=0.009］具有显著差异，石门坎苗语被试的识别边界显著大于普通话被试，更靠近 T2；石门坎苗语被试的边界宽度大于普通话被试，但在统计上不具有显著意义［F（1，53）= 1.738，p=0.193］。对两组被试区分曲线进行 RM ANOVA 重复测量方差分析，石门坎苗语被试的平均区分率（48.4%）小于普通话被试（55.6%），差异显著［F（1，53）= 8.588，p=0.005］；石门坎苗语被试发区分峰度（21.71%）小于普通话被试（33.48%），差异显著（p<0.05）。

识别曲线　　　　　　　　区分曲线

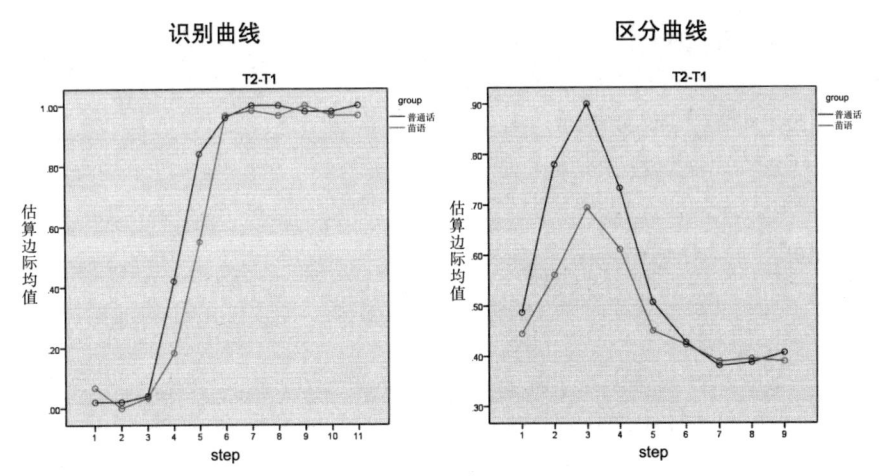

图 7-9　T1-T2（T2 母本）声调连续统石门坎苗语被试与普通话被试感知结果对比

2. T1-T3 声调连续统

母本为 T1 时，经过 RM ANOVA 重复测量方差分析，普通话被试与石门坎苗语被试的识别曲线差异不显著 [F（1, 53）= 0.000, p=0.992]；经过 One-way ANOVA 单因素方差分析，石门坎苗语被试比普通话被试的识别边界略靠近 T1, 但差异不显著 [F（1, 53）= 0.078, p=0.782]；石门坎苗语被试的边界宽度大于普通话被试，同样在统计上不具有显著意义 [F（1, 53）= 1.717, p=0.196]。对两组被试区分曲线进行 RM ANOVA 重复测量方差分析，普通话被试平均区分率（73.6%）显著大于石门坎苗语被试（61.4%）[F（1, 53）= 17.280, p=0.000]；石门坎苗语被试区分峰度（12.9%）略大于普通话被试（12.14%），差异不显著（p>0.05）。

母本为 T3 时，经过 RM ANOVA 重复测量方差分析，普通话被试和石门坎苗语被试的差异不显著 [F（1, 53）= 0.119, p=0.732]；经过 One-way ANOVA 单因素方差分析，石门坎苗语被试的识别边界略大于普通话被试，即更靠近 T3, 但在统计上不具有显著差异 [F（1, 53）= 0.054, p=0.817]；石门坎苗语被试的边界宽度大于普通话被试，即其识别曲线的陡峭程度显著小于普通话被试 [F（1, 53）= 6.231, p=0.016]。对两组被试区分曲线进行 RM ANOVA 重复测量方差分析，普通话被试的平均区分率（67.9%）大于石门坎苗语被试（58.7%），差异显著 [F（1, 53）= 7.589, p=0.008]；石门坎苗语被试的区分峰度（17.38%）略大于普通话被试（17.24%），差异不显著（p>0.05）。

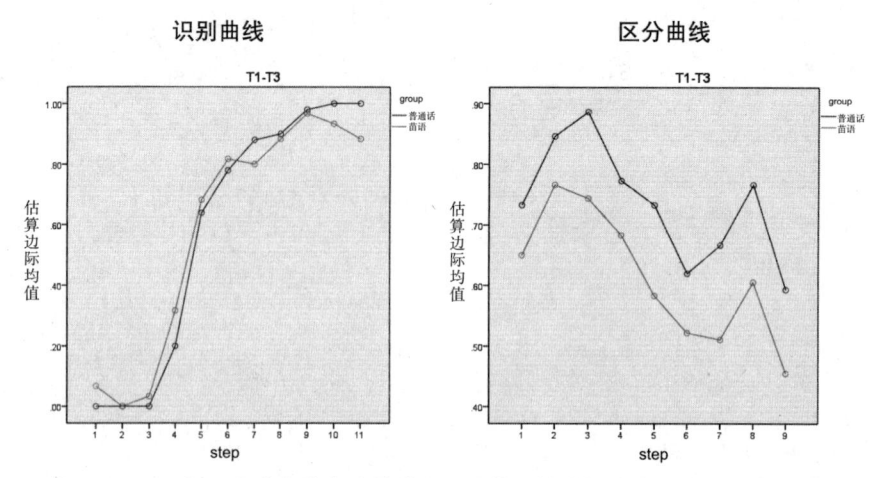

图 7-10　T1-T3（T1 母本）声调连续统石门坎苗语被试与普通话被试感知结果对比

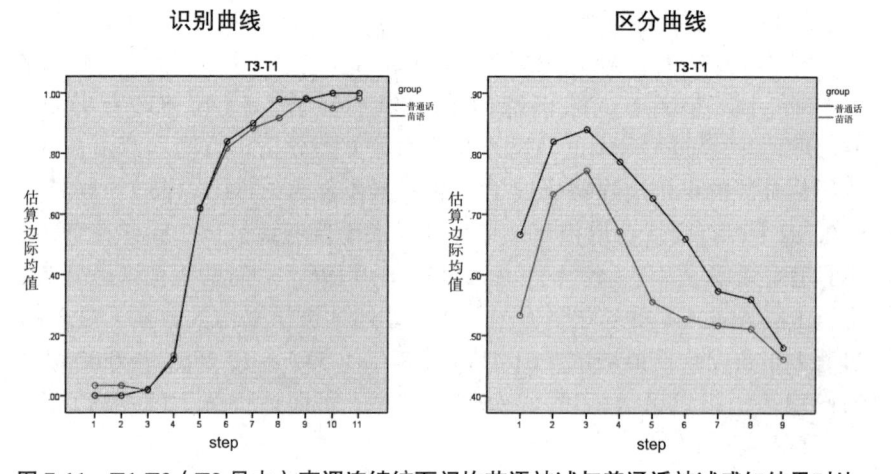

图 7-11　T1-T3（T3 母本）声调连续统石门坎苗语被试与普通话被试感知结果对比

3. T1-T4 声调连续统

母本为 T1 时，经过 RM ANOVA 重复测量方差分析，普通话被试和石门坎苗语被试的识别曲线差异不显著 [$F(1, 53) = 0.746$, $p=0.391$]；经过 One-way ANOVA 单因素方差分析，石门坎苗语被试的识别边界略小于普通话被试，更靠近 T1，差异不显著 [$F(1, 53) = 1.156$, $p=0.287$]；石门坎苗语被试的边界宽度显著大于普通话被试 [$F(1, 53) = 5.384$, $p=0.024$]。对两组被试区分曲线进行 RM ANOVA 重复测量方差分析，石门坎苗语被试的平均区分率（51.7%）略小于普通话被试（54.4%），差异不显著 [$F(1, 53) = 1.984$, $p=0.165$]；石门坎苗语被试的区分峰度（33.23%）略小于普通话被试（35.95%），差异不显著（$p>0.05$）。

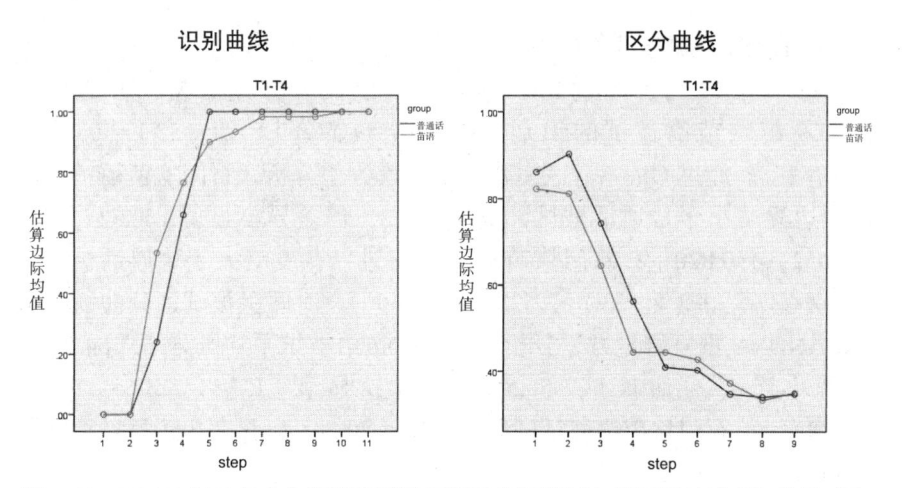

图 7-12 T1-T4（T1 母本）声调连续统石门坎苗语被试与普通话被试感知结果对比

母本为 T4 时，经过 RM ANOVA 重复测量方差分析，普通话被试和石门坎苗语被试的识别曲线组间差异不显著 [F（1, 53）= 0.445, p=0.507]；经过 One-way ANOVA 单因素方差分析，石门坎苗语被试的识别边界略大于普通话被试，更靠近 T4，差异不显著 [F（1, 53）= 0.041, p=0.841]；虽然苗语的边界宽度大于普通话被试，但差异不显著 [F（1, 53）= 3.052, p=0.086]。对两组被试区分曲线进行 RM ANOVA 重复测量方差分析，石门坎苗语被试的平均区分率（49.1%）略大于普通话被试（49%），但差异不显著 [F（1, 53）= 0.006, p=0.936]；石门坎苗语被试的区分峰度（19.68%）略小于普通话被试（23.62%），差异不显著（p>0.05）。

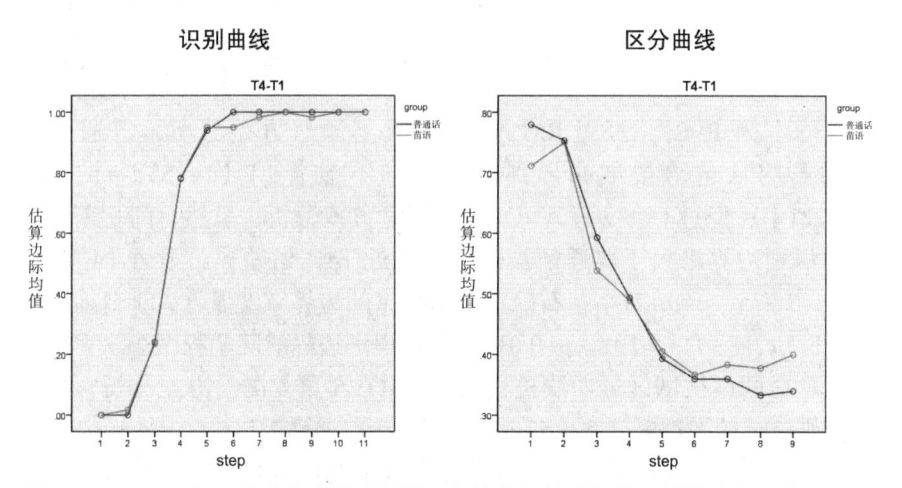

图 7-13 T1-T4（T4 母本）声调连续统石门坎苗语被试与普通话被试感知结果对比

4. T2-T4 声调连续统

母本为 T2 时，经过 RM ANOVA 重复测量方差分析，普通话被试和石门坎苗语被试的识别曲线差异不显著［$F(1, 53) = 0.092$，$p=0.762$］。经过 One-way ANOVA 单因素方差分析，石门坎苗语被试的识别边界略小于普通话被试，更靠近 T2，但差异不显著［$F(1, 53) = 0.052$，$p=0.820$］；石门坎苗语被试的边界宽度略大于普通话被试，差异不显著［$F(1, 53) =3.522$，$p=0.066$］。对两组被试区分曲线进行 RM ANOVA 重复测量方差分析，石门坎苗语被试平均区分率（64.6%）显著小于普通话被试（56.5%），差异显著［$F(1, 53) = 8.991$，$p=0.004$］；石门坎苗语被试的区分峰度（20.24%）显著小于普通话被试（30.95%）（$p<0.05$）。

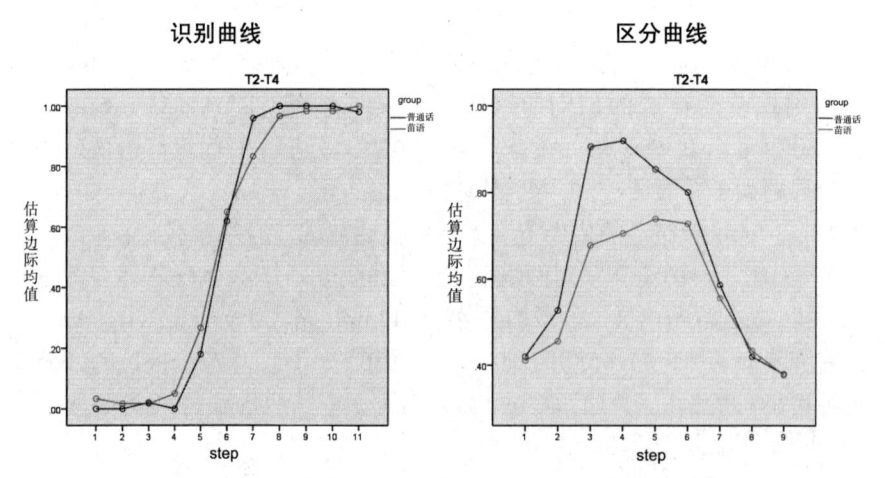

图 7-14 T2-T4（T2 母本）声调连续统石门坎苗语被试与普通话被试感知结果对比

母本为 T4 时，经过 RM ANOVA 重复测量方差分析，普通话被试和石门坎苗语被试的识别曲线差异不显著［$F(1, 53)=1.533$，$p=0.221$］；经过 One-way ANOVA 单因素方差分析，虽然石门坎苗语被试的识别边界略大于普通话被试，更靠近 T4，但差异不显著［$F(1, 53) = 1.875$，$p=0.177$］；石门坎苗语被试的边界宽度显著大于普通话被试［$F(1, 53) = 7.191$，$p=0.010$］，即识别边界的陡峭程度小于普通话被试。对两组被试区分曲线进行 RM ANOVA 重复测量方差分析，石门坎苗语被试的平均区分率（53%）显著小于普通话被试（62.4%）［$F(1, 53) = 14.842$，$p=0.000$］；石门坎苗语被试的区分峰度（17.98%）显著小于普通话被试（29.52%）（$p<0.05$）。

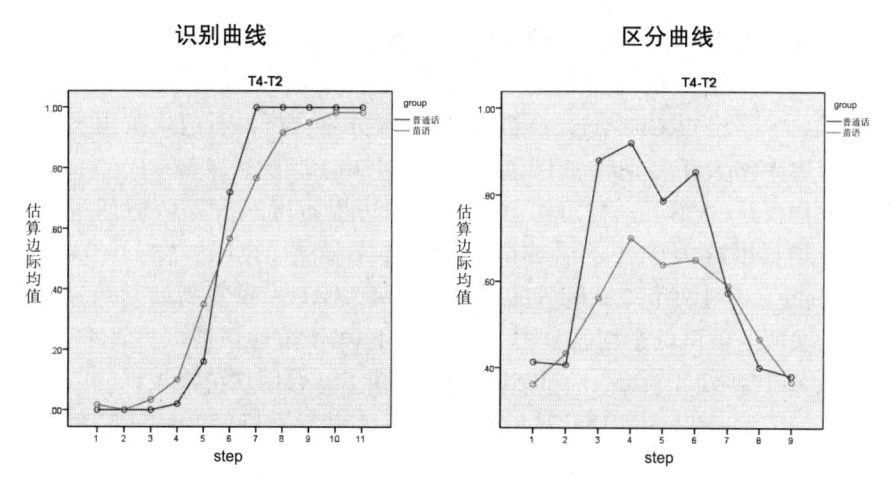

图 7-15　T2-T4（T4 母本）声调连续统石门坎苗语被试与普通话被试感知结果对比

5. T3-T4 声调连续统

母本为 T3 时，经过 RM ANOVA 重复测量方差分析，普通话被试和石门坎苗语被试的识别曲线组间差异不显著 [F（1, 53）= 3.468, p=0.068]；经过 One-way ANOVA 单因素方差分析，石门坎苗语被试的识别边界大于普通话被试，更靠近 T4，但差异不显著 [F（1, 53）=2.255, p=0.139]；石门坎苗语被试的边界宽度略大于普通话被试，陡峭程度小于普通话被试，差异不显著 [F（1, 53）=2.987, p=0.090]。对两组被试区分曲线进行 RM ANOVA 重复测量方差分析，石门坎苗语被试的平均区分率（48.6%）略小于普通话被试（51.4%），差异不显著 [F（1, 53）= 1.061, p=0.308]；石门坎苗语被试的区分峰度（16.47%）显著小于普通话被试（26.9%）（p<0.05）。

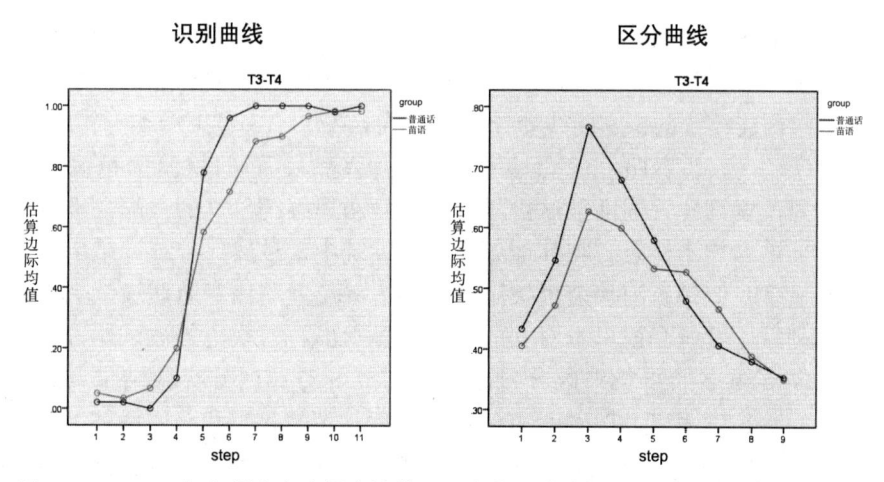

图 7-16　T3-T4（T3 母本）声调连续统石门坎苗语被试与普通话被试感知结果对比

母本为 T4 时，经过 RM ANOVA 重复测量方差分析，普通话被试和石门坎苗语被试的识别曲线组间差异不显著［F（1，53）= 2.585，p=0.114］；经过 One-way ANOVA 单因素方差分析，石门坎苗语被试的识别边界略大于普通话被试，更靠近 T4，但差异不显著［F（1，53）= 0.314，p=0.578］；石门坎苗语被试的边界宽度略大于普通话被试，即陡峭程度略大于普通话被试，但差异不显著［F（1，53）= 0.005，p=0.945］。对两组被试区分曲线进行 RM ANOVA 重复测量方差分析，石门坎苗语被试的平均区分率（48.6%）略小于普通话被试（51.4%），差异不显著［F（1，53）= 0.516，p=0.476］；石门坎苗语被试的区分峰度（4.17%）略小于普通话被试（9.76%），差异不显著（p>0.05）。

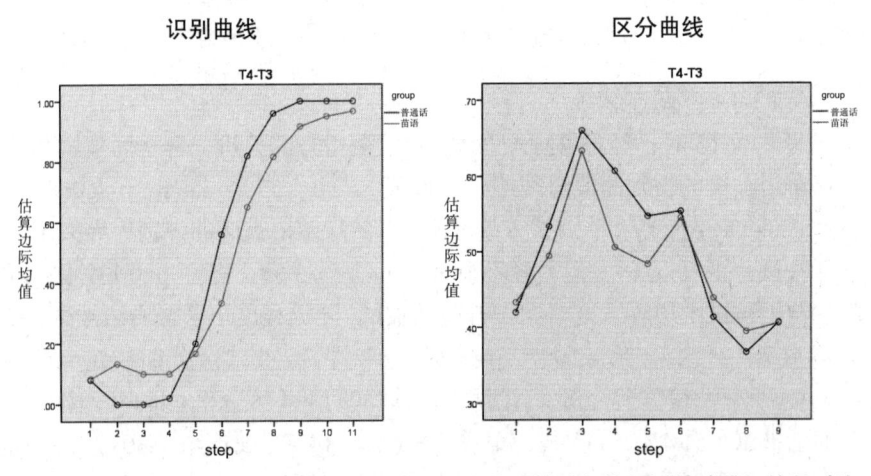

图 7-17　T3-T4（T4 母本）声调连续统石门坎苗语被试与普通话被试感知结果对比

综上所述，如表 7-14 所示，对比识别实验结果，可以发现石门坎苗语被试和普通话被试对 T1-T2 声调连续统的识别曲线差异显著，对其他各组声调连续统的识别曲线差异均不显著。在 T1-T3（T1 母本）、T1-T4（T1 母本）、T2-T4（T2 母本）声调连续统中，石门坎苗语被试的识别边界位置均比普通话被试更靠近每组刺激连续统母本的一端，不过在统计上差异均不显著。在其他各声调连续统中，虽然部分统计结果差异也不显著，但是石门坎苗语被试的识别边界位置均比普通话被试更靠近每组刺激连续统合成母本对立的一端，显示出石门坎苗语被试比普通话被试需要更多的步长来区分每组声调对立。对比区分实验结果，除了T1-T2、T1-T3 和 T2-T4 声调连续统，石门坎苗语被试和普通话被试的区分实验结果差异均不显著。综合识别和区分实验结果来看，除了 T1-T3

声调连续统，石门坎苗语被试的边界宽度均大于普通话被试，区分峰度均小于普通话被试，但是大部分数据在统计上并不具有显著差异。这说明，在感知这些声调连续统时，石门坎苗语被试感知的范畴化程度略弱于普通话被试，但与普通话被试差异不大。此外，石门坎苗语被试在T1-T3声调连续统中的区分峰度，均大于母语被试，说明在本组声调对立中，石门坎苗语被试在区分实验中表现出的感知范畴化程度甚至比普通话被试要高。

表7-14　石门坎苗语被试与普通话被试不同声调连续统范畴化程度对比

声调连续统	母本	边界宽度	区分峰度
T1-T2	T1	苗语>普通话，p<0.05	苗语<普通话，p<0.05
	T2	苗语>普通话，p>0.05	苗语<普通话，p<0.05
T1-T3	T1	苗语>普通话，p>0.05	苗语>普通话，p>0.05
	T3	苗语>普通话，p<0.05	苗语>普通话，p<0.05
T1-T4	T1	苗语>普通话，p>0.05	苗语<普通话，p>0.05
	T4	苗语>普通话，p>0.05	苗语<普通话，p>0.05
T2-T4	T2	苗语>普通话，p<0.05	苗语<普通话，p<0.05
	T4	苗语>普通话，p>0.05	苗语<普通话，p<0.05
T3-T4	T3	苗语>普通话，p>0.05	苗语<普通话，p<0.05
	T4	苗语>普通话，p>0.05	苗语<普通话，p>0.05

五　小　结

本章探讨了石门坎苗语母语者对普通话四个声调的感知特点。首先利用二元逻辑回归方程和区分率计算公式提取了识别曲线的识别边界和边界宽度、各个样本对的区分率等参数，计算并描绘了识别和区分曲线。其次通过观察曲线、进行One-way ANOVA单因素方差分析和Tukey HSD post-hoc事后检验，综合判断了区分波峰。最后采取边界宽度与区分峰度两个参数，对比分析了石门坎苗语被试对普通话各组声调连续统的感知范畴化程度，并与普通话被试声调感知范畴化程度做了对比。在对数据进行深入分析的基础上，得出如下结论：

石门坎苗语母语者对T2-T3组的感知有相对陡峭的识别边界，但无区分波峰存在，说明在语言学层面意义上被试能够区分这两个音位范畴，但是在行为学层面意义上未体现范畴感知的特点。石门坎苗语母语者对其他各组声调连续统对立的感知是范畴感知，识别结果与区分结果的范畴化程度完全一致。与普通话母语者被试对比，除了 T1-T3 声调对立组声调连续统，各组感知范畴化程度略低于普通话母语者被试，但与普通话母语被试已经极为接近。对 T1-T3 声调对立组声调连续统，石门坎苗语母语者在区分实验中表现出的感知范畴化程度甚至比普通话母语者要高。石门坎苗语母语者感知普通话四声的边界范畴：T2>T4>T3>T1。与普通话母语者被试感知普通话四声的边界范畴趋势相似度较高。石门坎苗语母语者对由不同母本合成的 T3-T4 声调连续统刺激样本连续体连续统，识别结果具有差异显著，体现了母本的发声类型等声源信息对被试感知声调的反作用。

第八章　延边朝鲜语母语者对普通话声调的感知

一　延边朝鲜语语音系统

（一）延边朝鲜语语音声学分析及感知研究

延边朝鲜族自治州，简称延边州或延边，位于我国吉林省东部，首府为延吉市（县级市）。

延边朝鲜语的语音系统与韩语存在一些异同。韩语根据音节是否具有音高重音（accent）分为两组，咸镜道和庆尚道方言被认为是声调语言（tonal language），其他方言（例如中部方言）则是非声调语言（nontonal language）。延边朝鲜语的声调系统与咸镜道方言非常接近，从本质来说是音高重音语言（pitch accent language），在词汇层面存在高调和低调的组合，每个词汇存在至多一个音高重音，在声学上表现为基频高点（pitch peak），重音音节外的其他音节全部为低调，如图8-1所示。在双/多音节词语中，重音音节位于词语右侧两个音节中的一个，朝鲜语本土词汇多为尾重音类型（final accent class），音节重量（syllable weight）影响重音位置。如果倒数第二个音节是重音节（heavy syllable），则可以产生倒数第二音节重音类型（penultimate accent class）（Ito，2008，2014；Ito & Kenstowics，2009）。但是，延边朝鲜语的声调特征与韩语存在较大差异，前者的声调是词汇的固有音系特征，而韩语词汇的声调则受到韵律短语（即音高重音短语，accentual phrase）的制约（Jun，2005）。Schaefer & Darcy（2014）曾选取有词汇重音和无词汇重音的两种韩语方言母语者为被试，采用AXB区分实验测试被试对泰语五个声调的感知，发现无论是正确率还是反应时间，有词汇重音的韩语方言被试表现均优于无词汇重音的韩语方言被试。

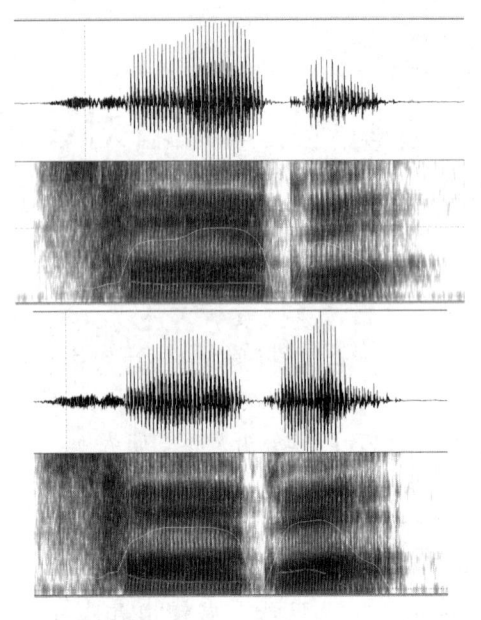

图 8-1　朝鲜语词汇사과 [sa.gwa] 的两种声调模式

说明：上图为高调—低调模式，表示"道歉"，基频由平 138 赫兹降至 80 赫兹左右；下图为低调—高调模式，表示"苹果"，基频由平 132 赫兹升至 149 赫兹，最后降至 80 赫兹左右。

（二）延边朝鲜语与普通话声调对比分析

我国境内的朝鲜语社区在长期的朝汉语言接触过程中引入了大量的汉语借词，这些借词的声调模式与汉语来源词的声调模式存在相对严整的对应形式（朝鲜语借词和中世纪的朝鲜语的汉源词是两类不同的词汇，且语音本土化的机制也存在差异）（Ito，2014）。有些借词最后一个音节为阴平或去声，或者倒数第二个音节为上声的时候表现为尾重音模式，这与汉语来源词最后一个音节和倒数第二个音节间基频曲线的上升密切相关。汉语来源词在其他声调组合条件下，由于倒数第二音节和最后音节间的基频曲线表现为下降的趋势，朝鲜语借词表现为倒数第二音节重音类型。由此可以看出，延边朝鲜族群体对普通话音节声调音高高点（如阴平和去声的起点音高较高，上声较低）比较敏感，对音节间声调音高变化也比较敏感，由此可以假设延边朝鲜族群体对汉语声调的高低（例如阴平和上声）以及声调的升降（阳平和去声）具有一定的感知优势。

此外，延边当地完善的双语教学模式和充分的双语使用社会文化环境对朝鲜语母语者双语能力的形成具有重要的作用。很多朝鲜语母语者都表现为接近于平衡的双语者。金哲俊（2014）对延边朝鲜族学生的汉语声调产出进行了系统的分析。他发现朝鲜族学生基本上能够产出汉语的四个声调，但是声调调值不稳定，同时存在较大的个体差异。

二 实验被试

实验被试为34名延边朝鲜语母语者（15男，19女），均为延边大学一年级到三年级本科生，年龄和所受教育程度相当。所有被试听力正常，从小在朝鲜族学校接受汉语、朝鲜语双语教育，高考用朝鲜语答卷；在大学公共课听课和考试主要使用汉语。平时与家人、朋友说朝鲜语为主。同时，所有被试均从小学开始学习普通话，能够用普通话进行正常交流。

三 实验结果

（一）T1-T2声调连续统

图8-2为T1-T2声调连续统的感知结果。我们从图中可以直观地观察到，延边朝鲜语被试的识别曲线均有较为陡峭的识别边界，区分曲线均有较为明显的尖峰型区分曲线，区分波峰与识别边界能够对应。

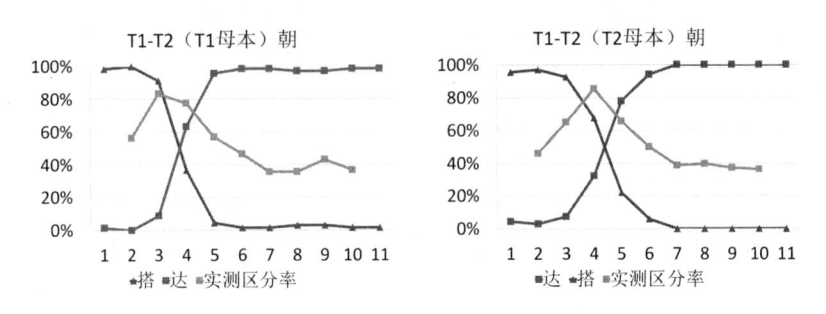

图 8-2 T1-T2声调连续统感知结果（延边朝鲜语被试）

从识别结果来看，通过二元逻辑回归方程进行回归分析，母本为T1时，延边朝鲜语被试的识别边界和边界宽度分别为3.92、1.54，边界跨越2-4、3-5两个样本对；母本为T2时，延边朝鲜语被试的识别边界和边界宽度分别为4.31、1.38，边界跨越3-5、4-6两个样本对。对两组结果进行 RM ANOVA 重复测量方差检验，结果表明被试对基于不同母本合成的 T1-T2 声调连续统识别结果差异不显著［$F(1, 742) = 3.061$，$p=0.0806$］，这说明不同母本的发声类型等声源信息对被试感知本组声调对立影响不大。

从区分结果来看，如表 8-1 所示，经过 One-way ANOVA 单因素方差分析和 Tukey HSD post-hoc 事后检验，母本为 T1 时，延边朝鲜语被试的区分率组间差异显著［$F(8, 297) = 36.974$，$p=0.000$］，两两比较可以输出为 3 个子集，2-4、3-5 样本对处于同一子集，组均值最高，可以判定为区分波峰，与识别边界 3.92（2-4、3-5 样本对）完全对应，区分峰值出现于 2-4 样本对，高达 83%；母本为 T2 时，延边朝鲜语被试区分率组间差异显著［$F(8, 297) = 38.339$，$p=0.000$］，区分波峰范围及峰值均出现于 3-5 样本对，高达 85%，落在识别边界内，与识别边界 4.31（3-5、4-6 样本对）完全对应。

表 8-1　T1-T2 声调连续统各样本对区分率的同类子集（延边朝鲜语被试）

T1-T2（T1 母本）	N	alpha = 0.05 的子集			T1-T2（T2 母本）	N	alpha = 0.05 的子集			
		1	2	3			1	2	3	4
8	34	0.36			10	34	0.36			
7	34	0.36			9	34	0.37			
10	34	0.37			7	34	0.39	0.39		
9	34	0.43			8	34	0.40	0.40		
6	34	0.46	0.46		2	34	0.46	0.46		
2	34		0.56		6	34		0.50		
5	34		0.57		3	34			0.65	
4	34			0.77	5	34			0.66	
3	34			0.83	4	34				0.85
显著性		0.25	0.19	0.89	显著性		0.23	0.09	1.00	1.00

（二）T1-T3 声调连续统

图 8-3 为 T1-T3 声调连续统的感知结果，观察可见陡峭识别边界和相应的区分波峰。

从识别结果来看，通过二元逻辑回归方程进行回归分析，母本为 T1 时，延边朝鲜语被试的识别边界和边界宽度分别为 4.66、1.43，边界跨越 3-5、4-6 两个样本对；母本为 T3 时，延边朝鲜语被试的识别边界和边界宽度分别为 4.56、1.38，边界跨越 3-5、4-6 两个样本对。对两组结果进行 RM ANOVA 重复测量方差检验，结果表明被试对基于不同母本合成的 T1-T3 声调连续统识别结果差异不显著［$F(1, 742) = 3.061$，$p=0.0806$］，这说明不同母本的发声类型等声源信息对被试感知本组声调对立影响不大。

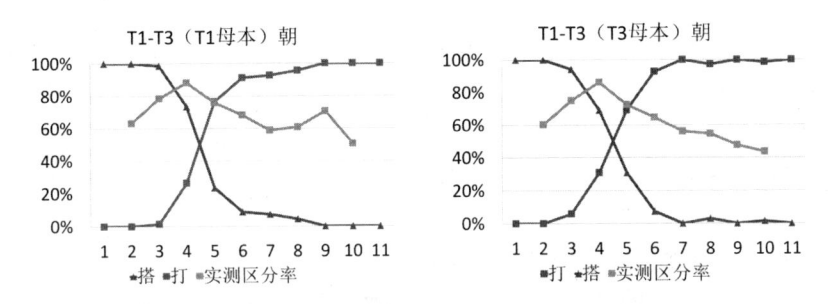

图 8-3　T1-T3 声调连续统感知结果（延边朝鲜语被试）

从区分结果来看，如表 8-2 所示，经过 One-way ANOVA 单因素方差分析和 Tukey HSD post-hoc 事后检验，母本为 T1 时，延边朝鲜语被试区分率组间差异显著［$F(8, 297) = 10.878$，$p=0.000$］，两两比较输出的子集显示，延边朝鲜语被试的区分率被分为 5 个子集，组均值最高的是 2-4、3-5、4-6，即为区分波峰，与识别边界 4.66（3-5、4-6 样本对）基本对应，区分峰值出现于 3-5 样本对，达 88%；母本为 T3 时，延边朝鲜语被试区分率组间差异显著［$F(8, 297) = 16.165$，$p=0.000$］，两两比较输出的子集显示，延边朝鲜语被试实测区分率分为 5 组，这 5 组之间重叠度较高，组均值最高的子集为 2-4、3-5、4-6 样本对，即为区分波峰，是一个较为平缓的波峰，与识别边界 4.56（3-5、4-6 样本对）基本对应，区分峰值出现于 3-5 样本对，高达 86%。

表 8-2　T1-T3 声调连续统各样本对区分率的同类子集（延边朝鲜语被试）

T1-T3（T1母本）	N	\multicolumn{5}{c}{alpha = 0.05 的子集}	T1-T3（T3母本）	N	\multicolumn{5}{c}{alpha = 0.05 的子集}
		1	2	3	4	5			1	2	3	4	5
10	34	0.50					10	34	0.44				
7	34	0.59	0.59				9	34	0.48	0.48			
8	34	0.58	0.58	0.58			8	34	0.54	0.54	0.54		
2	34	0.63	0.63	0.63	0.63		7	34	0.56	0.56	0.56		

（续表）

T1-T3 （T1母本）	N	\multicolumn{5}{c}{alpha = 0.05 的子集}	T1-T3 （T3母本）	N	\multicolumn{5}{c}{alpha = 0.05 的子集}
		1	2	3	4	5			1	2	3	4	5
6	34		0.68	0.68	0.68		2	34		0.57	0.57	0.57	
9	34		0.70	0.70	0.70		6	34			0.65	0.65	
5	34			0.75	0.75	0.75	5	34				0.73	0.73
3	34				0.78	0.78	3	34				0.75	0.75
4	34					0.88	4	34					0.86
显著性		0.19	0.34	0.07	0.07	0.19	显著性		0.22	0.18	0.46	0.07	0.11

（三）T1-T4声调连续统

图8-4为T1-T4声调连续统的感知结果。我们从图中可以直观地观察到，延边朝鲜语被试的识别曲线均有较为陡峭的识别边界，区分曲线均有较为明显的区分波峰，区分波峰与识别边界略有偏离。

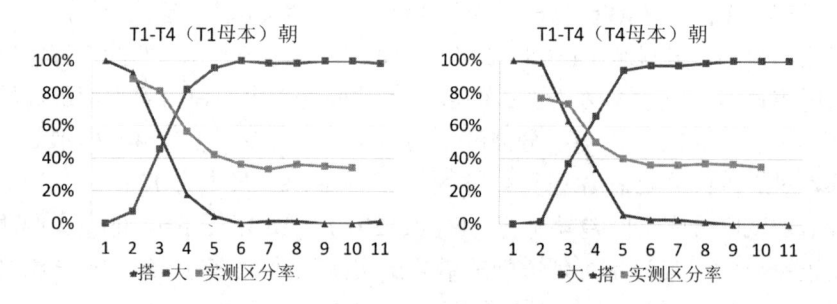

图8-4　T1-T4声调连续统感知结果（延边朝鲜语被试）

从识别结果来看，通过二元逻辑回归方程进行回归分析，母本为T1时，延边朝鲜语被试的识别边界和边界宽度分别为3.23、1.4，边界跨越2-4、3-5两个样本对；母本为T4时，被试的识别边界和边界宽度分别为3.58、1.41，边界跨越2-4、3-5两个样本对。对两组结果进行RM ANOVA重复测量方差检验，结果表明被试对基于不同母本合成的T1-T4声调连续统识别结果差异不显著 [$F(1, 742) = 1.906$, $p=0.1679$]，这说明不同母本的发声类型等声源信息对被试感知本组声调对立影响不大。

从区分结果来看，如表8-3所示，经过One-way ANOVA 单因素方差分析和Tukey HSD post-hoc 事后检验，母本为T1时，延边朝鲜语被试的区分率组间差异显著 [$F(8, 297) = 87.035$, $p=0.000$]，区分波峰范围位于 1-3、2-4 样本对，与识别边界 3.23（2-4、3-5）部分对应，区分峰值出现于 1-3 样本对，达 89%。母本为 T4 时，延边朝鲜语被试区分率组间差异显著［F（8，297）= 51.657，p=0.000］，区分波峰范围位于 1-3、2-4 样本对处，与识别边界 3.58（2-4、3-5 样本对）部分对应，区分峰值出现于 1-3 样本对，为 77%。

表 8-3　T1-T4 声调连续统各样本对区分率的同类子集（延边朝鲜语被试）

T1-T4（T1 母本）	N	alpha = 0.05 的子集			T1-T4（T4 母本）	N	alpha = 0.05 的子集		
		1	2	3			1	2	3
7	34	0.33			10	34	0.35		
10	34	0.34			6	34	0.36		
9	34	0.35			7	34	0.36		
8	34	0.36			9	34	0.37		
6	34	0.36			8	34	0.37		
5	34	0.42			5	34	0.40	0.40	
4	34		0.56		4	34		0.50	
3	34			0.81	3	34			0.74
2	34			0.89	2	34			0.77
显著性		0.15	1.00	0.28	显著性		0.86	0.07	0.98

（四）T2-T3 声调连续统

图 8-5 为 T2-T3 声调连续统的感知结果。我们从图中可以直观地观察到，延边朝鲜语被试的识别曲线有较为陡峭的识别边界，但是区分曲线整体表现几乎为一条直线，整体区分率在 40% 上下，难以发现波峰。

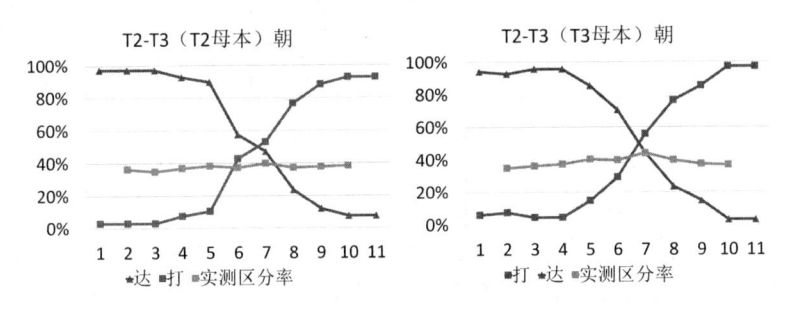

图 8-5　T2-T3 声调连续统感知结果（延边朝鲜语被试）

从识别结果来看，通过二元逻辑回归方程进行回归分析，母本为 T2 时，延边朝鲜语被试的识别边界和边界宽度分别为 6.8、2.74，边界跨越 5-7、6-8 两个样本对;母本为 T3 时,延边朝鲜语被试的识别边界和边界宽度分别为 6.74、2.78,边界跨越 5-7、6-8 两个样本对。对两组结果进行 RM ANOVA 重复测量方差检验,结果表明被试对基于不同母本合成的 T2-T3 声调连续统识别结果差异不显著〔$F(1,742)=1.063$,$p=0.303$〕,这说明不同母本的发声类型等声源信息对被试感知本组声调对立影响不大。

从区分结果来看,如表 8-4 所示,经过 One-way ANOVA 单因素方差分析和 Tukey HSD post-hoc 事后检验,母本为 T2 时,延边朝鲜语被试的区分率组间差异不显著〔$F(8,297)=0.492$,$p=0.862$〕,两两比较仅输出 1 个子集,整体区分率在 40% 以下,不存在区分波峰;母本为 T3 时,延边朝鲜语被试区分率组间差异不显著〔$F(8,297)=2.004$,$p=0.046$〕,两两比较可以输出为 2 个子集且子集间重合严重,区分率最高的为 6-8 样本对,仅 44%,不存在区分波峰。

表 8-4　T2-T3 声调连续统各样本对区分率的同类子集(延边朝鲜语被试)

T2-T3（T2母本）	N	alpha = 0.05 的子集 1	T2-T3（T3母本）	N	alpha = 0.05 的子集 1	2
3	34	0.35	2	34	0.35	
2	34	0.36	3	34	0.36	0.36
4	34	0.37	10	34	0.37	0.37
9	34	0.37	4	34	0.37	0.37
8	34	0.37	9	34	0.37	0.37
6	34	0.37	6	34	0.40	0.40
5	34	0.38	5	34	0.40	0.40
10	34	0.38	8	34	0.40	0.40
7	34	0.40	7	34		0.44
显著性		0.68	显著性		0.69	0.11

(五)T2-T4 声调连续统

图 8-6 为 T2-T4 声调连续统的感知结果。我们从图中可以直观地观察到,延边朝鲜语被试的识别曲线均有较为陡峭的识别边界,与区分波峰相对应,区分波峰呈现平台状。

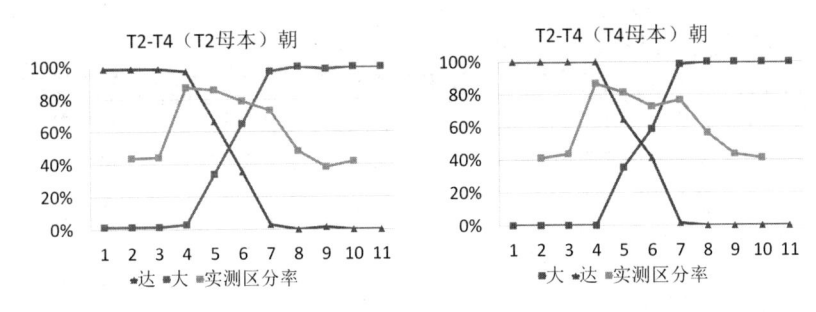

图 8-6 T2-T4 声调连续统感知结果（延边朝鲜语被试）

从识别结果来看，通过二元逻辑回归方程进行回归分析，母本为 T2 时，延边朝鲜语被试的识别边界和边界宽度分别为 5.49、1.33，边界跨越 4-6、5-7 两个样本对；母本为 T4 时，延边朝鲜语被试的识别边界和边界宽度分别为 5.57、1.03，边界跨越 4-6、5-7 两个样本对。对两组结果进行 RM ANOVA 重复测量方差检验，结果表明被试对基于不同母本合成的 T2-T4 声调连续统识别结果差异不显著〔$F(1, 742) = 0.025$，$p=0.874$〕，这说明不同母本的发声类型等声源信息对被试感知本组声调对立影响不大。

从区分结果来看，如表 8-5 所示，经过 One-way ANOVA 单因素方差分析和 Tukey HSD post-hoc 事后检验，母本为 T2 时，延边朝鲜语被试区分率组间差异显著〔$F(8, 297) = 47.087$，$p=0.000$〕，区分波峰范围位于 3-5、4-6、5-7 样本对，为一个平台状的显著波峰，与识别边界 5.49（4-6、5-7 样本对）基本对应，区分峰值出现于 3-5 样本对，高达 87%；母本为 T4 时，延边朝鲜语被试区分率组间差异显著〔$F(8, 297) = 35.941$，$p=0.000$〕，区分波峰范围位于 3-5、4-6、5-7、6-8 样本对，为一个平台状的显著波峰，与识别边界 5.57（4-6、5-7 样本对）基本对应，区分峰值出现于 3-5 样本对，高达 86%。

表 8-5 T2-T4 声调连续统各样本对区分率的同类子集（延边朝鲜语被试）

T2-T4（T2母本）	N	alpha = 0.05 的子集			T2-T4（T4母本）	N	alpha = 0.05 的子集			
		1	2	3			1	2	3	4
9	34	0.38			10	34	0.41			
10	34	0.42			2	34	0.41			
2	34	0.44			3	34	0.44	0.44		
3	34	0.44			9	34	0.44	0.44		
8	34	0.48			8	34		0.56		

（续表）

T2-T4 (T2母本)	N	alpha = 0.05 的子集			T2-T4 (T4母本)	N	alpha = 0.05 的子集			
		1	2	3			1	2	3	4
7	34		0.72		6	34			0.72	0.72
6	34		0.79	0.79	7	34			0.76	0.76
5	34		0.85	0.85	5	34			0.81	0.81
4	34			0.87	4	34				0.86
显著性		0.33	0.07	0.56	显著性		1.00	0.10	0.48	0.41

（六）T3-T4声调连续统

图8-7为T3-T4声调连续统的感知结果。我们从图中可以直观地观察到，延边朝鲜语被试均有较为陡峭的识别边界，较为明显的区分波峰，但母本为T4时，区分波峰稍微偏离识别边界，二者未能完全吻合。

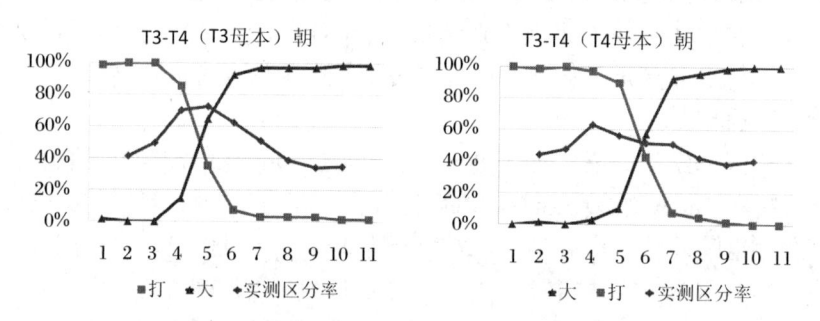

图8-7　T3-T4声调连续统感知结果（延边朝鲜语被试）

从识别结果来看，通过二元逻辑回归方程进行回归分析，母本为T3时，延边朝鲜语被试的识别边界和边界宽度分别为4.88、1.52，边界跨越3-5、4-6两个样本对；母本为T4时，延边朝鲜语被试的识别边界和边界宽度分别为5.91、1.22，边界跨越4-6、5-7两个样本对。对两组结果进行RM ANOVA重复测量方差检验，结果表明被试对基于不同母本合成的T3-T4声调连续统识别结果差异显著［$F(1, 742) = 38.250$，$p<0.001$］，这说明不同母本的发声类型等声源信息对被试感知本组声调对立影响显著。

从区分结果来看，如表8-6所示，经过One-way ANOVA单因素方差分析和Tukey HSD post-hoc事后检验，母本为T3时，延边朝鲜语被试区分率组间差异显著［$F(8, 297) = 25.593$，$p=0.000$］，两两比较可以输出为 4 个子集，区分波峰范围位于为 3-5、4-6、5-7 样本对，与识别边界 4.88（3-5、4-6 样本对）基本对应，区分峰值为 4-6 样本对，达 73%。母本为 T4 时，延边朝鲜语被试区分率组间差异显著［F（8,297）= 7.184，p=0.000），两两比较可以输出为 3 个子集，区分波峰范围位于 3-5、4-6、5-7、6-8 样本对，是一个较为平缓的波峰，与识别边界 5.91（4-6、5-7 样本对）基本对应，区分峰值均位于 3-5 样本对，为 63%。

表 8-6　T3-T4 声调连续统各样本对区分率的同类子集（延边朝鲜语被试）

T3-T4 （T3 母本）	N	alpha = 0.05 的子集				T3-T4 （T4 母本）	N	alpha = 0.05 的子集		
		1	2	3	4			1	2	3
9	34	0.34				9	34	0.38		
10	34	0.35				10	34	0.40		
8	34	0.39	0.39			8	34	0.42		
2	34	0.41	0.41			2	34	0.44	0.44	
3	34		0.50	0.50		3	34	0.48	0.48	
7	34		0.51	0.51		7	34	0.51	0.51	0.51
6	34			0.62	0.62	6	34	0.51	0.51	0.51
4	34				0.70	5	34		0.56	0.56
5	34				0.73	4	34			0.63
显著性		0.84	0.08	0.06	0.24	显著性		0.06	0.11	0.11

四　讨　论

（一）延边朝鲜语母语者对普通话声调的感知模式

首先，从识别结果来看，表 8-7 显示了延边朝鲜语被试识别结果二元逻辑回归方程的常量 b_0、系数 b_1，以及本章第三节中统计出的各组识别边界和边界宽度。从边界宽度来看，T2-T3 组最宽，超过了 2，T2-T4 组最窄，在 1 左右。其他各组极为接近，均在 1.5 左右。从图 8-2 至图 8-7 中也可以看出，T2-T3 声调连续统的识别曲线稍显平缓，而其他各组的识别曲线在 50% 交叉点的位置有一个相对较为急剧的变化。根据第三章第四节的判断标准，延边朝鲜语被试能够区分普通话声调各组对立，识别结果也均体现出了范畴感知的特点。

表 8-7 识别实验结果（延边朝鲜语被试）

声调连续统	母本	b_0	b_1	识别边界	边界均值	边界宽度	宽度均值
T1-T2	T1	-5.57	1.43	3.92	4.11	1.54	1.46
	T2	-6.88	1.57	4.31		1.38	
T1-T3	T1	-7.18	1.54	4.66	4.61	1.43	1.40
	T3	-7.24	1.59	4.56		1.38	
T1-T4	T1	-5.05	1.56	3.23	3.41	1.40	1.41
	T4	-5.58	1.56	3.58		1.41	
T2-T3	T2	-5.44	0.80	6.80	6.77	2.74	2.76
	T3	-5.32	0.79	6.74		2.78	
T2-T4	T2	-9.09	1.66	5.49	5.53	1.33	1.18
	T4	-11.90	2.14	5.57		1.03	
T3-T4	T3	-7.05	1.44	4.88	5.40	1.52	1.37
	T4	-10.66	1.80	5.91		1.22	

其次，从区分结果来看，表 8-8 显示了统计得出的每组声调连续统区分波峰和与识别边界的对应情况。可以发现，除了 T2-T3 组，其他各组区分曲线都能够发现显著的区分波峰，即除了 T2-T3，延边朝鲜语被试对各组声调对立的区分实验结果，均体现出了范畴感知的特点。不过，与普通话被试相似，大部分区分波峰都不是一个显著的尖峰，即在每组区分实验结果的内部，没有哪一个样本对的区分率显著高于其他所有样本对，区分波峰大多包含了不止一个样本对，且大部分与识别边界都仅仅是部分对应，或者基本对应。

表 8-8 区分实验结果（延边朝鲜语被试）

声调连续统	母本	区分波峰范围	识别边界对应样本对	与识别边界对应情况
T1-T2	T1	2-4、3-5	2-4、3-5	完全对应
	T2	3-5	3-5、4-6	完全对应
T1-T3	T1	2-4、3-5、4-6	3-5、4-6	基本对应
	T3	2-4、3-5、4-6	3-5、4-6	基本对应
T1-T4	T1	1-3、2-4	2-4、3-5	部分对应
	T4	1-3、2-4	2-4、3-5	部分对应
T2-T3	T2	无	5-7、6-8	
	T3	无	5-7、6-8	

(续表)

声调连续统	母本	区分波峰范围	识别边界对应样本对	与识别边界对应情况
T2-T4	T2	3-5、4-6、5-7	4-6、5-7	基本对应
	T4	3-5、4-6、5-7、6-8	4-6、5-7	基本对应
T3-T4	T3	3-5、4-6、5-7	3-5、4-6	基本对应
	T4	3-5、4-6、5-7、6-8	4-6、5-7	基本对应

最后，延边朝鲜语被试仅对由不同母本合成的 T3-T4 声调连续统识别结果差异显著 [F (1, 742) =38.25, p<0.001]，由不同母本合成的其他各声调连续统识别结果差异均不显著 (p>0.05)。可以看出，合成母本的发声类型等声源信息同样对 T3-T4 声调连续统的识别起了反作用。

综上所述，我们认为，延边朝鲜语被试在语言学层面上能够区分普通话各声调的音位范畴，除了 T2-T3 声调连续统，他们在行为学意义上对普通话各声调连续统的感知模式均为范畴感知，但感知范畴化程度有所不同。对 T2-T3 对立声调连续统，延边朝鲜语被试在行为学意义上未建立起范畴感知模式。

(二) 延边朝鲜语母语者感知普通话声调范畴的变化

从范畴化程度的对比来看，如表 8-9 所示，将每组声调连续统中两套识别结果的 Wcb 值进行平均，T2-T4<T3-T4<T1-T3<T1-T4<T1-T2，即识别结果范畴化程度由高到低。从区分结果来看，延边朝鲜语被试感知 T2-T3 的 Pbc 值和 Pwc 值差异不显著 (p=0.17; p=0.006)，感知其他各组声调连续统的 Pbc 均显著高于 Pwc (p < 0.05)。将每组声调连续统中两套区分结果的区分峰度进行平均，可以发现，T1-T2 的区分峰度最高 (35.99%、30.81%)。即区分结果感知范畴化程度：T1-T2>T2-T4>T1-T4>T1-T3>T3-T4。区分结果与识别结果未能完全对应。由于延边朝鲜语被试对 T2-T3 对立组无法建立范畴感知，因此我们对该组数据不做统计。

表 8-9 各组声调对立的范畴间区分率、范畴内区分率、
区分峰度、边界宽度 (延边朝鲜语被试)

声调连续统	母本	延边朝鲜语被试					
		Pbc	Pwc	Ppk	Ppk-mean	Wcb	Wcb-mean
T1-T2	T1	80.39%	44.40%	35.99%	33.40%	1.54	1.46
	T2	75.49%	44.68%	30.81%		1.38	

（续表）

声调连续统	母本	延边朝鲜语被试					
		Pbc	Pwc	Ppk	Ppk-mean	Wcb	Wcb-mean
T1-T3	T1	81.86%	64.22%	17.65%	19.85%	1.43	1.40
	T3	79.41%	57.35%	22.06%		1.38	
T1-T4	T1	68.63%	43.77%	24.86%	21.95%	1.40	1.41
	T4	61.76%	42.72%	19.05%		1.41	
T2-T4	T2	81.86%	53.57%	28.29%	24.47%	1.33	1.18
	T4	76.72%	55.46%	21.25%		1.03	
T3-T4	T3	71.32%	44.47%	26.86%	17.10%	1.52	1.37
	T4	53.92%	46.57%	7.35%		1.22	

根据表 8-10 中的各个识别边界均值，可以发现，延边朝鲜语被试感知普通话四声的范畴均值分别为：4.04、6.40、5.34、6.22。在 T1 与其他三个声调的对立中，感知范畴先增后减；在 T2 与其他三个声调的对立中，感知范畴递减；在 T3、T4 分别与其他三个声调的对立中，感知范畴先减后增。延边朝鲜语被试与普通话被试的四声范畴均值和变化情况极为接近。

表 8-10 普通话四声的感知范畴（延边朝鲜语被试）

普通话声调	T1	T2	T3	T4	均值
T1		4.11	4.61	3.41	4.04
T2	6.89		6.77	5.53	6.40
T3	6.39	4.23		5.40	5.34
T4	7.59	5.47	5.6		6.22

（三）与普通话母语者感知范畴化程度对比

接下来，我们对每一组声调连续统中，延边朝鲜语被试与普通话被试的识别曲线、识别边界、边界宽度、区分曲线、区分峰度进行对比，用以对两组被试普通话声调的感知范畴化程度进行分析。统计方法采用第二章所述的 RM ANOVA 重复测量方差分析和 One-way ANOVA 单因素方差分析，被试的边界宽度越窄，识别曲线越陡峭，区分峰度越高，感知范畴化程度越高。由于延边朝鲜语被试对 T2-T3 对立组无法建立范畴感知，因此对该组数据不做进一步统计。

1. T1-T2声调连续统

母本为T1时，经过RM ANOVA重复测量方差分析，普通话被试与延边朝鲜语被试的识别曲线差异不显著[F（1，57）= 2.016，p=0.161]；经过One-way ANOVA单因素方差分析，延边朝鲜语被试和普通话被试的识别边界与边界宽度都不具有显著差异[F（1，57）= 1.876，p=0.176；F（1，57）= 2.162，p=0.147]，延边朝鲜语被试的识别边界更靠近T2。对两组被试区分曲线进行RM ANOVA重复测量方差分析，延边朝鲜语被试的平均区分率（52.4%）小于普通话被试（56.2%），差异不显著[F（1，57）= 2.843，p=0.097]；延边朝鲜语被试的区分峰度（35.99%）小于普通话被试（40%），差异不显著（p>0.05）。

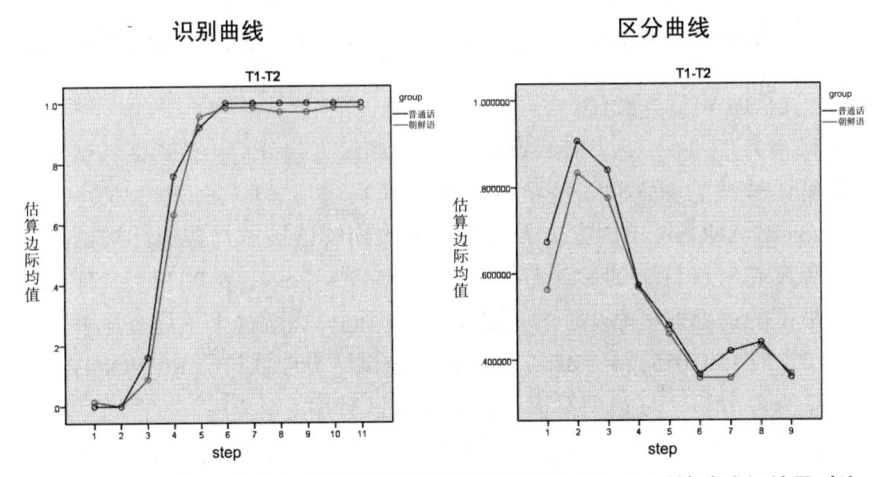

图8-8 T1-T2（T1母本）声调连续统延边朝鲜语被试与普通话被试感知结果对比

母本为T2时，经过RM ANOVA重复测量方差分析，普通话被试与延边朝鲜语被试的识别曲线差异不显著[F（1，57）=0.105，p=0.747]；经过One-way ANOVA单因素方差分析，延边朝鲜语被试和普通话被试的识别边界和边界宽度都不具有显著差异[F（1，57）= 0.016，p=0.899；F（1，57）= 0.000，p=0.995]。对两组被试区分曲线进行RM ANOVA重复测量方差分析，延边朝鲜语被试的平均区分率（51.5%）小于普通话被试（55.6%），但差异不显著[F（1，57）= 3.357，p=0.072]；延边朝鲜语被试区分峰度（30.81%）小于普通话被试（33.48%），差异不显著（p>0.05）。

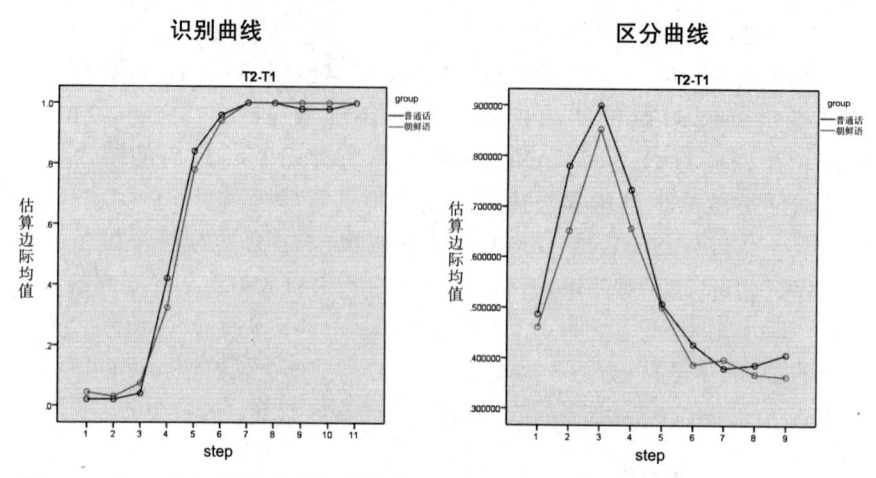

图 8-9　T1-T2（T2 母本）声调连续统延边朝鲜语被试与普通话被试感知结果对比

2. T1-T3 声调连续统

母本为 T1 时，经过 RM ANOVA 重复测量方差分析，普通话被试与延边朝鲜语被试的识别曲线差异不显著［$F(1, 57) = 0.355$，$p=0.553$］；经过 One-way ANOVA 单因素方差分析，延边朝鲜语被试与普通话被试的识别边界不具有统计上的显著差异［$F(1, 58) = 2.574$，$p=0.114$］；延边朝鲜语被试的边界宽度略小于普通话被试，但同样在统计上不具有显著意义［$F(1, 57) =0.055$，$p=0.816$］。对两组被试区分曲线进行 RM ANOVA 重复测量方差分析，延边朝鲜语被试的平均区分率（68.1%）与普通话被试（73.6%）差异不显著［$F(1, 57) = 3.398$，$p=0.070$］；延边朝鲜语被试的区分峰度（17.65%）略大于普通话被试（12.14%），差异不显著（$p>0.05$）。

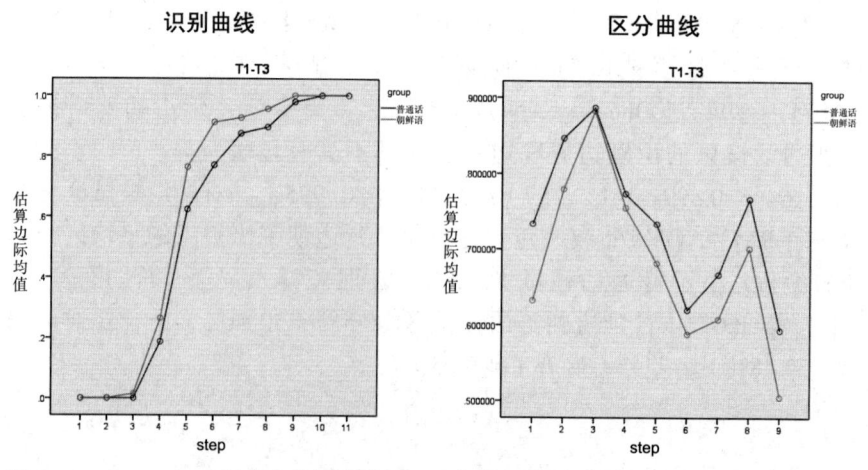

图 8-10　T1-T3（T1 母本）声调连续统延边朝鲜语被试与普通话被试感知结果对比

母本为T3时，经过RM ANOVA重复测量方差分析，普通话被试和延边朝鲜语被试的组间差异不显著［F（1，57）= 3.703，p=0.059］；经过One-way ANOVA单因素方差分析，延边朝鲜语被试与普通话被试的识别边界在统计上不具有显著差异［F（1，57）= 3.752，p=0.058］；延边朝鲜语被试的边界宽度略小于普通话被试，即其识别曲线的陡峭程度大于普通话被试，但同样在统计上不构成显著差异［F（1，57）= 0.026，p=0.873］。对两组被试区分曲线进行RM ANOVA重复测量方差分析，普通话被试的平均区分率（67.9%）略大于延边朝鲜语被试（62.3%），差异不显著［F（1，57）= 2.956，p=0.091］。延边朝鲜语被试的区分峰度（22.06%）略大于普通话被试（17.24%），差异不显著（p>0.05）。

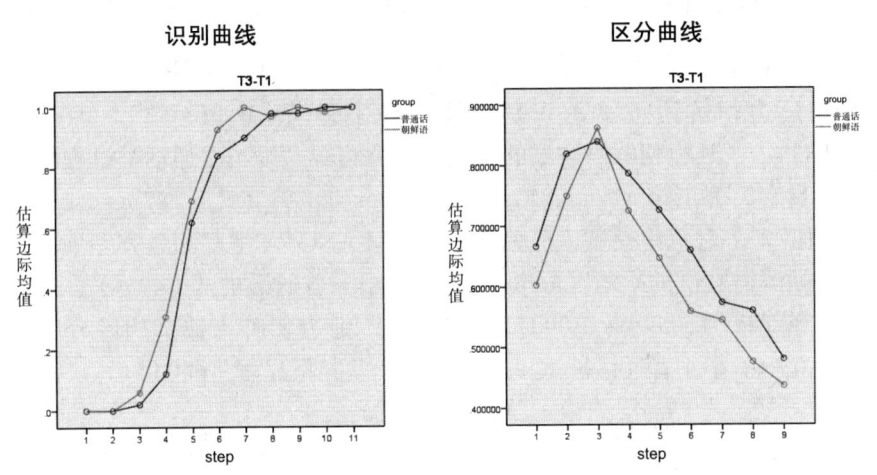

图 8-11　T1-T3（T3母本）声调连续统延边朝鲜语被试与普通话被试感知结果对比

3. T1-T4声调连续统

母本为T1时，经过RM ANOVA重复测量方差分析，普通话被试和延边朝鲜语被试的识别曲线差异不显著［F（1，57）= 0.306，p=0.582］；延边朝鲜语被试的识别边界和边界宽度与普通话被试在统计上不具有显著差异［F（1，57）= 2.936，p=0.092；F（1，57）= 2.038，p=0.159］。对两组被试区分曲线进行RM ANOVA重复测量方差分析，延边朝鲜语被试平均区分率（49.3%）显著小于普通话被试（54.4%），且差异显著［F（1，57）= 6.773，p=0.012］；延边朝鲜语被试的区分峰度（24.86%）小于普通话被试（35.95%），差异显著（p<0.05）。

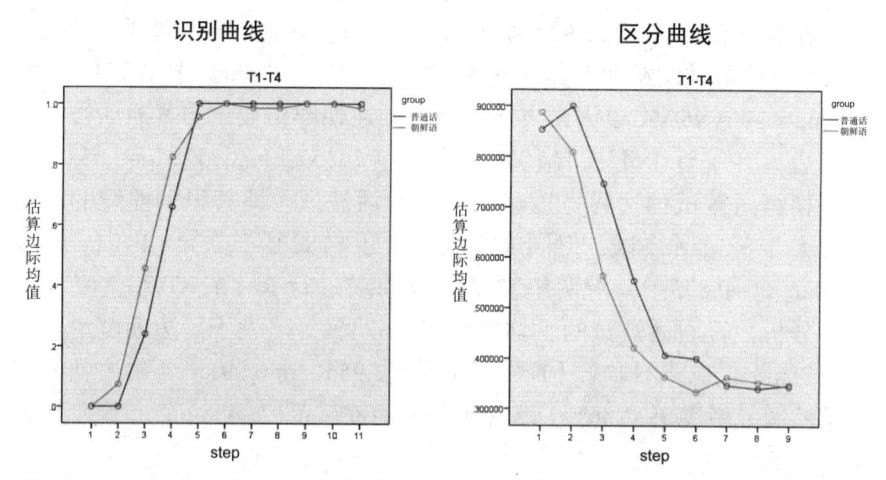

图 8-12　T1-T4（T1 母本）声调连续统延边朝鲜语被试与普通话被试感知结果对比

母本为 T4 时，经过 RM ANOVA 重复测量方差分析，普通话被试和延边朝鲜语被试的识别曲线差异不显著［$F(1, 57)=0.044$，$p=0.834$］；延边朝鲜语被试的识别边界和边界宽度与普通话被试在统计上不具有显著差异［$F(1, 57)=0.042$，$p=0.839$；$F(1, 57)=2.683$，$p=0.107$］。对两组被试区分曲线进行 RM ANOVA 重复测量方差分析，延边朝鲜语被试的平均区分率（46.9%）小于普通话被试（49%），差异不显著［$F(1, 57)=1.090$，$p=0.301$］；延边朝鲜语被试的区分峰度（19.05%）小于普通话被试（23.62%），差异不显著（$p>0.05$）。

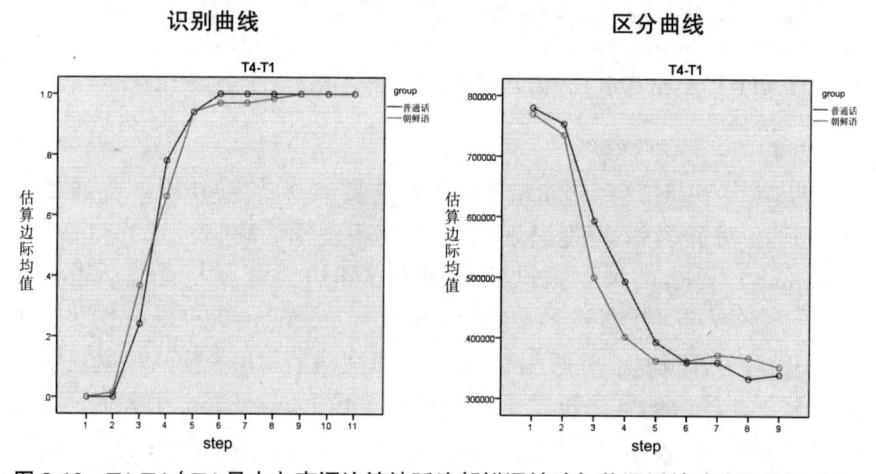

图 8-13　T1-T4（T4 母本）声调连续统延边朝鲜语被试与普通话被试感知结果对比

4. T2-T4 声调连续统

母本为 T2 时，经过 RM ANOVA 重复测量方差分析，普通话被试和延边朝鲜语被试识别曲线组间差异不显著［$F(1, 57)=1.730$，p=0.194］；延边朝鲜语被试的识别边界和边界宽度与普通话被试差异均不显著［$F(1, 57) = 1.758$, p=0.190; $F(1, 57) = 0.136$, p=0.713］。对两组被试区分曲线进行 RM ANOVA 重复测量方差分析，延边朝鲜语被试的平均区分率（59.9%）略小于普通话被试（64.6%），差异不显著［$F(1, 57) = 3.241$, p=0.077］；延边朝鲜语被试的区分峰度（28.29%）小于普通话被试（30.95%），差异不显著（p>0.05）。

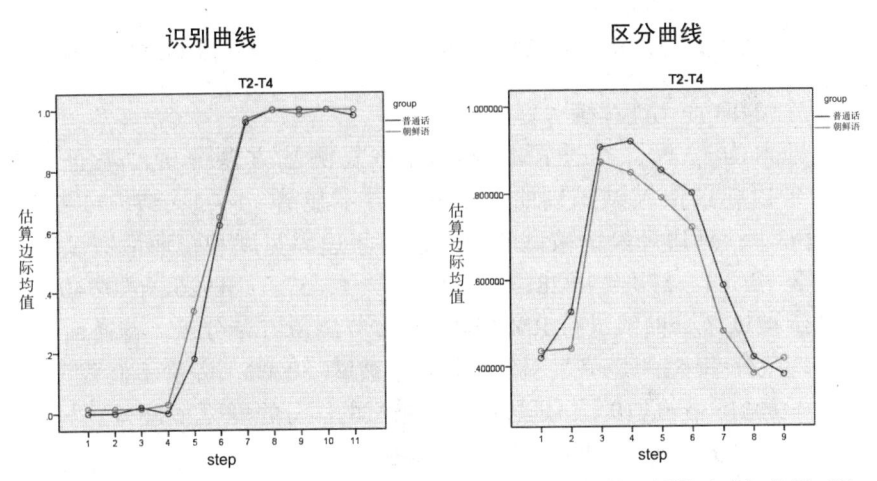

图 8-14　T2-T4（T2 母本）声调连续统延边朝鲜语被试与普通话被试感知结果对比

母本为 T4 时，经过 RM ANOVA 重复测量方差分析，普通话被试和延边朝鲜语被试识别曲线组间差异不显著［$F(1, 57) = 0.026$, p=0.872］；延边朝鲜语被试的识别边界与普通话被试识别边界差异不显著［$F(1, 57) = 0.026$, p=0.872］；延边朝鲜语被试的边界宽度小于普通话被试，但在统计上差异也不显著［$F(1, 57) = 3.082$, p=0.085］。对两组被试区分曲线进行 RM ANOVA 重复测量方差分析，延边朝鲜语被试平均区分率（60.2%）略小于普通话被试（62.4%），但差异不显著［$F(1, 57) = 0.818$, p=0.370］；延边朝鲜语被试的区分峰度（21.25%）小于普通话被试（29.52%），差异显著（p<0.05）。

识别曲线　　　　　　　区分曲线

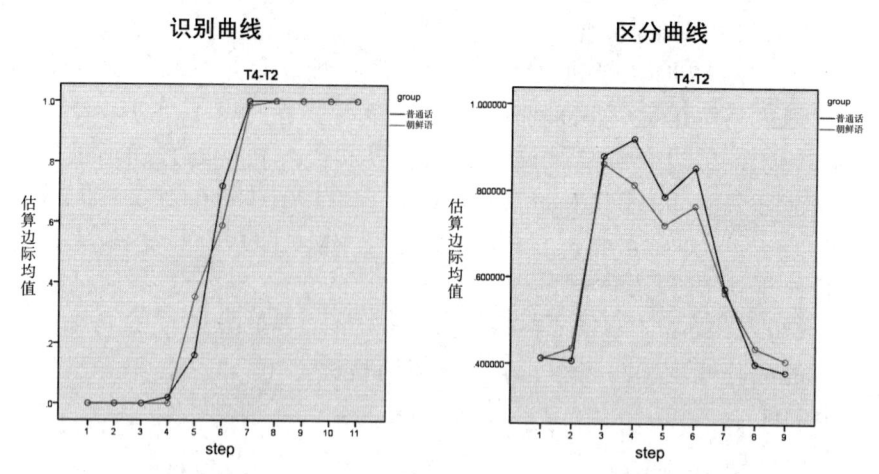

图 8-15　T2-T4（T4 母本）声调连续统延边朝鲜语被试与普通话被试感知结果对比

5. T3-T4 声调连续统

母本为 T3 时，经过 RM ANOVA 重复测量方差分析，普通话被试和延边朝鲜语被试识别曲线组间差异不显著［$F(1, 57)$=1.736，p=0.193］；延边朝鲜语被试的识别边界与边界宽度和普通话被试差异不显著［$F(1, 57)$ = 1.828, p=0.182; $F(1, 57)$ = 0.926, p=0.340］。对两组被试区分曲线进行 RM ANOVA 重复测量方差分析，普通话被试的平均区分率(51.4%)略大于延边朝鲜语被试(50.4%)，差异不显著［$F(1, 57)$ = 0.131, p=0.719］；延边朝鲜语被试的区分峰度（26.86%）小于普通话被试（26.90%），差异不显著（p>0.05）。

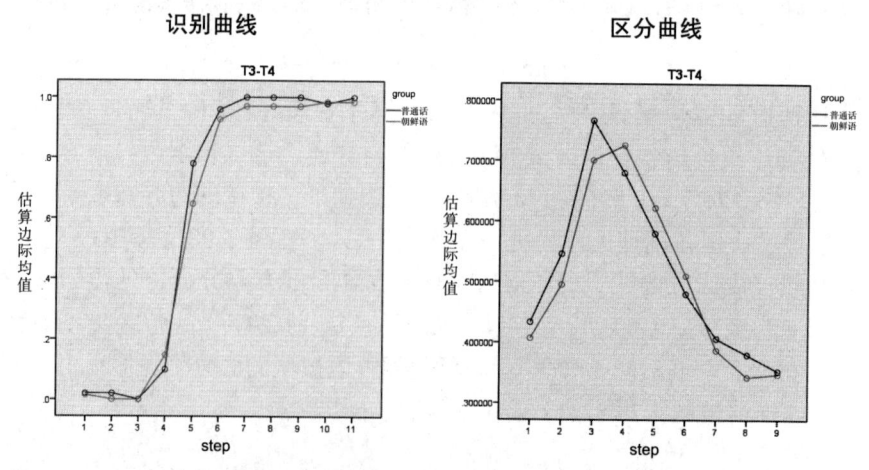

识别曲线　　　　　　　区分曲线

图 8-16　T3-T4（T3 母本）声调连续统延边朝鲜语被试与普通话被试感知结果对比

母本为 T4 时，经过 RM ANOVA 重复测量方差分析，普通话被试与延边朝鲜语被试识别曲线差异不显著 [$F(1, 57) = 1.669$, $p=0.202$]；延边朝鲜语被试的识别边界稍稍更靠近 T4 一侧，但与普通话被试识别边界差异不显著 [$F(1, 57) = 1.623$, $p=0.208$]；延边朝鲜语被试的边界宽度小于普通话被试，差异显著 [$F(1, 57) =9.137$, $p=0.004$]。对两组被试区分曲线进行 RM ANOVA 重复测量方差分析，普通话被试的平均区分率（50.1%）略大于延边朝鲜语被试（48.2%），但差异不显著 [$F(1, 57) = 0.456$, $p=0.502$]；延边朝鲜语被试的区分峰度（7.35%）略小于普通话被试（9.76%），差异不显著（$p>0.05$）。

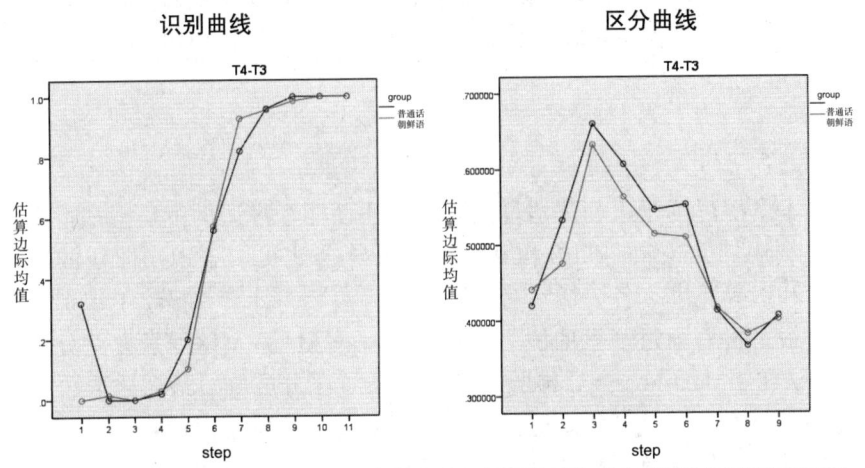

识别曲线　　　　　　　　区分曲线

图 8-17　T3-T4（T4 母本）声调连续统延边朝鲜语被试与普通话被试感知结果对比

综上所述，对比两组被试的边界宽度与区分峰度，如表 8-11 所示，T1-T2（T2 母本）、T1-T3 和 T3-T4（T4 母本）声调连续统中，延边朝鲜语被试的边界宽度小于普通话母语被试，T1-T3 声调连续统中，延边朝鲜语被试的区分峰度大于普通话母语被试。对普通话其他各组声调连续统的感知，延边朝鲜语被试的边界宽度均大于普通话被试，区分峰度均小于普通话被试。不过以上大部分数据在统计上都不具有显著差异。这说明，在感知这些普通话声调时，延边朝鲜语被试能够建立起基本接近于普通话被试的范畴感知。

表 8-11　延边朝鲜语被试与普通话被试不同声调连续统范畴化程度对比

声调连续统	母本	边界宽度	区分峰度
T1-T2	T1	朝鲜语＞普通话，$p>0.05$	朝鲜语＜普通话，$p>0.05$
	T2	朝鲜语＜普通话，$p>0.05$	朝鲜语＜普通话，$p>0.05$

（续表）

声调连续统	母本	边界宽度	区分峰度
T1-T3	T1	朝鲜语＜普通话，p>0.05	朝鲜语＞普通话，p>0.05
	T3	朝鲜语＜普通话，p>0.05	朝鲜语＞普通话，p>0.05
T1-T4	T1	朝鲜语＞普通话，p>0.05	朝鲜语＜普通话，p<0.05
	T4	朝鲜语＞普通话，p>0.05	朝鲜语＜普通话，p>0.05
T2-T4	T2	朝鲜语＞普通话，p>0.05	朝鲜语＜普通话，p>0.05
	T4	朝鲜语＞普通话，p>0.05	朝鲜语＜普通话，p<0.05
T3-T4	T3	朝鲜语＞普通话，p>0.05	朝鲜语＜普通话，p>0.05
	T4	朝鲜语＜普通话，p>0.05	朝鲜语＜普通话，p<0.05

五 小 结

本章探讨了延边朝鲜语母语者对普通话四个声调的范畴感知特点。首先利用二元逻辑回归方程和区分率计算公式提取了识别曲线的边界位置和边界宽度、各个样本对的区分率等参数，计算并描绘了识别和区分曲线。接着通过观察曲线、进行 One-way ANOVA 单因素方差分析和 Tukey HSD post-hoc 事后检验，综合判断了区分波峰。最后采取边界宽度与区分峰度两个参数对比分析了被试对普通话各组声调对立范畴化感知程度，并与普通话被试声调感知范畴化程度做了对比。在对数据进行深入分析的基础上，得出结论如下：

延边朝鲜语母语者对普通话声调的感知接近或达到了普通话母语者的水平。除了 T2-T3 组以外，其他各组声调对立的感知范畴化程度和普通话母语者差异不大。延边朝鲜语被试与普通话母语者的四声范畴均值和变化情况极为接近。延边朝鲜语母语者对由不同母本合成的 T3-T4 声调连续统识别结果差异显著［$F(1, 742)=38.25$，$p<0.005$］，体现了母本发声类型等声源信息对被试感知声调的反作用。

第九章 综合讨论

综合第三至第八章的实验结果来看,不同民族地区人群对普通话声调的感知模式都不尽相同,而且都受到了各自母语声调系统的影响,与普通话母语者存在一定的差异。因此,本章将综合第三至第八章的实验结果,讨论不同民族地区人群对普通话声调的感知模式,并对他们感知普通话不同声调连续统的范畴化程度进行深入对比分析,进而讨论母语经验对二语习得者感知非母语声调的影响,并进一步探讨声调范畴感知的判断和比较标准。

一 各组被试对普通话声调的感知模式与感知距离

在第一章第二节和第三章第四节中,我们提到,要对比分析不同民族地区人群对普通话声调的感知模式,首先需要将语言学意义上的"音位范畴"概念与行为学意义上对语音的"范畴感知"区分清楚。

第一章第二节提到,大部分研究认为,"识别曲线边界分明与否、区分曲线是否存在波峰且与识别边界对应"是范畴感知最重要的两项判断标准(Liberman et al., 1957; Studdert-Kennedy et al., 1970; Xu et al., 2006; Peng et al., 2010; Chen et al., 2017; 于谦, 2017)。但是也有学者提出,人类自然语言中可以区别意义的各种音位(phoneme)就是不同的范畴,母语者的实际语言交际就证明了音位感知的范畴性,听感格局的理念不是简单地依范畴感知的标准来做出判断(刘掌才等, 2016)。如第三章第四节所述,这两种不同的看法实际上是从语言学和行为学两个层面上分别提出的。

从语言学层面上来说,结构主义音位学将音位定义为能够区别意义的最小语音单位(布洛赫, 1965; 霍凯特, 1986; 布龙菲尔德, 1997)。基于结构主义的理论和方法对一个语言的音位系统进行构建,目前主要采用四个基本原则:对立原则、互补原则、相似性原则和经济性原则(布洛赫, 1965)。在语言的调查和研究中,结构主义音位学的操作性非常强,对调查一个未知语言非常有效。然而,由于音位学处理和确立音位系统是在语言的表层结构上操作,因此,所反映出来的系统并不一定是语言的音位认知系统，结构主义音位学在音位处理上的许多缺陷也不断暴露出来。首先，结构主义音位学最重要的对立原则在很多语言中并不能很好地贯彻，因为在许多语言的口语中，有些音找不到最小对立对，从而无法确定音位。如参看《少数民族语言志丛书（修订本）》（2009）对于音位的举例，就会发现很多语言中找不到最小对立的音位。再如通过对汉藏语系语言声、韵、调音位负担量的研究，孔江平、李永宏（2016）发现在汉藏语系语言中，其对立关系主要是三项对立和两项对立，而以最小对立对为基本原则的单项对立是极少数，因此，以特例作为音位原则的理论基础存在系统上的问题。其次，音位学的互补原则虽然解决了许多音位确定上的问题，但是从语言认知的角度来看，音位的互补原则有很大的缺陷。如，不同的人调查同一种语言会得出两个不同的音位系统，这主要是由于互补原则中处理的侧重点不同造成的，藏语中对15、13和132调的处理，载瓦语中对35调和55调的处理出现的分歧就说明了这一点。最后，音位学的相似性原则和经济学原则也存在一定的局限性。在结构层面，相似只能通过对语音的发音方法和发音部位来进行判断，但这些相似性并没有认知上的基础，认知上的相似要通过语音合成和感知的方法才能确定。而经济性原则缺乏判断的标准，也没有统计的基础（孔江平，2024）。

随着认知科学和脑科学研究的发展，人们可以通过语音合成技术和语音心理实验的方法，将人们大脑中的语音意识和音位单位通过认知实验的方法确定下来。因此，孔江平（2018）提出以下认知音位学的原则：（1）两个语素之间必须存在音位认知范畴，其中音位的语音单位还需要进一步研究，不一定是音素、声母、韵母和声调，也有可能是音节；（2）确定音位必须在音位负担量分布曲线内，如根据孔江平、李永宏（2016）和孔江平（2020）的研究，汉语普通话零声母的音位负担量会落在汉语音位分布曲线以外，不符合认知的基本规律；（3）基于互补合并的音位必须具有相同的音位认知范畴，如果一个音位的音位变体之间在认知上还存在音位范畴的话，就不应该合并；（4）语音的相似性必须具有相同的语音心理实体，这一点十分重要，因为只有在认知上被认为是一个音位时，两个语音才会具有相同的心理实体。孔江平（2024）进一步指出，根据现代语音学，音素是由一组声学特征组成的，其中一个或多个是区别性特征，另外一些是羡余性特征。一个区别性特征和多个区别性特征会体现出连续感知和范畴感知范式上的差别。因此，从理论上讲，能够区别意义的最小语音单位可以是区别性特征、音素、声母、韵母、声调和音节中的任何一个。在两个音素音位之间如果只有一个区别性特征的话，那这个区别性特征就是最小的区别意义的单位。如果有两个或以上的区别性特征，就不能说这两个音位之间是靠一个区别性特征来区别意义的，而只能说是由多个区别性特征组成的音位。基于此，孔江平（2024）将认知音位学的音位定义为：在自然音位系统中，具有自然语音意识并区别意义的最小语音认知单位。

就普通话而言，在母语者的语音系统中，四个声调本身是能够区别意义的最小语音单位，且以往研究可以证明，虽然每个声调之间还有时长、发声类型等方面的差异，但是每个声调之间最主要的一项区别性特征就是基频。本书第一章的实验结果也显示，普通话母语者对普通话各声调连续统的感知，在识别曲线上都出现了较清晰的"X"形曲线，有陡峭的识别边界，这反映了被试能够将每组声调连续统区分为两个不同的音位认知范畴，有相应的语音心理实体。不过，以往研究并未对"陡峭"的程度进行量化定义，本书实验结果显示，整体来看，普通话母语者对大部分普通话声调连续统识别实验的边界宽度都在3以内。那么对于非母语者的感知结果，我们认为可以此为标准，如果他们感知普通话各组声调连续统的边界宽度与普通话母语者相差不大，即都在3左右，可判定为识别边界足够陡峭，被试能够区分这两个声调的音位范畴。从这个标准上来看，藏语拉萨话母语者在感知T2-T3（T2母本）和T2-T3（T3母本）声调连续统时，边界宽度在30左右，载瓦语母语者在感知T2-T3（T3母本）声调连续统时，边界宽度也超过了10，这反映了他们在这3种情况下，无法区分T2-T3这两个音位范畴。从其他各组民族地区被试感知普通话声调的边界宽度来看，虽然也有5组略微超过了3，但是超过的并不多，我们认为还是可以体现边界的陡峭性。也就是说，除了以上列出的3组异常值，在本书实验中，各组民族地区被试均能够在语言学层面上区分各组普通话声调连续统的音位范畴。

从行为学层面上来说，如果被试能够将刺激分为不同的范畴，那么应该也能够区分不同范畴间的刺激，而忽略相同范畴内刺激的微弱区别，即在识别边界处体现出区分波峰的存在（Liberman et al.，1957；Studdert-Kennedy et al.，1970；Xu et al.，2006；Peng et al.，2010；Chen et al.，2017；于谦，2017）。但是对于如何判断区分波峰，以往研究采用的方法多样，并无定论，判断结果还与实验设计中样本对所选取的间隔长短有着显著的关联（Xu et al.，2006；Jiang et al.，2012；Chen et al.，2017；于谦，2017）。我们采取第二章第三节提出的数据分析方法对所有实验结果进行统计分析，可以发现，每组声调连续统中，普通话母语者的区分曲线图实际上都可以观察到明显的起伏及波峰，各组样本对的区分率之间在统计上也存在显著差异，而其他民族地区被试的实验结果中，却存在各组样本对的区分率之间不存在显著差异，区分曲线几乎是一条直线的情况。综合考量对区分曲线的观察结果和统计结果，如果被试的区分曲线各样本对区分率之间无显著差异，观察不到任何起伏，或者完全偏离识别边界，我们认为可以判断为不存在区分波峰，但是如果能观察到起伏和波峰，且各组样本对区分率之间存在显著差异，我们认为能够在行为学意义上体现范畴感知的特点，只是感知的范畴化程度有所不同。

综合观察与统计得出的数据，各组被试对普通话各声调连续统的感知模式如表9-1所示：普通话母语者能够对普通话各声调连续统建立典型的范畴感知；对于T1-T2、T1-T4和T2-T4声调连续统，各组民族地区被试均为范畴感知；对于T2-T3声调连续统，各组民族地区被试均为连续感知，其中藏语拉萨话母语者不能区分本组音位范畴，载瓦语母语者不能区分当母本为T3时的本组音位范畴；对T1-T3声调连续统，德宏傣语母语者为连续感知，其他各组民族地区被试均为范畴感知；对于T3-T4声调连续统，当母本为T4时，德宏傣语和载瓦语母语者为连续感知，其他各组民族地区被试为范畴感知。

表 9-1　各组被试对普通话各声调连续统的感知模式

声调连续统	母本	普通话	藏语拉萨话	德宏傣语	载瓦语	石门坎苗语	延边朝鲜语
T1-T2	T1	范畴感知	范畴感知	范畴感知	范畴感知	范畴感知	范畴感知
	T2	范畴感知	范畴感知	范畴感知	范畴感知	范畴感知	范畴感知
T1-T3	T1	范畴感知	范畴感知	连续感知	范畴感知	范畴感知	范畴感知
	T3	范畴感知	范畴感知	连续感知	范畴感知	范畴感知	范畴感知
T1-T4	T1	范畴感知	范畴感知	范畴感知	范畴感知	范畴感知	范畴感知
	T4	范畴感知	范畴感知	范畴感知	范畴感知	范畴感知	范畴感知
T2-T3	T2	范畴感知	无法区分	连续感知	连续感知	连续感知	连续感知
	T3	范畴感知	无法区分	连续感知	无法区分	连续感知	连续感知
T2-T4	T2	范畴感知	范畴感知	范畴感知	范畴感知	范畴感知	范畴感知
	T4	范畴感知	范畴感知	范畴感知	范畴感知	范畴感知	范畴感知
T3-T4	T3	范畴感知	范畴感知	范畴感知	范畴感知	范畴感知	范畴感知
	T4	范畴感知	范畴感知	连续感知	连续感知	范畴感知	范畴感知

进一步分析各组民族地区被试与普通话母语者感知的差异，如表 9-2 所示，各组民族地区被试的识别边界普遍大于普通话母语者，部分虽然小于普通话母语者，但在统计上都并不具有显著意义（p>0.05），这说明与母语者相比，非母语者往往需要更多"步长"才能判断两个声调之间的差异。表 9-2 还显示，除了延边朝鲜语母语者，各组民族地区被试的边界宽度均大于普通话母语者，即感知范畴化程度均小于母语者，只是部分结果在统计上差异不显著（p>0.05），而延边朝鲜语母语者的边界宽度与普通话母语者极其接近，甚至部分窄于普通话母语者。

表 9-2　各组被试对普通话各声调连续统的识别边界（Xcb）和边界宽度（Wcb）

声调连续统	母本	普通话 Xcb	普通话 Wcb	藏语拉萨话 Xcb	藏语拉萨话 Wcb	德宏傣语 Xcb	德宏傣语 Wcb	载瓦语 Xcb	载瓦语 Wcb	石门坎苗语 Xcb	石门坎苗语 Wcb	延边朝鲜语 Xcb	延边朝鲜语 Wcb
T1-T2	T1	3.66	0.89	4.41	2.06	4.59	3.03	4.91	3.21	4.57	2.17	3.92	1.54
	T2	4.24	1.39	4.79	2.21	4.55	2.16	5.11	2.63	4.81	1.83	4.31	1.38
T1-T3	T1	5.12	1.83	4.91	2.17	5.41	2.06	5.32	2.68	5.06	3.09	4.66	1.43
	T3	5.04	1.48	4.71	1.77	5.33	1.90	4.89	2.96	5.13	2.18	4.56	1.38
T1-T4	T1	3.60	0.85	3.73	2.39	4.31	1.61	4.26	1.81	3.40	1.66	3.23	1.40
	T4	3.54	0.91	3.67	1.62	4.24	2.76	4.45	2.04	3.60	1.29	3.58	1.41
T2-T3	T2	7.38	1.61	7.96	26.83	6.32	2.69	6.96	2.74	7.15	3.36	6.80	2.74
	T3	7.21	2.15	2.33	31.66	7.08	2.73	6.28	14.83	7.06	2.65	6.74	2.78
T2-T4	T2	5.74	1.12	5.57	2.04	6.17	1.42	6.36	1.67	5.70	1.75	5.49	1.33
	T4	5.60	0.78	5.54	1.34	6.07	1.45	6.84	1.67	5.83	2.13	5.57	1.03
T3-T4	T3	4.64	1.08	4.69	1.24	5.32	1.60	5.57	1.93	5.09	2.33	4.88	1.52
	T4	5.61	2.57	5.99	1.66	6.40	1.87	6.72	1.91	6.30	3.18	5.91	1.22

从区分峰度上来看，如表 9-3 所示，除了延边朝鲜语母语者，各组民族地区发音人对普通话各声调连续统的区分峰度均小于普通话母语者，即感知范畴化程度均小于普通话母语者，只是部分结果在统计上差异不显著（p>0.05）。而延边朝鲜语母语者的区分峰度与普通话母语者极为接近，甚至部分大于普通话母语者。

综合"边界宽度"与"区分峰度"两个参数，可以看出，除延边朝鲜语母语者以外的各组民族地区发音人，感知范畴化程度均小于普通话被试，延边朝鲜语母语者的感知范畴化程度几乎已经可以达到普通话母语者的水平。

表 9-3 各组被试对普通话各声调连续统的区分峰度

声调连续统	母本	普通话	藏语拉萨话	德宏傣语	载瓦语	石门坎苗语	延边朝鲜语
T1-T2	T1	40.00%	10.55%	26.35%	5.44%	14.09%	35.99%
	T2	33.48%	19.57%	16.23%	14.80%	21.71%	30.81%
T1-T3	T1	12.14%	16.22%		8.11%	12.90%	17.65%
	T3	17.24%	14.74%		11.73%	17.38%	22.06%
T1-T4	T1	35.95%	22.27%	15.99%	18.38%	33.13%	24.86%
	T4	23.62%	17.99%	11.15%	4.81%	19.68%	19.05%
T2-T3	T2	10.38%					
	T3	12.19%					
T2-T4	T2	30.95%	22.81%	13.97%	16.75%	20.24%	28.29%
	T4	29.52%	20.40%	6.47%	9.18%	17.98%	21.25%
T3-T4	T3	26.90%	17.50%	7.92%	5.44%	16.47%	26.86%
	T4	9.76%	7.18%			4.17%	7.35%

为了更好地分析各组民族地区被试与普通话母语者在感知普通话声调时的感知距离，我们采用带惩罚项的层次聚类算法，选取"边界宽度"和"区分峰度"两个参数，对各组被试的整体感知结果进行聚类分析。这种算法通过增加每组被试感知结果之间的距离，可以尽可能将相近的感知结果聚到一起。具体做法为：（1）将所有被试对所有声调连续统的边界宽度和区分峰度标准化后，用 $\{x_1, x_2, \ldots, x_n\}$ 表示，向量 $x_i=\{$被试感知第 i 组声调对应的边界宽度和区分峰度$\}$，每一个 x_i 作为一个初始簇。（2）计算距离矩阵：$D(x_i, x_j)=\text{distance}(x_i, x_j)$，其中 D 代表距离矩阵，distance 一般选取欧式距离。（3）将距离最近的样本合并为一个簇，计算新的簇之间的距离（最短距离），再将距离最近的簇合并为一个簇。（4）重复步骤（3），直到所有样本合并为一个簇。此外，为了尽量把同一种语言背景的被试的所有感知结果尽可能聚集到一起，我们在方法中第 2 步的距离矩阵再增加一个惩罚项：$D(x_i, x_j)=\text{distance}(x_i, x_j)+\lambda I$ （x_i, x_j 属于不同的语言被试）。其中，$I(.)$ 是示性函数。当 x_i, x_j 属于不同的语言被试时，$I(.)=1$，否则为 0。

聚类分析结果如图 9-1 所示，整体来看，各组民族地区被试的感知实验结果基本能够聚集到一起，与普通话母语者的整体感知距离如下：延边朝鲜语母语者＜石门坎苗语母语者＜藏语拉萨话母语者＜德宏傣语母语者＜载瓦语母语者。具体来看，延边朝鲜语母语者与普通话母语者的感知结果最为接近；藏语拉萨话母语者和石门坎苗语母语者的感知距离最近；德宏傣语母语者与载瓦语母语者的感知距离最近；载瓦语母语者的感知结果与普通话母语者差距最大。图 9-1 也可以看出，T2-T3 声调连续统的实验结果最为异常，基本都独立成簇，即使是与普通话母语者感知结果较为接近的石门坎苗语母语者和延边朝鲜语母语者，他们对 T2-T3 声调连续统的感知距离也与普通话母语者差异很大，感知结果聚集到了载瓦语母语者的一侧。

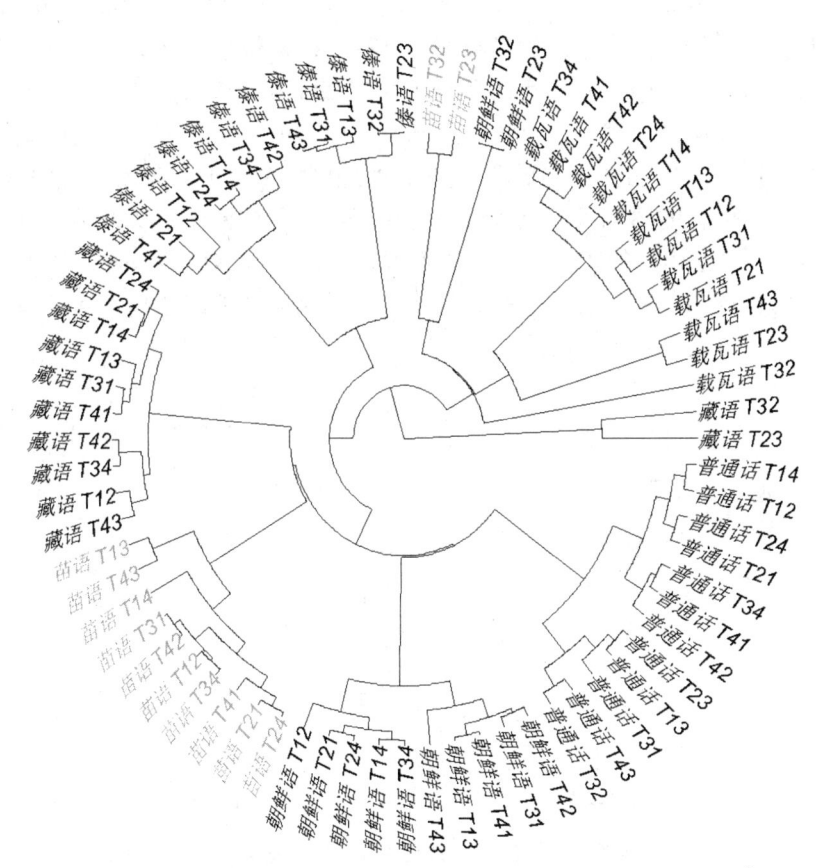

图 9-1　不同民族地区发音人对普通话各声调连续统的感知距离 ①

---

① 为了方便作图，本节图中用数字来代表所合成的普通话各组声调连续统，如 T12 代表 T1-T2（T1 母本）声调连续统，T21 则代表 T1-T2（T2 母本）声调连续统，下文同。

二 各组被试对普通话声调的感知范畴化程度

为了进一步探讨各组被试在感知普通话不同声调连续统时的范畴化程度，我们继续采用层次聚类的方法，对各组民族地区被试感知普通话不同声调连续统的实验结果进行如下分析。

（一）T1-T2声调连续统

对各组被试感知T1-T2声调连续统的"边界宽度"与"区分峰度"这两个参数进行聚类，结果如图9-2所示。合成母本为T1时，可以看出，各组被试的范畴化程度被明显分为了两大类，第一类是延边朝鲜语母语者与普通话母语者，第二类是藏语拉萨话、德宏傣语、载瓦语和石门坎苗语母语者，其中藏语拉萨话和石门坎苗语母语者感知范畴化程度更为接近，德宏傣语与载瓦语母语者感知范畴化程度更为接近；合成母本为T2时，结果同样分为明显的两大类，只是在第二类中，藏语拉萨话和德宏傣语母语者的感知范畴化程度更为接近。聚类结果还反映了对普通话T1-T2声调连续统的感知中，延边朝鲜语母语者能够达到与普通话母语者极为接近的范畴化感知水平，其他各组民族地区被试感知本组声调连续统的范畴化程度相对较低。

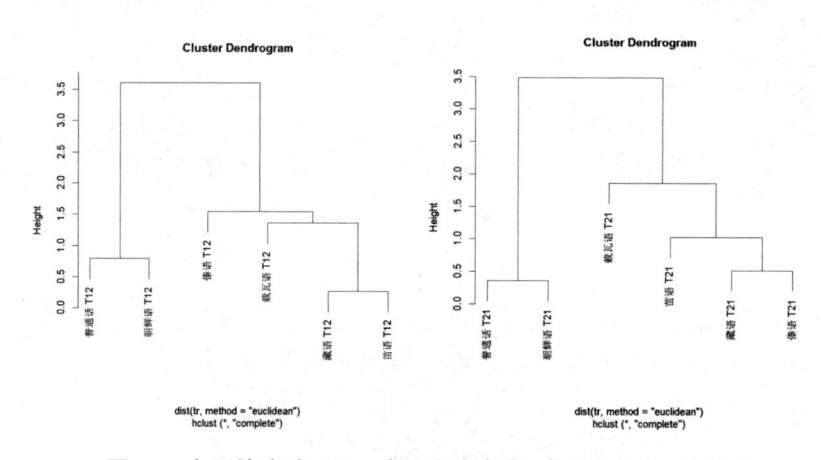

图9-2 各组被试对T1-T2声调连续统感知范畴化程度层次聚类

（二）T1-T3声调连续统

对各组被试感知T1-T3声调连续统的"边界宽度"与"区分峰度"这两个参数进行聚类，结果如图9-3所示。合成母本为T1时，各组被试的感知范畴化程度可以分为三类：第一类是延边朝鲜语、普通话和藏语拉萨话母语者，其中普通话和藏语拉萨话母语者感知范畴化程度更为接近；第二类是载瓦语与石门坎苗语母语者；第三类是德宏傣语母语者。合成母本为 T3 时，结果同样如此，只是普通话母语者和延边朝鲜语母语者的感知范畴化程度更为接近。聚类结果反映了对普通话 T1-T3 声调连续统的感知中，延边朝鲜语和藏语拉萨话母语者能够达到与母语者极为接近的范畴化感知水平，载瓦语和石门坎苗语母语者的感知范畴化程度相对较低，而德宏傣语母语者在前文已被判定对 T1-T3 声调连续统是连续感知，显然在这里也被单独归类。

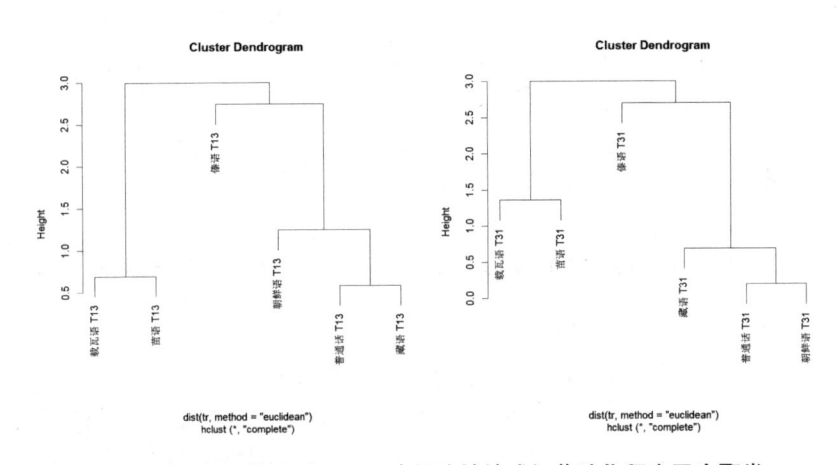

图 9-3　各组被试对 T1-T3 声调连续统感知范畴化程度层次聚类

（三）T1-T4 声调连续统

对各组被试感知 T1-T4 声调连续统的"边界宽度"与"区分峰度"这两个参数进行聚类，结果如图 9-4 所示。结合表 9-2 与 9-3 的数据来看，合成母本为 T1 时，各组被试的感知范畴化程度可被分为两类：第一类是普通话、石门坎苗语和延边朝鲜语母语者，其中石门坎苗语和延边朝鲜语母语者更为接近，范畴化感知水平稍弱于普通话母语者；第二类是藏语拉萨话、德宏傣语和载瓦语母语者，其中德宏傣语和载瓦语母语者的感知范畴化程度更为接近，稍弱于藏语拉萨话母语者。合成母本为 T4 时，各组被试的范畴化程度同样分为两类：第一类是普通话、藏语拉萨话、石门坎苗语和延边朝鲜语母语者，其中石门坎苗语和延边朝鲜语母语者更为接近，范畴化感知程度稍弱于藏语拉萨话和普通话母语者；第二类是德宏傣语和载瓦语母语者，他们的范畴化感知程度极为接近。合成母本不同时，聚类结果的差别主要在于藏语拉萨话母语者的归类。综上，延边朝鲜语、石门坎苗语和藏语拉萨话母语者对普通话 T1-T4 声调连续统的感知范畴化程度与普通话母语者更为接近，载瓦语和德宏傣语母语者的感知本组声调连续统的范畴化程度则相对较低。

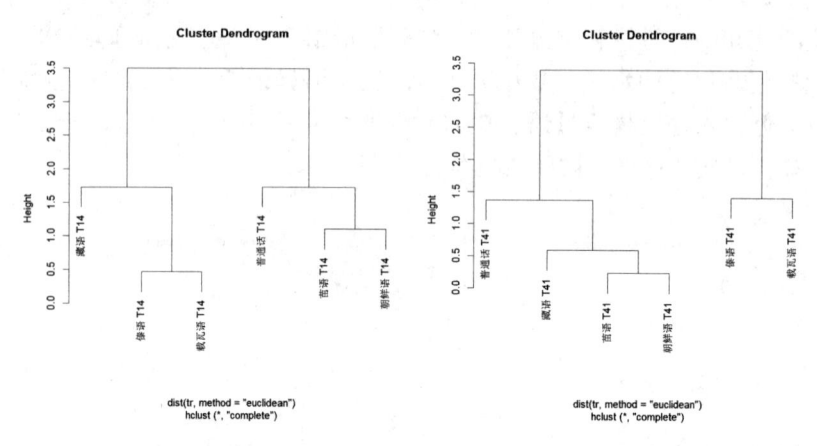

图 9-4　各组被试对 T1-T4 声调连续统感知范畴化程度层次聚类

（四）T2-T3 声调连续统

对各组被试感知 T2-T3 声调连续统的"边界宽度"与"区分峰度"两个参数进行聚类，结果如图 9-5 所示。合成母本为 T2 时，各组被试明显分为三类：普通话母语者、藏语拉萨话母语者、其他组被试。合成母本为 T3 时，各组被试被明显分为四类：普通话母语者、藏语拉萨话母语者、载瓦语母语者、其他组被试。聚类结果与前文对各组被试范畴感知模式的判断一致，即无论合成母本为何，藏语拉萨话母语者都无法区分 T2-T3 的音位范畴，载瓦语母语者在合成母本为 T2 时，能够区分这组声调连续统的音位范畴，但合成母本为 T3 时，同样无法区分。除了普通话母语者，其他民族地区发音人能够区分音位范畴，但对 T2-T3 声调连续统的感知模式为连续感知，与普通话母语者差异较大。

值得注意的是，对普通话其他各声调连续统的感知范畴化水平几乎与普通话母语者没有差异的延边朝鲜语母语者，对 T2-T3 声调连续统也是连续感知模式，在前文数据分析中，我们也看到，延边朝鲜语母语者对本组声调连续统的识别曲线仍然较为陡峭，但边界宽度显著大于普通话母语者，区分波峰则几乎不存在，区分曲线几乎是一条直线。

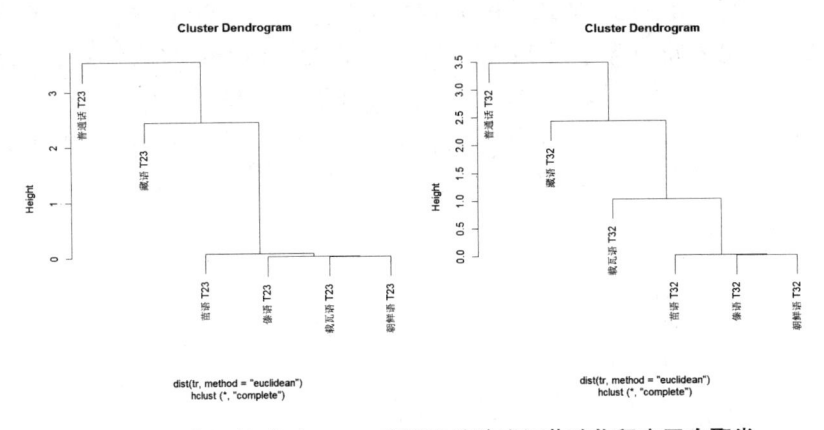

图 9-5　各组被试对 T2-T3 声调连续统感知范畴化程度层次聚类

（五）T2-T4 声调连续统

对各组被试感知 T2-T4 声调连续统的"边界宽度"与"区分峰度"这两个参数进行聚类，结果如图 9-6 所示。合成母本为 T2 时，各组被试被分为两类：第一类为普通话和延边朝鲜语母语者，第二类为其他各组被试，其中德宏傣语、载瓦语和石门坎苗语母语者的感知范畴化程度更为接近，载瓦语和石门坎苗语母语者最近。合成母本为 T4 时，各组被试被分为两类：第一类为普通话母语者、藏语拉萨话母语者和延边朝鲜语母语者，其中延边朝鲜语母语者和藏语拉萨话母语者更为接近，第二类为石门坎苗语、德宏傣语和载瓦语母语者，其中德宏傣语和载瓦语母语者感知范畴化程度更为接近。合成母本不同时，聚类结果的差别主要在于藏语拉萨话母语者的归类。总的来看，藏语拉萨话和延边朝鲜语母语者与普通话母语者对本组声调连续统的范畴化感知程度更为接近，其他各组被试的范畴化感知程度略弱。

值得注意的是，结合表 9-2 与 9-3 的数据综合来看，总体上各组被试在本组实验中的感知范畴化程度都与普通话母语者相差不大。而且在各组被试内部，对 T2-T4 声调连续统的感知范畴化水平也较高。以往研究大多认为：母语者对调型不同尤其是调型相反的声调的感知往往是范畴感知（Abramson，1979；Francis et al.，2003；Xu et al.，2006；杨若晓，2009；Peng et al.，2010；覃夕航，2012；荣蓉，2013；Chen et al.，2017；于谦，2017）。根据 PAM 理论，二语习得者如果能够将两个非母语语音同化进两个母语语音范畴，这种情况下很容易区分。如 So & Best（2010）发现，母语是加拿大英语、粤语和日语的被试，对于调型差别较大的普通话 T1-T3、T2-T4 和 T3-T4 声调连续统感知较为容易，而对调型有相同之处的普通话 T1-T2、T1-T4 和 T2-T3 声调连续统感知较为困难。本书的研究与以往研究一致，非母语被试对母语中存在，且调型差别较大，能同化进不同的母语语音范畴的二语声调感知范畴化程度更高。

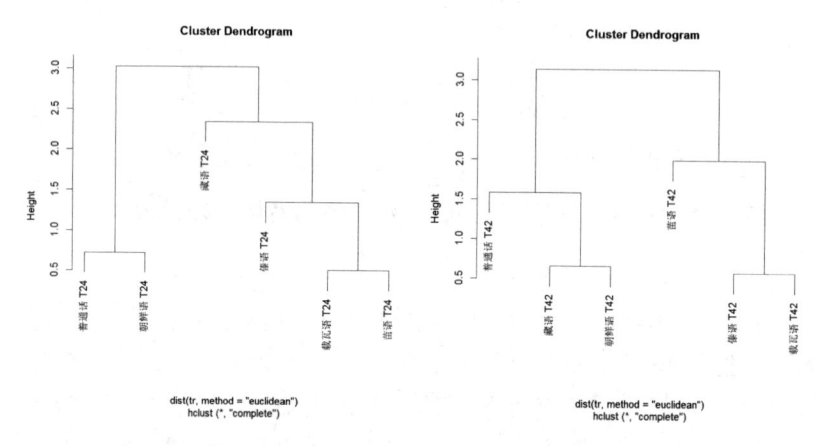

图 9-6　各组被试对 T2-T4 声调连续统感知范畴化程度层次聚类

（六）T3-T4 声调连续统

对各组被试感知 T3-T4 声调连续统的"边界宽度"与"区分峰度"两个参数进行聚类，结果如图 9-7 所示。合成母本为 T2 时，被试被分为三类：第一类为普通话、藏语拉萨话和延边朝鲜语母语者，其中普通话母语者和延边朝鲜语母语者感知结果更为接近，第二类为石门坎苗语母语者，第三类为德宏傣语和载瓦语母语者。合成母本为 T4 时，各组被试也被分为三类：第一类为普通话和石门坎苗语母语者，第二类为藏语拉萨话母语者和延边朝鲜语母语者，第三类为德宏傣语和载瓦语母语者。合成母本不同时，聚类结果的差别主要在于石门坎苗语母语者的归类。本组统计结果显示，藏语拉萨话、延边朝鲜语和石门坎苗语母语者与普通话母语者的范畴化感知程度都比较接近，德宏傣语和载瓦语母语者对本组声调连续统的范畴化感知程度较弱。结合表 9-3 与 9-4 的数据来看，德宏傣语母语者对 T3-T4（T4 母本）声调连续统未建立范畴感知。载瓦语母语者对 T3-T4（T4 母本）声调连续统区分任务完成较差，没有找到区分波峰，所以在这里都被单独归为一类。

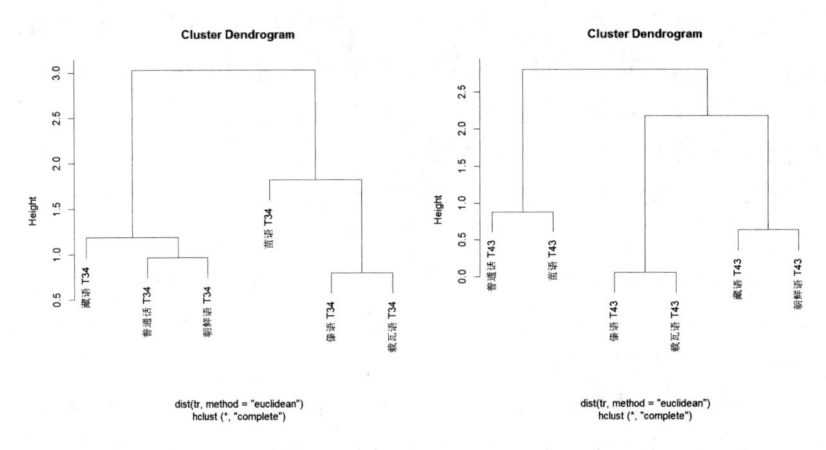

图 9-7　各组被试对 T3-T4 声调连续统感知范畴化程度层次聚类

三　母语声调系统对被试普通话声调感知模式的影响

综合前文统计分析，可以发现，各组被试在感知 12 组普通话声调连续统时，每一种条件下的范畴感知化程度都会受到被试母语中声调经验的影响，而且情况非常复杂，总的来说，母语主要从基频和发声类型两个方面对被试的感知情况造成了影响，具体分析如下：

（一）藏语拉萨话声调系统对被试普通话声调感知模式的影响

藏语拉萨话母语者感知普通话声调的结果中，最显著的特点是，他们对普通话 T2-T3 声调连续统几乎无法区分，而对普通话其他各声调连续统的感知都达到了较高水平。

首先，在第一章中我们提到，普通话阳平调（T2）的音高曲线和全上声（T3）的音高曲线都呈现出"先降后升"的走势，具有一定的相似性，上声的后半部分与去声也有一定的相似性。在以往研究中，对普通话母语者感知阳平和上声是否是范畴感知始终存在争议（刘娟，2004；王韫佳、李美京，2010，2011；王韫佳、覃夕航，2012，2015；Chen，2012；杨若晓，2009；何江等，2011；于谦，2017），无论是普通话母语者中的成人或者儿童，还是不同母语背景的二语习得者，感知和区分普通话 T2-T3 声调一直是难点（Kiriloff，1969；Chuang et al.，1975；Shen & Lin，1991；Tsukada et al.，2014，2016，2018；Wong et al.，2005；Wong，2013；Hao，2018）。还有研究发现，有听力障碍的普通话母语儿童，区分普通话 T2-T3 和 T1-T2 这两组声调最为困难（Zhu et al., 2014）。本书第三章的普通话母语者感知实验结果也发现，两个声调的相似性导致普通话母语者对 T2-T3 声调连续统的感知范畴化程度本身就弱于其他感知声调连续统，那么对于非母语者而言，感知难度也相应要高于其他几组声调连续统，且都受到了各自母语经验的影响。

其次，从第四章我们对藏语拉萨话与普通话声调的对比分析中可以看到，藏语拉萨话中有与普通话 T1 和 T4 类似的高平调和高降调，也有与普通话 T2 和 T3 类似的两类升调，即低升调 13、132 和高升调 114 或 14，但是这几个升调的区分，并不完全依靠基频，因为塞尾、发声类型、元音长短和基频在藏语拉萨话的音位系统中是互补分布的，并有密切的配合关系。孔江平（1995）对藏语拉萨话进行的声调感知识别实验结果显示：当仅改变基频时，母语者对 55-114 调和 53-114 调的感知有明显的范畴感知边界；当基频和时长都有变化时，母语者对 55-13 调和 53-114 调的范畴感知边界也十分显著；当仅改变时长时，被试对 114-13 调的感知虽然也是范畴感知，但范畴感知边界不如其他各组明显，也就是说，虽然时长对这组声调对立的感知起主要作用，但可能还有其他因素同样对这组声调的感知有影响。杨洁等（2023）进一步研究发现，藏语拉萨话母语者在区分低升调 23、232（即前人研究中的 13、132 调）时，主要是依靠喉塞韵尾，而不是声调，因此可以将 23 和 232 合并为一个调位，进而说明藏语拉萨话从认知上应归为四个声调。由此推测，藏语拉萨话母语者在感知藏语拉萨话 13、132 和 114 调时，依靠的并不仅仅是基频，而更多的是塞尾、发声类型和元音长短等特征，所以基频在这里仅仅是这组升调的一个次要区别性特征，且对应的心理实体实际上只有一个，而普通话中却有两个升调。那么当我们仅改变基频合成普通话声调连续统的情况下，可能如 PAM 理论所述，藏语拉萨话母语者把阳平与上声这两个非母语语音同化进同一个母语语音的范畴，即他们母语中本身不能仅依靠基频来区分的这组升调，且认为这两个声调与该母语语音的相似度是一致的，那么自然难以区分。

最后，本书中藏语拉萨话母语者对 T1-T2、T1-T4、T1-T3、T2-T4、T3-T4 这五组声调连续统基本都建立了类似普通话母语者的范畴感知，与孔江平（1995）的研究中藏语拉萨话母语者对藏语拉萨话中高平调-高升调、高升调-高降调、高平调-高降调的感知有显著的范畴感知边界是有一定联系的，即母语经验中已有的声调系统对被试感知普通话中相似的声调有一定的帮助。例如，藏语拉萨话中有与普通话 T1 和 T4 类似的高平调和高降调，也有与普通话 T3 类似的调型，即低升调 132，根据 PAM 理论，藏语拉萨话母语者如果能够将 T1 与 T3 分别同化为其母语的高升调与低升调，那么对这两组声调的区分不会太难，因此藏语拉萨话母语者对 T1-T3 声调连续统的范畴化感知水平与普通话母语者较为接近。此外，本组实验结果也能够证明，仅从基频的角度来划分声调的做法是有缺陷的，感知与认知的研究能够为藏语拉萨话声调调位的划分提供重要线索和证据。

（二）德宏傣语声调系统对被试普通话声调感知模式的影响

德宏傣语母语者感知普通话声调的特点是，他们对普通话 T1-T3、T2-T3 和 T3-T4（T4 母本）声调连续统未建立范畴感知，对 T1-T2、T1-T4、T2-T4、T3-T4（T3 母本）声调连续统能够建立范畴感知，但感知范畴化水平均低于普通话母语者。

可以看出，德宏傣语母语者不能建立范畴感知的普通话声调连续统都包含 T3。我们在第五章中对德宏傣语声调与普通话声调的对比分析中可以发现，德宏傣语声调调型多，系统复杂，但是普通话的高平调、高升调、高降调在傣语声调系统中都有对应的声调存在，仅有 T3，在德宏傣语声调系统中未能找到完全对应的声调。因此被试对于母语中本身缺失的 T3，自然难以识别与区分。

此外，德宏傣语母语者感知 T1-T4 声调连续统的范畴化程度相对较低。从第五章对德宏傣语声调系统的分析中可以发现，德宏傣语的声调系统中的降调不止一个，远多于普通话声调系统。由此推测，降调过多或许是德宏傣语母语者对普通话声调系统中仅有的一个高降调的识别与区分敏感性降低的原因。

对于德宏傣语母语者能够建立范畴感知的 T1-T2、T1-T4、T2-T4、T3-T4（T3 母本）声调连续统，对比"识别宽度"和"区分峰度"二指标，德宏傣语母语者的感知范畴化程度也均弱于普通话母语者。我们在第一章中提到，一些学者认为声调语言经验有助于学习者更好地感知二语声调（Lee et al., 1996；Wayland & Guion, 2004；Zheng et al., 2010；Qin & Mok, 2011；Schaefer & Darcy, 2014；Li, 2016）。本书的实验结果证明，虽然德宏傣语的声调系统均比普通话声调数量要多，也更为复杂，但是在范畴感知的框架下，这类更为复杂的声调系统并没有对提高被试感知二语声调范畴化程度起到实质性的帮助作用。也就是说，即使被试具备声调语言的母语背景，在范畴感知框架下感知二语声调时，也往往达不到母语者的水平。

（三）载瓦语声调系统对被试普通话声调感知模式的影响

载瓦语母语者展现的显著特点，也是对 T2-T3 声调连续统的感知模式与其他各组显著不同。但是，与藏语拉萨话母语者和德宏傣语母语者的感知实验结果还不一样的是，当 T2-T3 声调连续统的合成母本不同时，载瓦语母语者的感知结果差异显著。

从前文中对载瓦语与普通话声调系统的对比中我们可以发现，载瓦语声调系统中存在与普通话类似的高降调和高平调，但是缺失一个类似上声 214 的声调，且只有 1 个升调。可能也如 PAM 模型所述，载瓦语母语者将非母语语音中两个比较相似的声调 T2 和 T3 同化进同一个母语语音范畴，那么自然难以识别和区分。但是，母本为 T2 时，虽然区分曲线没有产生波峰，但识别边界较为陡峭，说明载瓦语母语者在这种情况下是能够区分 T2 和 T3 这两个不同的音位范畴的。但当合成母本是 T3 时，载瓦语母语者却不能区分这两个音位范畴。这种感知结果差异的原因是什么？我们可以从发声类型的角度来进行讨论。

众所周知，普通话的发声类型虽然在语音学上不具有区分意义的功能，但在声调高低不同时，发声类型是存在变化的。前文提到，普通话声调最重要的发声特征是上声在中间的低调部分会出现 "挤喉嗓音"（creaky voice）（孔江平，2001，2007；Keating & Esposito，2007）。而载瓦语的元音有发声类型的对立，且与声调相互配合，紧嗓音的发声类型与普通话上声的挤喉嗓音有相似之处。而且，载瓦语的紧嗓音在 35 调中是不会出现的，即在载瓦语母语者认知空间中，升调只有一个 35 调，且发声类型一定是正常嗓音。所以，当 T2-T3 声调连续统的合成母本是正常嗓音的 T2 调时，载瓦语母语者可以清晰地识别出 "基频+发声" 均与其母语 35 调类似的 T2，将其与母语中缺失的挤喉嗓音 T3 区分。而当合成母本为带有挤喉嗓音的 T3 时，基频虽然逐步从 214 调变化为 35 调，但发声类型却与载瓦语 35 调不同，于是载瓦语母语者就很难识别区分同带 "挤喉嗓音" 的普通话 T2 与 T3 调。对照 T1-T3 声调连续统的感知结果来看，无论母本为何，载瓦语母语者对这组声调连续统的识别边界都非常陡峭，当母本为 T1，基频从 T1 变化到 T3，载瓦语母语者对 T1 的识别率从接近 100% 降至接近 0%，对 T3 的识别率从接近 0% 升至接近 100%；当母本为 T3 时亦是如此，说明载瓦语被试能够清楚地区分 T1 和 T3 这两个声调的音位范畴，这是因为载瓦语的高平调中可以出现正常嗓音，也可以出现紧嗓音。所以当 T1 为母本时，被试很容易识别与区分正常嗓音的高平调与正常嗓音的升调；当 T3 为母本时，挤喉嗓音的高平调也同样可以轻易被识别出来，将其与母语中不存在的挤喉嗓音 T3 调区分。同样可以作为参考的还有 T1-T2 声调连续统。这些感知结果可以证明，载瓦语母语经验中的发声类型和声调基频对载瓦语母语者感知二语声调结果都有重要贡献，都具有语言学意义。

对于 T3-T4（T4 母本）声调连续统，载瓦语母语者的区分任务完成较差，没有找到区分波峰，可能也与 T3 的发声类型相关，但是具体原因还需进一步研究。

对于 T1-T4 声调连续统，载瓦语母语者的感知范畴化程度也相对较低。从前文对载瓦语声调系统的分析中可以发现，载瓦语的声调系统中降调也不止一个，多于普通话声调系统。由此推测，降调过多或许是载瓦语母语者和德宏傣语母语者一样，对于普通话声调系统中仅有的一个高降调的识别与区分敏感性降低的原因。

（四）石门坎苗语声调系统对被试普通话声调感知模式的影响

除了 T2-T3 声调连续统，石门坎苗语母语者对普通话其他声调连续统均建立起了范畴感知，但感知范畴化程度均弱于普通话母语者。从第七章我们对石门坎苗语与普通话声调的对比分析中发现，石门坎苗语声调调型多，系统复杂，但是普通话的高平调、高升调在石门坎苗语声调系统中都有对应的声调存在。仅 T3，在石门坎苗语声调系统中未能找到完全对应的声调。因此石门坎苗语母语者的情况与前文讨论的其他各组民族地区发音人类似，对于母语中本身的缺失，目标语中又比较相似的两个声调 T2 和 T3，难以识别和区分。而由于石门坎苗语声调系统中的升调调值为 14，且跟载瓦语不同，不存在发声类型的影响，因此无论合成的母本是 T2 还是 T3，石门坎苗语母语者虽然都能够区分这两个音位范畴，但是不能建立范畴感知。

此外，石门坎苗语母语者对普通话其他各组声调连续统能够建立范畴感知，识别结果与区分结果的感知范畴化程度完全一致，即 T1-T4>T2-T4>T1-T2>T1-T3>T3-T4。可以看出，当声调连续统中包含高降调 T4 且不包含 T3 时，石门坎苗语母语者的感知范畴化程度显然更高。对比"识别宽度"和"区分峰度"二指标，石门坎苗语母语者的感知范畴化程度均弱于普通话母语者。这说明了与德宏傣语被试情况一样，声调系统的复杂性并没有对提高被试感知二语声调范畴化程度起到实质性的帮助作用。

（五）延边朝鲜语语音系统对被试普通话声调感知模式的影响

从实验结果来看，延边朝鲜语母语者对普通话各组声调连续统整体上已经建立起了接近或达到普通话母语者的感知范畴化程度。除了T2-T3声调连续统,他们感知其他各组声调连续统的识别边界、边界宽度和区分峰度与普通话母语者的差异都不显著。虽然延边朝鲜语母语者的 Pbc 值和 Pwc 值均小于普通话母语者,但差异并不显著,Pbc 值的降低意味着范畴间区分能力的弱化,但 Pwc 值的降低意味着范畴内刺激敏感程度的提高——因为这些刺激属于同一范畴,所以不需要过多注意细节(张林军,2010a,b)。这一结果说明,某些刺激尽管被归入同一声调范畴,但延边朝鲜语母语者已经可以像普通话母语者一样很容易忽略它们之间物理属性的差异,也就是说,在声调范畴化的精细化能力上,延边朝鲜语母语者也几乎能够达到普通话母语者的水平。那么,为什么延边朝鲜语母语者对普通话声调建立了这么高的感知范畴化水平?甚至超越了德宏傣语、载瓦语和石门坎苗语等声调语言母语者的表现呢?我们推测,这可能是延边朝鲜语母语者的语言经验与我们所选的被试所处的语言环境共同导致的。

首先,我们在第一章中提到,有一些研究表明,母语的声调语言经验对感知二语声调没有帮助,甚至还会造成消极的影响(So,2005;Tsukada et al.,2018;Wang,2013;Francis et al.,2008;So & Best,2010;Wu et al.,2012)。延边朝鲜语这种声调系统更为简单的"音高重音语言",不能归为"声调语言",和其他各组被试的母语背景相比,与普通话声调系统差异更大,因此可能如 SLM 模型所述,被试反而更容易建立一个新的语音范畴(Flege,1987,1995,1999;Flege & Bohn,2021;张林军,2010a,b;康宇等,2017),最终导致对普通话声调的感知范畴化水平很高,几乎接近或者达到了母语者的程度。

其次,从延边朝鲜语的语音系统来看,我们在第八章中提到,延边朝鲜语在词汇层面存在音高重音,汉语借词也与普通话声调有着密切的关系,所以延边朝鲜族群体对普通话音节声调音高高点(如阴平和去声的起点音高较高,上声较低)比较敏感,对音节间声调音高变化也比较敏感。前人研究中,母语为英语、韩语、维吾尔语等语言的人没有任何声调和音高重音的经验,因此对声调的感知只能是基于声调之间物理属性的差异,很难建立起与普通话母语者相同的声调感知模式。张林军(2010a,b)认为日语的音高模式对普通话声调的范畴化知觉没有本质影响,或许因为他所采用的被试是"零起点"的汉语学习者,这种音高模式有可能在学习者的二语水平达到一定水平时才能够产生作用。所以,延边朝鲜语母语者在词汇层面存在的音高重音和对普通话音节声调音高高点的敏感，对音节间声调音高变化的敏感对他们感知普通话声调是有一定帮助的。特别是他们的感知实验结果中，延边朝鲜语母语者边界宽度最窄的是 T2-T4 声调连续统，区分峰度最高的则为 T1-T2 声调连续统，而两项指标均略优于普通话母语者的是 T1-T3 声调连续统。这可以在一定程度上证明，我们在第八章中对延边朝鲜族群体对声调的高低（T1 和 T3）以及声调的升降（T2 和 T4）具有一定感知优势的推测。

再次，我们要注意到，本书所选择的延边朝鲜语母语者均为高校在读大学生，他们所受教育程度较高，在大学与同学、老师的交流语言多使用普通话。而本书所选取的其他各组民族地区被试，除藏语拉萨话母语者是高校在读大学生外，其他各组民族地区被试的年龄和所受教育水平都有一定的差异。也就是说，延边朝鲜语母语者和藏语拉萨话母语者所处的语言环境中普通话的使用率相对较高，他们使用普通话的"等价时间"相对较多，这验证了 SLM 模型的推测，语音经验越丰富的二语学习者，越能正确产出和感知二语语音。但是，如果想更好地对比不同民族地区被试对普通话声调的感知情况，我们今后还应该统一被试的年龄、受教育水平和普通话水平来开展进一步的实验和讨论。

最后，有趣的是，虽然延边朝鲜语母语者对普通话其他各声调连续统基本建立了与普通话母语者类似的较高的范畴感知，但对 T2-T3 声调连续统的感知范畴化程度远低于普通话母语者，边界宽度显著大于普通话母语者，区分峰度几乎不存在，区分曲线几乎是一条直线。这同样与 T2 和 T3 的相似性有关。在前人的研究中，王韫佳等（2011）发现，韩国高级学习者对普通话 T2 和 T3 调的感知未能建立起接近母语者的感知模式。金哲俊（2014）所做的朝鲜族学生汉语单音字声调发音的统计，也可以明显看出学生发音中的 T2 和 T3 调型非常相似，均为先降后升。本书的数据证明，语音的相似度是学习 T2 和 T3 的难点问题，高级阶段学习者即使能对普通话其他各组声调连续统建立起接近于普通话母语者的范畴感知，但对 T2-T3 声调连续统的感知范畴化程度仍然很低。

四 母语声调系统对被试普通话声调感知范畴的影响

本书第三至第八章还考察了不同民族地区发音人对普通话声调在不同声调连续统中的感知范畴，表 9-4 为各组被试对四个声调的平均感知范畴，整体上来看仍然是延边朝鲜语母语者与普通话母语者最为接近。藏语拉萨话母语者的 T2 范畴显著小于普通话母语者，T3 范畴显著大于普通话母语者，这与藏语拉萨话母语者不能区分 T2 和 T3 这两个音位范畴有关。德宏傣语母语者的 T1 范畴显著大于普通话母语者，T4 范畴显著小于普通话母语者，可以猜测，这也与傣语声调系统中多达 3 个降调有关，可能会使德宏傣语母语者对普通话声调系统中仅有的一个高降调的识别与区分敏感性降低。载瓦语母语者同样是 T1 范畴显著大于普通话母语者，T4 范畴显著小于普通话母语者，而且 T4 为合成母本时，T1-T4 对立组的区分波峰不能对应识别边界。这与德宏傣语母语者的情况类似，可能是由于载瓦语声调系统中也不止一个降调，载瓦语母语者对普通话声调系统中仅有的一个高降调的识别与区分敏感性降低。此外，载瓦语的 T3 范畴也显著大于普通话母语者，这与前文提到的载瓦语母语者不能区分 T2-T3（T3 母本）声调连续统的音位范畴有关。石门坎苗语母语者感知普通话四声边界范畴变化趋势虽然与普通话母语者很相似，但是 T4 的范畴还是略小于普通话母语者，仍然可以推测，这也与石门坎苗语声调系统中的降调多达 4 个有关，其中 3 个是低降调，1 个更类似高平调，T6 和 T8 两个降调中的发声类型还有差别，所以降调的复杂性在这里似乎对石门坎苗语母语者感知普通话声调系统中的降调有一定的影响，但进一步解释还需要更多的实验证明。

表 9-4　各组被试对普通话声调的平均感知范畴

普通话声调	普通话	藏语拉萨话	德宏傣语	载瓦语	石门坎苗语	延边朝鲜语
T1	4.20	4.37	4.74	4.82	4.43	4.04
T2	6.67	5.7	6.41	6.4	6.39	6.4
T3	4.92	5.8	5.08	5.47	5.17	5.34
T4	6.21	6.14	5.01	5.3	6.01	6.22

五　再论声调范畴感知的判断和比较标准

在本章第一节和第二节中，我们从语言学和行为学两个层面上对"音位范畴"和"范畴感知"进行了讨论，并对各组民族地区被试与普通话母语者的感知距离、感知范畴化程度进行了判断和对比，但是行为学层面上"范畴感知"的判断标准和"范畴化程度"的比较标准，是否具有普适性与合理性，仍然值得进一步研究。

首先，从识别边界来看，如果排除显著异常值（即在语言学层面上也不能区分声调音位范畴的情况），我们再把各组被试对普通话各组声调连续统的边界宽度按照从大到小的顺序排列，可以发现如图 9-8 所示，所有边界宽度的范围都在 3.5 以内，基本没有超过普通话母语者的最大边界宽度，而且变化趋势是一个平滑的曲线，不存在显著的分类。也就是说，根据母语者的边界宽度，来定义二语习得者在行为学层面上范畴感知的判断标准是合理的。不过，这个标准是否适用于所有的情况，还需要更多的数据来证明。

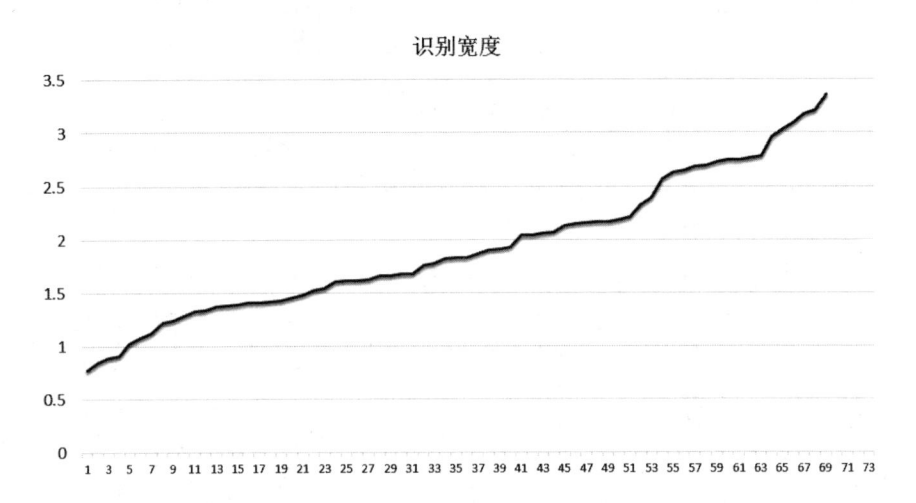

图 9-8　各组被试边界宽度排序

其次，前文提到，行为学意义上的"范畴感知"标准，除了陡峭的识别边界，还需要在边界处有显著的区分波峰（Liberman et al., 1957; Studdert-Kennedy et al., 1970; Xu et al., 2006; Peng et al., 2010; Chen et al., 2017; 于谦，2017）。但是，我们通过观察和统计发现，本书实验结果中大部分区分曲线的区分波峰都不是一个显著的尖峰，即在每组区分实验结果的内部，没有哪一个样本对的区分率是显著高于其他所有样本对的，区分波峰范围大多包含了不止一个样本对，而且大部分与识别边界都仅仅是部分对应，或者包含识别边界所跨越的两个样本对。根据区分波峰的形状，以及区分峰值与识别边界的对应情况，从数据上我们可以将区分波峰分为尖峰型、平台型、平缓型三类。如表 9-5 所示，尖峰型区分曲线，其区分率最高值与次高值，即峰顶差在 10% 以上；而区分率最高值与最低值，即峰谷差基本在 25% 以上。平台型区分曲线，其峰顶差基本在 10% 以下，峰谷差也在 25% 以上。如果峰顶差小于 10%，峰谷差达不到 25%，各组区分率之间在统计上又存在显著差异，我们也能从区分曲线上观察到起伏,那么我们就认为这是一个平缓型的波峰。综上,我们认为这三类区分波峰的类型都可以在广义上反映"范畴感知"的特点。

表 9-5 各组被试区分实验峰顶差、峰谷差

声调连续统	母本	峰顶(谷)差	普通话	藏语拉萨话	德宏傣语	载瓦语	石门坎苗语	延边朝鲜语
T1-T2	T1	峰顶差	54.67%	36.04%	37.78%	30.48%	31.11%	47.55%
		峰谷差	15.00%	9.68%	13.33%	8.87%	8.06%	16.18%
	T2	峰顶差	52.00%	33.78%	32.22%	27.98%	30.56%	49.02%
		峰谷差	14.33%	13.51%	14.17%	5.36%	10.83%	19.85%
T1-T3	T1	峰顶差	29.33%	34.23%	25.00%	28.57%	31.11%	37.75%
		峰谷差	7.67%	5.18%	8.61%	5.65%	5.28%	11.03%
	T3	峰顶差	36.00%	23.87%	20.56%	29.76%	31.11%	42.65%
		峰谷差	3.67%	1.58%	1.11%	4.17%	6.94%	12.50%
T1-T4	T1	峰顶差	56.00%	38.29%	40.00%	48.81%	31.11%	55.39%
		峰谷差	10.00%	9.68%	11.94%	6.55%	5.28%	19.85%
	T4	峰顶差	44.67%	35.14%	29.44%	33.33%	38.33%	41.67%
		峰谷差	10.67%	9.23%	6.67%	10.71%	12.50%	15.20%
T2-T3	T2	峰顶差	16.67%	4.50%	10.56%	4.76%	3.89%	4.90%
		峰谷差	4.00%	1.80%	1.94%	0.60%	1.11%	1.47%
	T3	峰顶差	22.67%	3.60%	11.67%	8.33%	13.33%	9.31%
		峰谷差	2.67%	0.23%	2.50%	0.89%	1.67%	4.17%
T2-T4	T2	峰顶差	54.00%	54.00%	34.44%	33.33%	36.11%	49.02%
		峰谷差	4.00%	4.00%	1.94%	1.79%	2.22%	4.90%
	T4	峰顶差	54.00%	54.00%	28.89%	22.02%	33.89%	45.59%
		峰谷差	5.33%	5.33%	4.44%	1.79%	5.56%	7.84%
T3-T4	T3	峰顶差	41.33%	27.03%	22.78%	25.00%	27.78%	38.24%
		峰谷差	13.67%	5.18%	7.22%	8.18%	6.11%	6.37%
	T4	峰顶差	29.33%	26.13%	11.11%	10.12%	23.89%	25.00%
		峰谷差	8.00%	9.68%	0.83%	2.38%	10.83%	9.31%

对所有的峰顶峰谷差进行排序,可以发现如图 9-9 所示,从尖峰型波峰到平缓型波峰,峰顶差、峰谷差的差值是平缓变化的,同样不存在显著的分类。这或许可以从一定程度上证明,连续感知与范畴感知这两种感知模式之间实际上不存在明显的界限,而是平缓过渡的,很难仅仅

通过"在识别边界处是否具有显著波峰"来做二分。因此，本书提出的"只要各组区分率之间存在显著差异，就认为是范畴感知"的判断标准也是合理的。同样，这个标准是否适用于所有的情况，还需要更多的数据来证明。

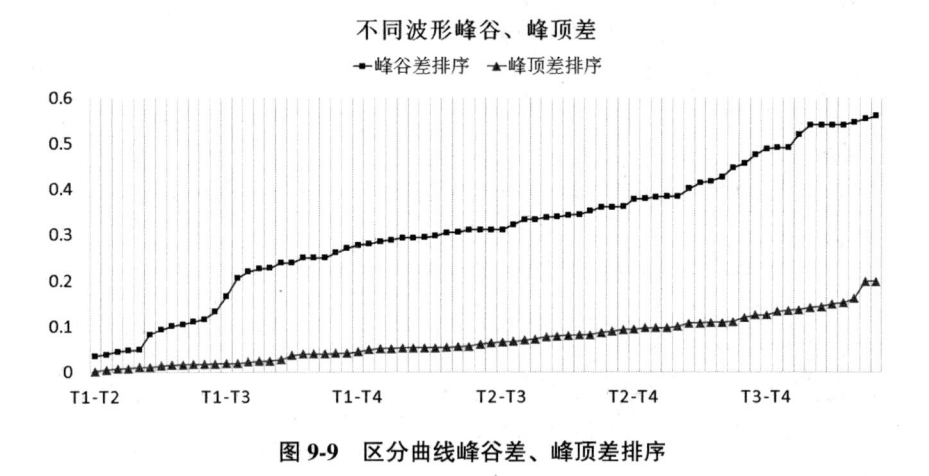

不同波形峰谷、峰顶差

图 9-9　区分曲线峰谷差、峰顶差排序

最后，从范畴化程度的对比上来看，我们在第一章中提到，以往研究往往采用"边界宽度"和"区分峰度"这两个标准，边界宽度越窄、区分峰度越大，范畴化程度越高（Xu et al., 2006; Jiang et al., 2012; Chen et al., 2017; 于谦，2017）。但是本书数据显示，每种语言背景的母语者内部对各组普通话声调连续统的感知结果，虽然总体趋势大概一致，但是除了石门坎苗语母语者，"边界宽度"和"区分峰度"的大小并没有一一对应，即并不是边界宽度最窄一定对应区分峰度最大，如表 9-6 所示。所以，这两个判断标准究竟以哪个为准，可能还需要后期更多的数据和统计分析来证实或证伪。不过，从各组民族地区被试与普通话母语者的识别结果对比来看，基本上所有民族地区被试的边界宽度都大于普通话母语者，区分峰度都小于普通话母语者。用这两个参数对不同语言背景母语者感知各组声调连续统时的表现进行聚类如图 9-2 至 9-7 所示，都可以对范畴化感知程度进行区分。因此，笔者认为，产生这样的结果可能是由于每种语言背景的母语者内部差异没有那么显著，有部分实验结果的区分波峰与识别边界也是偏离的，所以这两条标准并不适用于对每种语言背景的母语者内部对各组普通话声调连续统感知范畴程度高低的比较，而是更适用于比较不同母语背景的被试整体的表现。

表 9-6　各组被试内部对各组普通话声调连续统范畴化程度对比

普通话母语者： 边界宽度：T1-T4<T2-T4<T1-T2<T1-T3<T3-T4<T2-T3 区分峰度：T1-T2>T2-T4>T1-T4>T3-T4>T1-T3>T2-T3
藏语拉萨话母语者： 边界宽度：T3-T4<T2-T4<T1-T3<T1-T4<T1-T2 区分峰度：T2-T4>T1-T4>T1-T3>T1-T2>T3-T4
德宏傣语母语者： 边界宽度：T2-T4<T3-T4（T3 母本）<T1-T4<T1-T2 区分峰度：T1-T2>T1-T4>T2-T4>T3-T4（T3 母本）
载瓦语母语者： 边界宽度：T2-T4< T1-T4=T3-T4（T3 母本）<T1-T3<T1-T2 区分峰度：T2-T4>T1-T4>T1-T2>T1-T3>T3-T4（T3 母本）
石门坎苗语母语者： 边界宽度：T1-T4<T2-T4<T1-T2<T1-T3<T3-T4 区分峰度：T1-T4>T2-T4>T1-T2>T1-T3>T3-T4
延边朝鲜语母语者： 边界宽度：T2-T4>T3-T4>T1-T3>T1-T4>T1-T2 区分峰度：T1-T2>T2-T4>T1-T4>T1-T3>T3-T4

第十章 结 语

一 研究成果

在人类语言演化的长河中，不同民族建立了各种不同的音位系统，也有为数不少的群体建立了不止一种音位系统，来进行群体间的沟通和交流。不同的音位系统在人脑中到底是如何工作的，相互之间又有何影响，一直是学界关注的问题。从声调的角度上来看，前人研究中已经证实，母语经验能够影响声调的感知，但是声调语言经验对非母语声调的感知存在何种影响，目前尚无一致的结论。研究的分歧与研究对象的语言背景和二语习得水平有关，与研究范式和研究方法有关。众所周知，中国境内语言丰富，除了汉语普通话，很多民族地区语言中都存在着声调系统，且与普通话的声调系统有着较大差异，甚至比普通话的声调系统更为复杂、更难掌握。因此，以民族地区语言作为切入点，选择不同民族地区被试来进行普通话声调感知的研究，并与普通话母语者的感知模式和非声调民族地区被试进行对比，能够深入讨论母语经验对二语声调感知的影响，对以声调语言为目标语言的第二语言习得有积极意义。

本书通过合成普通话四个声调之间两两对立的刺激连续体，选取了汉藏语系中四种声调系统具有代表性的民族地区语言——藏语拉萨话、德宏傣语、载瓦语、石门坎苗语母语者为被试，采用语音感知研究中经典的识别实验与区分实验，探讨不同声调语言背景的母语者对普通话四个声调的感知模式，并将实验结果与普通话母语者的感知模式，以及音高重音语言母语者（延边朝鲜语）的感知模式进行对比，进行详细的统计分析，取得具体研究成果如下：

（一）探讨了音位范畴、范畴感知的判断与比较标准

语言学意义上的"音位范畴"概念与行为学意义上对语音的"范畴感知"需要进行区分。从语言学层面上来说，音位是具有区别意义作用的语音单位，一个音位本身能够区分意义，就应该属于一个范畴。普通话的四个声调本身是区别意义的，有音位范畴，而普通话母语者对我们

合成的普通话各组声调连续统的识别实验边界宽度都在 3 以内。那么对于非母语者的感知来看，可以此作为标准，如果他们对普通话各组声调连续统的边界宽度与普通话母语者相差不大，即可认为识别边界足够陡峭，能够区分这两个音位范畴。但是，是否建立了行为学意义上的"范畴感知"，笔者与以往研究观点相同，认为除了陡峭的识别边界，仍需要在识别边界处有显著的区分波峰。对区分波峰的判断，笔者认为应当综合考量对区分曲线的观察结果和统计结果，如果被试对该组声调连续统的区分曲线各样本对区分率结果之间无显著差异，观察不到任何起伏，或者与识别边界完全偏离，可以认为不存在区分波峰。但是如果能观察到起伏和波峰，且各组样本对区分率之间存在显著差异，即认为能够在行为学意义上体现范畴感知的特点，根据区分波峰的形状，可以分为尖峰型、平台型和平缓型三类。此外，以往研究中认为范畴化程度的判断标准为"边界宽度"与"区分峰度"，本书的研究表明，这两项指标能够很好地应用于对不同母语背景被试的比较分析中，但是却不一定适用于同一语言背景的被试内部。

（二）分析了不同民族地区发音人对普通话声调的感知模式及感知距离

根据上述判断标准，本书确定了各组被试感知普通话声调的模式并进行了感知范畴化程度的综合对比分析。从对音位范畴的区分和感知模式来看，我们所选取的普通话被试能区分普通话四个声调的音位范畴，对各组声调连续统的感知模式均为范畴感知；对 T1-T2、T2-T4、T1-T4 这三组没有涉及 T3 的声调连续统的感知范畴化程度均高于 T3-T4、T1-T3、T2-T3 等包含 T3 的声调连续统；普通话被试感知普通话四个声调的范畴是 T2>T4>T3>T1。藏语拉萨话被试不能区分 T2-T3 声调连续统的音位范畴；能够区分其他声调连续统的音位范畴且建立了范畴感知，但范畴化程度略小于普通话被试；感知普通话四个声调的范畴是 T4>T3>T2>T1。德宏傣语被试能够区分普通话四个声调的音位范畴；对 T1-T2、T2-T4、T1-T4、T3-T4（T3 母本）声调连续统建立了范畴感知，但是范畴化程度均低于普通话被试；对 T1-T3、T2-T3、T3-T4（T4 母本）声调连续统未建立范畴感知；感知普通话四个声调的范畴是 T2>T3>T4>T1。载瓦语被试无法区分 T2-T3（T3 母本）声调连续统的音位范畴，能够区分其他声调连续统的音位范畴；对 T2-T3（T2 母本）、T3-T4（T4 母本）声调连续统未建立范畴感知；对 T1-T2、T1-T3、T1-T4、T2-T4、T3-T4（T3 母本）声调连续统均可建立范畴感知，且范畴化程度均低于普通话被试；感知普通话四个声调的范畴是 T2>T3>T4>T1。石门坎苗语被试能够区分普通话四个声调的音位范畴；对 T2-T3 声调连续统未建立范畴感知；对其他声调连续统建立了范畴感知；感知普通话四个声调的范畴是 T2>T4>T3>T1；识别结果与区分结果的范畴化程度完全一致，当声调对立组中包含 T4 且不包含 T3 时，石门坎苗语被试的感知范畴化程度更高；但与普通话被试对比，石门坎苗语被试对普通话声调的感知范畴化程度仍然略低。延边朝鲜语被试对普通话声调的感知接近或达到了普通话母语被试的水平，他们能够区分普通话四个声调的音位范畴，除了对 T2-T3 声调连续统的感知结果未出现区分波峰，被判定为连续感知以外，对其他各组声调连续统都建立了范畴感知，且感知范畴化程度和普通话母语被试差异不大；感知普通话四个声调的范畴是 T2>T4>T3>T1。从感知范畴化程度上来看，聚类分析结果显示，各组民族地区语言被试的感知范畴化程度总体上都弱于普通话被试，其中延边朝鲜语被试与普通话被试整体感知模式最为接近，藏语拉萨话被试和石门坎苗语被试更为接近，德宏傣语被试和载瓦语被试更为接近，载瓦语被试与普通话被试差异最大。

（三）总结了母语声调系统从基频和发声两个角度对二语声调感知产生的影响

首先，从基频的角度来看，第一章中我们提到，虽然不能够把基频与声调完全等同，但是声调的高低升降曲直主要是由基频的变化所决定已经成为学界共识（Wang，1976；Abramson，1979；Francis et al.，2003；Hallé et al.，2004；Xu et al.，2006；Peng et al.，2010；Chen et al.，2017；于谦，2017），那么非母语者在感知普通话声调的时候，显然首先受到了其母语声调系统中基频的影响。在本书的实验结果中，除普通话母语者外，其他各组民族地区发音人对 T2-T3 声调连续统均不能在行为学层面上建立起类似普通话母语者的范畴感知，藏语拉萨话和载瓦语被试甚至在语言学层面上都无法区分 T2 和 T3 这两个声调的音位范畴。从普通话的角度上来看，四个声调虽然各不相同，但是 T2 和 T3 调的基频曲线都呈现出"先降后升"的走势，前人研究中普遍认为二者具有一定相似性（吴宗济、林茂灿，1989）。此外，在前人研究中，母语者感知阳平和上声是否是范畴感知始终存在争议（刘娟，2004；王韫佳、李美京，2010，2011；王韫佳、覃夕航，2012，2015；Chen，2012；杨若晓，2009；何江等，2011；于谦，2017），无论是普通话母语者中的成人或者儿童，还是不同母语背景的二语习得者，感知和区分普通话T2-T3声调也一直是难点（Kiriloff，1969；Chuang et al.，1975；Shen & Lin，1991；Tsukada et al.，2015，2016，2018；Wong et al.，2005；Wong，2013；Hao，2018）。本书中普通话母语者的感知结果也证明，他们感知T2-T3声调连续统的范畴化程度确实弱于其他声调连续统。那么对于非母语者而言，感知难度显然也相应要高于其他几组声调连续统。从其他各组民族地区语言的声调系统的角度来看，除了延边朝鲜语是一种"音高重音"语言，其他各个民族的母语声调系统均较为复杂。如表10-1所示，普通话声调中的高平、高降与高升这三类声调，在其他各民族地区语言的声调系统中，基本上都能够找到相对应的调类。但是只有上声这一类降升调，在其他各民族地区语言中没有对应的调类。那么T3声调类型在母语中的缺失与普通话T2-T3调本身的相似性，可能是导致了各组民族地区发音人会将T2-T3这两个声调都同化为自身母语中比较相似的同一个声调，进而造成其识别和区分困难，因此对本组声调连续统不能建立起类似普通话母语者的范畴感知。即使如延边朝鲜语母语者这样，对其他声调对连续统的感知结果已经极为接近普通话母语者，但是在感知T2-T3声调连续统时，仍然未能体现出如普通话母语者一样的范畴感知特点。

表 10-1 各组被试的母语声调系统

普通话	藏语拉萨话	德宏傣语	载瓦语	石门坎苗语
高平调 55	高平调 55	高平调 55（促）	高平调 55（促）	高平调 55
高升调 35	高升调 14	高平调 44	高平调 44	高降调 54
降升调 214	高降调 53（52，51）	中平调 33（促）	高升调 35	中平调 33
高降调 51	低升调 12（12，232）	高升调 35	高降调 51	高升调 14
		低升调 24	低降调 31（促）	低平调 22
		高降调 51	低降调 21	低降调 31（清）
		高降调 54		低降调 31（浊）
		高降调 41		低降调 21
		高降调 41（促）		

其次，我们在第一章中提到，除了基频，一个完整准确的声调系统还要用开商和速度商来定义和描写发声类型。大部分前人研究认

为声调的发声类型会对声调的范畴感知产生影响（张锐峰、孔江平，2014；Yang，2015；于谦，2017；Tsukada et al.，2018；陆尧、孔江平，2019），但也有学者认为，发声类型在感知普通话声调时均不起作用（于谦，2017）。本书的实验结果证明，无论是母语者还是二语习得者，对由不同母本合成的同一组声调连续统的感知结果都存在一些差异，发声类型与基频一样，对被试感知声调起着重要作用。具体来说，普通话母语者对由不同母本合成的 T1-T2 和 T3-T4 声调连续统识别实验结果差异显著，藏语拉萨话母语者对由不同母本合成的 T1-T2、T2-T3、T3-T4 声调连续统识别实验结果差异显著，德宏傣语母语者对由不同母本合成的 T2-T3、T3-T4 声调连续统识别实验结果差异显著，载瓦语母语者对由不同母本合成的 T2-T3、T2-T4、T3-T4 声调连续统识别实验结果差异显著，石门坎苗语母语者和延边朝鲜语母语者对由不同母本合成的 T3-T4 声调连续统识别实验结果差异显著。各组被试总体表现为对由一端母本合成的连续统［如 T1-T2（T1 母本）声调连续统］，识别边界显著小于由对立的另一端母本合成的连续统［如 T1-T2（T2 母本）声调连续统］，即被试在感知由某端母本合成的样本时，识别边界更偏向某端，更快地判断为不是母本，母本的发声类型等声源信息在这里对识别起了反作用。

值得注意的是，当 T2-T3 声调连续统的合成母本不同时，载瓦语母语者的感知结果受到普通话声调和载瓦语声调系统中发声类型的共同影响，产生了显著差异。当合成母本为 T2 时，虽然区分曲线没有产生波峰，但识别边界较为陡峭，载瓦语母语者能够将 T2 和 T3 识别为两个不同的音位范畴。但当合成母本是 T3 时，载瓦语母语者却完全不能区分这两个音位范畴。如第三章第一节所述，普通话声调中最重要的发声特征是上声在中间的低调部分会出现"挤喉嗓音"（creaky voice），与载瓦语中紧嗓音的发声类型相似。而且，在载瓦语母语者的认知空间中，升调35只能与正常嗓音配合却不能与这种紧嗓音配合。所以，当 T2-T3 声调连续统的合成母本是正常嗓音的 T2 时，载瓦语被试可以清晰地识别出"基频+发声"均与其母语35调类似的 T2，将其与母语中缺失的挤喉嗓音 T3 区分。而当合成母本为带有挤喉嗓音的 T3 时，虽然基频从 214 逐步变化为35调，但发声类型却与载瓦语35调不同，被试很难识别区分同带"挤喉嗓音"的普通话 T2 与 T3。这个现象也进一步证明，在部分语言中，母语经验中的发声类型和声调基频对感知结果都有贡献，都具有语言学意义。

最后，我们在第一章中提到，一些学者的研究发现，声调语言经验有助于学习者更好地感知二语声调（Lee et al.，1996；Wayland & Guion，2004；Zheng et al.，2010；Qin & Mok，2011；Schaefer & Darcy，2014；Li，2016）。而另有一些学者研究表明，母语的声调语言经验对感知二语声调没有帮助，甚至还会造成消极影响（So，2005；Tsukada et al.，2018；Wang，2013；Francis et al.，2008；So & Best，2010；Wu et al.，2012）。还有一些学者的研究认为，是否具有声调语言经验不会造成感知二语声调的显著差异，而是会受母语经验的影响，呈现出一些独特的特点（Gandour，1983；张林军，2010a，b；Peng et al.，2010；Hao，2012；Burnham et al.，2014；Tsukada et al.，2014，2016；于谦、黄乙玲，2016；于谦，2017）。但是前人研究中所选择的被试范围有限，语言背景与二语水平情况不一，也不全是在范畴感知的框架下进行。本书的实验结果发现，虽然德宏傣语和石门坎苗语的声调系统均比普通话声调数量要多，也更为复杂，但是在范畴感知的框架下，这类更为复杂的声调系统并没有对提高被试感知二语声调范畴化程度起到实质性的推进作用，感知范畴化水平都低于普通话母语被试。也就是说，即使被试是声调语言母语背景，在范畴感知框架下感知二语声调时，也往往不能够达到母语者的水平。而延边朝鲜语这种声调系统更为简单，不能归为"声调语言"的"音高重音语言"，和其他各组被试的母语背景相比，与普通话声调系统差异更大，因此如SLM模型所述，反而更容易建立一个新的语音范畴（Flege，1987，1995，1999；Flege & Bohn，2021；张林军，2010a，b；康宇等，2017），最终导致他们对普通话声调的感知范畴化水平很高，几乎接近或者达到了普通话母语者的程度。但是，前文我们也已经提到，本书中所选择的延边朝鲜语母语者和藏语拉萨话母语者均为高校在读大学生，他们所受教育程度较高，在大学与同学、老师的交流语言多使用普通话。而本书所选取的其他各组民族地区被试的年龄和所受教育水平有一定的差异，这些都影响了被试感知二语声调范畴化的水平。如果想更好地对比不同二语学习者对普通话声调的感知情况，我们今后还应该统一被试的年龄、受教育水平和普通话水平来进一步开展实验和讨论。

综上所述，本书的研究成果对探索声调感知的心理机制有较强的理论意义，能够为语言感知理论和语言演化问题的深入研究提供新的证据，对少数民族地区普通话的声调教学也有较强的指导和借鉴意义。

二　研究不足与展望

首先，本书的研究虽然已经选择了汉藏语系中较有代表性的几种声调语言母语者作为被试，但是实验被试仍然有限，结果仍然不足以总结出不同声调语言母语背景对感知非母语声调的普遍规律。本书所提出的范畴感知判断和比较标准，也不一定能够适用于所有语言。因此，在未来的研究中，还可以选取更多不同声调语言背景的母语者进行大规模的实验研究，以期得出更多更准确的结论，最终建立感知模型，对感知模式与母语声调系统的关系得出一个较为一致的解释。

其次，在本研究中，由于时间和条件限制，各组被试的年龄、受教育水平、普通话水平未能保持完全一致，对被试与普通话进行语言接触的程度也未做过多考虑，可能会对实验结果有一定影响，在未来的研究中，还可以想办法通过严格控制变量，考察二语习得者在不同学习阶段对二语声调的感知情况，以及考察与第二语言接触程度不同的学习者感知二语声调的情况。

最后，本书所采取的识别和区分实验属于传统的行为学实验范式，应用在语言研究上仍然存在问题，如语言学层面上的"音位范畴"与行为学层面上的"范畴感知"的区分、刺激步长的选择与制作等。随着科技的发展，将来可以把脑电、核磁共振、脑磁、近红外等新技术应用于声调的感知研究，以期取得更准确的研究成果，也对声调感知范畴背后的神经机制作出更为合理的解释。

参考文献

Abramson, A. S., 1979: The noncategorical perception of tone categories in Thai, in B. Lindblom & S. Ohman (eds.), *Frontiers of Speech Communication Research*, 127-134. London: Academic Press.

Andruski, J. E., 2006: Tone clarity in mixed pitch/phonation-type tones, *Journal of Phonetics*, 34: 388-404.

Belotel-Grenié, A. & Grenié, M., 1994: Phonation types analysis in Standard Chinese, in Proceedings of the International Conference on Spoken Language Processing (ICSLP), Pacific Convention Plaza, Yokohama: 343-346.

Best, C. T., 1995: A direct realist view of cross-language speech perception, in W.Strange (ed.), *Speech Perception and Linguistic Experience: Issues in Cross-language Research*, 171-204. Timonium, MD: York Press.

Best, C. T., 1999: Native-language phonetic and phonological constraints on perception of non-native speech contrasts, *Journal of the Acoustical Society of America*, 105(2): 1034-1034.

Bidelman, G. M. & Lee, C. C., 2015: Effects of language experience and stimulus context on the neural organization and categorical perception of speech, *Neuroimage*,120: 191-200.

Bidelman, G. M., Moreno, S., & Alain, C., 2013: Tracing the emergence of categorical speech perception in the human auditory system, *Neuroimage*, 79: 201-212.

Blicher, D. L., Diehl, R. L., & Cohen, L. B., 1990: Effects of syllable duration on the perception of the Mandarin Tone 2/Tone 3 distinction: Evidence of auditory enhancement, *Journal of Phonetics*, 18(1): 37-49.

Burnham, D., Kasisopa, B., Reid, A., et al., 2014: Universality and language-specific experience in the perception of lexical tone and pitch, *Applied Psycholinguistics*, 36: 1459-1491.

Chang, E., Rieger, J., Johnson, K., et al., 2010: Categorical speech representation in human superior temporal gyrus, *Nature Neuroscience*, 13: 1428-1432.

Chao, Y. R., 1948: *Mandarin Primer: An Intensive Course in Spoken Chinese*. Cambridge,

MA: Harvard University Press.

Chen, A., 2012: *Universal Biases in the Perception of Mandarin Tones: From Infancy to Adulthood*. Utrecht: LOT.

Chen, A., Liu, L., & Kager, R., 2015: Cross-linguistic perception of Mandarin tone sandhi, *Language Sciences*, 48: 62-69.

Chen, F., Peng, G., Yan, N., & Wang, L., 2017: The development of categorical perception of Mandarin tones in four to seven-year-old children, *Journal of Child Language*, 44(6): 1413-1434.

Cheung, Y. M., 2004: *A Perceptual Analysis of the Apical Vowels in Beijing Mandarin*. MPhil Dissertation, City University of Hong Kong.

Chuang, C. K., Hiki, S., Sone, T., & Nimura, T., 1975: Acoustical features of the four tones in monosyllabic utterances of standard Chinese, *The Journal of the Acoustical Society of Japan*, 31: 369-380.

Cooper, A. & Wang, Y., 2012: The influence of linguistic and musical experience on Cantonese word learning, *The Journal of the Acoustical Society of America*, 131(6):4756-4769.

Davison, D. S., 1991: An acoustic study of so-called creaky voice in Tianjin Mandarin, *UCLA Working Papers in Phonetics*, 78: 50-57.

Eimas, P. D., Siqueland, E. R., Jusczyk, P., & Vigorito, J., 1971: Speech perception in infants, *Science*, 171(3968): 303-306.

Escudero, P., 2005: *Linguistic Perception and Second Language Acquisition: Explaining the Attainment of Optimal Phonological Categorization*. PhD Dissertation, Utrecht University.

Escudero, P., 2009: The linguistic perception of similar L2 sounds, in P. Boersma & S. Hamann (eds.), *Phonology in Perception*, 152-190. Berlin, New York: De Gruyter Mouton.

Fischer, S., 2006: Categorical perception in animals, in K. Brown, A.H. Anderson, L. Bauer, M. Berns, G. Hirst, & J. Miller (eds.), *Encyclopedia of Language & Linguistics*, 248-251. Oxford: Elsevier.

Flege, J. E., 1987: The production of 'new' and 'similar' phones in a foreign language: Evidence for the effect of equivalence classification, *Journal of Phonetics*, 15: 47-65.

Flege, J. E., 1995: Second language speech learning: Theory, findings, and problems, in W. Strange (ed.), *Speech Perception and Linguistic Experience: Issues in Cross-language Research*, 233-277. Timonium, MD: York Press.

Flege, J. E., 1999: The Relation between L2 Production and Perception, in Proceedings of the XIVth International Congress of Phonetics Sciences (ICPhS), University of California at Berkeley, 2: 1273-1276.

Flege, J. E. & Bohn, O. S., 2021: The revised speech learning model, in W. Ratree (ed.), *Second Language Speech Learning: Theoretical and Empirical Progress*, 3-83. Cambridge: Cambridge University Press.

Francis, A. L. & Nusbaum, H. C., 2002: Selective attention and the acquisition of new phonetic categories, *Journal of Experimental Psychology: Human Perception and Performance*, 28(2): 349-366.

Francis, A. L., Ciocca, V., & Ng, B. K. C., 2003: On the (non) categorical perception of lexical tones, *Perception & Psychophysics*, 65(7): 1029-1044.

Francis, A. L., Ciocca, V., Ma, L., & Fenn, K., 2008: Perceptual learning of Cantonese lexical tones by tone and non-tone language speakers, *Journal of Phonetics*, 36(2): 268-294.

Fry, D. B., Abramson, A. S., Eimas, P. D., & Liberman, A. M., 1962: The identification and discrimination of synthetic vowels, *Language and Speech*, 5(4): 171-189.

Fujisaki, H. & Ka-washima, T., 1969: On the models and mechanisms of speech perception, *Annual Report of the Engineering Research Institute*, Faculty of Engineering, University of Tokyo, 28: 67-73.

Fujisaki, H. & Ka-washima, T., 1970: Some experiments on speech perception and a model for the perceptual mechanism, *Annual Report of the Engineering Research Institute*, Faculty of Engineering, University of Tokyo, 29: 207-214.

Fujisaki, H. & Ka-washima, T., 1971: A model of the mechanisms for speech perception-quantitative analysis of categorical effects in discrimination, *Annual Report of the Engineering Research Institute*, Faculty of Engineering, University of Tokyo, 30: 59-68.

Gandour, J. T., 1978: The perception of tone, in V. A. Fromkin (ed.), *Tone: A Linguistic Survey*, 41-76. New York: Academic Press.

Gandour, J. T., 1983: Tone perception in far eastern languages, *Journal of Phonetics*, 11(2): 149-175.

Gandour, J. T. & Harshman, R. A., 1978: Cross language differences in tone perception: A multidimensional scaling investigation, *Language and Speech*, 21(1): 1-33.

Garellek, M., Keating, P., Esposito, C. M., & Kreiman, J., 2013: Voice quality and tone identification in White Hmong, *Journal of the Acoustical Society of America*, 133: 1078-1089.

Gobl, C. & Ní Chasaide, A., 2010: Voice source variation and its communicative functions, in W. J. Hardcastle, J. Laver, & F. E. Gibbon (eds.), *The Handbook of Phonetic Sciences*, 378-423. Oxford: Wiley-Blackwell.

Hallé, P. A., Best, C. T., & Levitt, A., 1999: Phonetic vs. phonological influences on French listeners' perception of American English approximants, *Journal of Phonetics*, 27(3): 281-306.

Hallé, P. A., Chang, Y. C., & Best, C. T., 2004: Identification and discrimination of Mandarin Chinese tones by Mandarin Chinese vs. French listeners, *Journal of Phonetics*, 32(3): 395-421.

Hao, Y. C., 2012: Second language acquisition of Mandarin Chinese tones by tonal and non-tonal language speakers, *Journal of Phonetics*, 40(2): 269-279.

Hao, Y. C., 2018: Second language perception of mandarin vowels and tones, *Language and Speech*, 61(1): 135-152.

Healy, A. F. & Repp, B. H., 1982: Context independence and phonetic mediation in categorical perception, *Journal of Experimental Psychology: Human Perception and Performance*, 8(1): 68-80.

Henthorn, T., Deutsch, D., Peng, G., et al., 2013: Language experience influences non-linguistic pitch perception, *Journal of Chinese Linguistics*, 41: 447-467.

Huang, Y., 2020: Different attributes of creaky voice distinctly affect Mandarin tonal perception, *Journal of the Acoustical Society of America*, 147: 1441-1458.

Ito, C., 2008: Historical Development and Analogical Change in Yanbian Korean Accent, *Harvard Studies in Korean Linguistics*, XII: 165-178.

Ito, C., 2014: Loanword accentuation in Yanbian Korean: A weighted-constraint analysis, *Natural Language & Linguistic Theory*, 32: 537-592.

Ito, C. & Kenstowicz, M., 2009: Mandarin loanwords in Yanbian Korean II: Tones, *Language Research*, (451): 85-109.

Jiang, C., Hamm, J. P., Lim, V. K., et al., 2012: Impaired categorical perception of lexical tones in Mandarin-speaking congenital amusics, *Memory & Cognition*, 40(7): 1109-1121.

Jun, S. A., 2005: Korean intonational phonology and prosodic transcription, *Prosodic Typology: The Phonology of Intonation and Phrasing,* 1: 201. Oxford: Oxford University Press.

Keating, P. A. & Esposito, C., 2007: Linguistic voice quality, *UCLA Working Papers in Phonetics*, 105(105), 85-91.

Keating, P.A., Esposito, C., Garellek, M., ud Dowla Khan, S., & Kuang, J., 2011: Phonation contrasts across languages, in Proceedings of the 17th International Congress of Phonetic Sciences (ICPhS), City University of Hong Kong: 1046-1050.

Keating, P., Kuang, J., Esposito, C., Garellek, M., & ud Dowla Khan, S., 2012: Multi-dimensional phonetic space for phonation contrasts, poster presented at the 13th Conference on Laboratory Phonology (LabPhon 13), Stuttgart, Germany.

Kiriloff, C., 1969: On the auditory perception of tones in Mandarin, *Phonetica*, 20: 63-67.

Kuang, J., 2013: The tonal space of contrastive five level tones, *Phonetica*, 70: 1-23.

Kuang, J., 2017: Covariation between voice quality and pitch: Revisiting the case of Mandarin creaky voice, *Journal of the Acoustical Society of America*, 142: 1693-1706.

Kuang, J. & Keating, P., 2014: Vocal fold vibratory patterns in tense versus lax phonation contrasts, *Journal of the Acoustical Society of America*, 136: 2784-2797.

Kuhl, P. K. & Iverson, P., 1995: Linguistic experience and the 'perceptual magnet effect', in W. Strange (ed.), *Speech Perception and Linguistic Experience: Issues in Cross-Language Research*, 121-154. Timonium, MD: York Press.

Kuhl, P. K., Conboy, B. T., Coffey-Corina, S., Padden, D., Rivera-Gaxiola, M., & Nelson, T., 2008: Phonetic learning as a pathway to language: New data and native language magnet theory expanded (NLM-e), *Philosophical Transactions of the Royal Society B: Biological Sciences*, 363(1493), 979-1000.

Laver, J., 1980: *The Phonetic Description of Voice Quality*, Cambridge: Cambridge University Press.

Lee, Y. S., Vakoch, D. A., & Wurm, L. H., 1996: Tone perception in Cantonese and Mandarin: A cross-linguistic comparison, *Journal of Psycholinguistic Research*, 25(5): 527-542.

Lee, C. Y. & Hung, T. H., 2008: Identification of Mandarin tones by English-speaking musicians and nonmusicians, *Journal of the Acoustical Society of America*, 124(5): 3235-3248.

Li, M. & Dekeyser, R., 2017: Perception practice, production practice, and musical ability in L2 Mandarin tone-word learning, *Studies in Second Language Acquisition,* 39(4): 593-620.

Li, Y., 2016: English and Thai speakers' perception of Mandarin tones, *English Language Teaching*, 9(1): 122-132.

Li, Y., Tang, C., Lu, J., Wu, J., & Chang, E., 2021: Human cortical encoding of pitch in tonal and non-tonal languages, *Nature Communications*, 12(1): 1-12.

Liberman, A. M., Harris, K. S., Hoffman, H. S., & Griffith, B. C., 1957: The discrimination of speech sounds within and across phoneme boundaries, *Journal of Experimental Psychology*, 54(5): 358-368.

Liberman, A. M., Harris, K. S., Kinney, J. A., & Lane, H., 1961: The discrimination of relative onset-time of the components of certain speech and nonspeech patterns, *Journal of Experimental Psychology*, 61(5): 379-388.

Lisker, L. & Abramson, A. S., 1964: A cross-language study of voicing in initial stops: Acoustical measurements, *Word*, 20(3): 384-422.

Lisker, L. & Abramson, A. S., 1970: The voicing dimension: Some experiments in comparative phonetics, in Proceedings of the 6th International Congress of Phonetic Sciences (ICPhS), Prague: 563-567.

Liu, L., Chen, A., & Kager, R., 2017: Perception of tones in Mandarin and Dutch adult listeners, *Language and Linguistics*, 18(4): 622-646.

Liu, S. & Samuel, A. G., 2004: Perception of Mandarin Lexical Tones when F0 Information is Neutralized, *Language and Speech*, 47(Pt 2): 109-138.

Maddieson, I. & Hess, S., 1986: 'Tense' and 'Lax' revisited: More on phonation type and pitch in minority languages in China, *UCLA Working Papers in Phonetics*, 63: 103-109.

Maddieson, I. & Ladefoged, P., 1985: 'Tense' and 'lax' in four minority languages of China, *UCLA Working Papers in Phonetics*, 60: 59-83.

Mennen, I., 2015: Beyond segments: Towards a L2 intonation learning theory, in Delais-Roussarie, M. Avanzi, & S. Herment (eds.), *Prosody and Language in Contact: L2 Acquisition, Attrition, and Languages in Multilingual Situations*, 171-188. Berlin: Springer.

Miller, J. D., Wier, C. C., Pastore, R. E., et al., 1976: Discrimination and labeling of noise-buzz sequences with varying noise-lead times: An example of categorical perception, *Journal of the Acoustical Society of America*, 60(2): 410-417.

Minagawa-Kawai, Y., Mori, K., & Sato, Y., 2005: Different brain strategies underlie the categorical perception of foreign and native phonemes, *Journal of Cognitive Neuroscience*, 17(9): 1376-1385.

Ohala, J. J. & Eukel, B. W., 1976: Explaining the intrinsic pitch of vowel, *The Journal of the Acoustical Society of America*, 60(S1), S44-S44.

Peng, G., Zheng, H. Y., Gong, T., Yang, R. X., Kong, J. P., & Wang, W. S. Y., 2010: The influence of language experience on categorical perception of pitch contours, *Journal of Phonetics*, 38(4): 616-624.

Pisoni, D. B., 1973: Auditory and phonetic memory codes in the discrimination of consonants and vowels, *Attention, Perception, & Psychophysics*, 13(2): 253-260.

Pisoni, D. B., 1975: Auditory short-term memory and vowel perception, *Memory & Cognition*, 3(1): 7-18.

Pisoni, D. B. & Lazarus, J. H., 1974: Categorical and noncategorical modes of speech perception along the voicing continuum, *Journal of the Acoustical Society of America*, 55(2): 328-333.

Qin, Z. & Mok, P., 2011: Perception of Cantonese tones by Mandarin, English and French speakers, in Proceedings of the XVIIth International Congress of Phonetics Sciences (ICPhS), Hong Kong: 1654-1657.

Raizada, R. D. S. & Poldrack, R. A., 2007: Selective amplification of stimulus differences during categorical processing of speech, *Neuron*, 56(4): 726-740.

Repp, B. H., Healy, A. F., & Crowder, R. G., 1979: Categories and context in the perception of isolated steady-state vowels, *Journal of Experimental Psychology: Human Perception and Performance*, 5(1): 129-145.

Repp, B. H., Liberman, A. M., & Harnad, S., 1984: Phonetic category boundaries are flexible, *Haskins Laboratories Status Report on Speech Research (SR-77/78)*: 31-53.

Schaefer, V. & Darcy, I., 2014: Lexical function of pitch in the first language shapes cross-linguistic perception of Thai tones, *Laboratory Phonology*, 5(4): 489-522.

Schouten, M. E. H. & Hessen, A. J. V., 1992: Modeling phoneme perception. I: Categorical perception, *Journal of the Acoustical Society of America*, 92(4 Pt 1): 1841-1855.

Shen, X. S. & Lin, M., 1991: A Perceptual Study of Mandarin Tones 2 and 3, *Language and Speech*, 34(2): 145-156.

So, C. K., 2005: The effect of L1 prosodic backgrounds of Cantonese and Japanese speakers on the perception of Mandarin tones after training, *Journal of the Acoustical Society of America*, 117: 2427-2427.

So, C. K. & Best, C. T., 2010: Cross-language perception of non-native tonal contrasts: Effects of native phonological and phonetic influences, *Language and Speech*, 53(2): 273-293.

Stevens, K. N., Liberman, A. M., Studdert-Kennedy, M. G., & Öhman, S. E. G., 1969: Cross-language study of vowel perception, *Language and Speech*, 12(1): 1-23.

Strange, W., 1995: *Speech Perception and Linguistic Experience: Issues in Cross-Language*

Research. Timonium, MD: York Press.

Strange, W., 2009: Automatic selective perception (asp) of first-language (L1) and second-language (L2) speech: A working model, *Journal of the Acoustical Society of America*, 125(4): 2769-2769.

Studdert-Kennedy, M., Liberman, A. M., Harris, K. S., & Cooper, F. S., 1970: Motor theory of speech perception: A reply to Lane's critical review, *Psychological Review*, 77(3): 234-249.

Studdert-Kennedy, M., 1976: The perception of speech, in N. J. Lass (ed.), *Contemporary Issue in Experimental Phonetics*, 243-293. New York: Academic Press.

Tsukada, K., Xu, H. L., & Rattanasone, N. X., 2014: The perception of Mandarin tones by learners from heritage and non-heritage backgrounds, in the 9th International Symposium on Chinese Spoken Language Processing, Singapore: 260-264.

Tsukada, K., Kondo, M., & Sunaoka, K., 2016: The perception of Mandarin lexical tones by native Japanese adult listeners with and without Mandarin learning experience, *Journal of Second Language Pronunciation*, 2(2): 225-252.

Tsukada, K. & Kondo, M., 2018: The perception of Mandarin lexical tones by native speakers of Burmese, *Language and Speech*, 62(4): 625-640.

Van Hessen, A. J., & Schouten, M. E. H., 1999: Categorical perception as a function of stimulus quality, *Phonetica*, 56(1-2): 56-72.

Wang, W. S-Y., 1976: Language change, *Annals of New York Academy of Sciences*, 280(1): 61-72.

Wang, X., 2013: Perception of Mandarin tones: The effect of L1 background and training, *Modern Language Journal*, 97(1): 144-160.

Wayland, R. P. & Guion, S. G., 2004: Training English and Chinese listeners to perceive Thai tones: A preliminary report, *Language Learning*, 54(4): 681-712.

Whalen, D. H. & Xu, Y., 1992: Information for Mandarin tones in the amplitude contour and in brief segments, *Phonetica*, 49(1): 25-47.

Wetzel, W., Wagner, T., Ohl, F. W., et al., 1998: Categorical discrimination of direction in frequency-modulated tones by Mongolian gerbils, *Behavioural Brain Research*, 91(1): 29-39.

Wong, P., 2013: Perceptual evidence for protracted development in monosyllabic Mandarin lexical tone production in preschool children in Taiwan, *Journal of the Acoustical Society of America*, 133(1): 434-443.

Wong, P., Schwartz, R. G., & Jenkins, J. J., 2005: Perception and production of lexical tones by 3-year-old, Mandarin-speaking children, *Journal of Speech, Language, and Hearing Research*, 48(5): 1065-1079.

Wu, X., Munro, M. J., & Wang, Y., 2014: Tone assimilation by Mandarin and Thai listeners with and without L2 experience, *Journal of Phonetics*, 46: 86-100.

Wu, X., Tu, J. Y., & Wang, Y., 2012: Native and nonnative processing of Japanese pitch accent, *Applied Psycholinguistics*, 33(3): 623-641.

Xi, J., Zhang, L., Shu, H., Zhang, Y., & Li, P. 2010: Categorical perception of lexical tones in Chinese revealed by mismatch negativity, *Neuroscience*, 170(1): 223-231.

Xu, Y., Gandour, J. T., & Francis, A. L., 2006: Effects of language experience and stimulus complexity on the categorical perception of pitch direction, *Journal of the Acoustical Society of America*, 120(2): 1063-1074.

Yang, R., 2015: The role of phonation cues in Mandarin tonal perception, *Journal of Chinese Linguistics*, 43(1): 453-472.

Yip, M., 2002: *Tone*, Cambridge: Cambridge University Press.

Zhang, L., Xi, J., Xu, G., Shu, H., Wang, X., & Li, P., 2011: Cortical dynamics of acoustic and phonological processing in speech perception, *Plos One*, 6(6): e20963.

Zhang, L., Xi, J., Wu, H., et al., 2012: Electrophysiological evidence of categorical perception of Chinese lexical tones in attentive condition, *Neuroreport*, 23(1): 35-39.

Zhang, H., Chen, F., Yan, N., Wang, L., Shi, F., & Ng, M. L., 2016: The influence of language experience on categorical perception of vowels, in Proceedings of Interspeech, San Francisco: 873-877.

Zhao, T. C. & Kuhl, P. K., 2015: Effect of musical experience on learning lexical tone categories, *Journal of the Acoustical Society of America*, 137(3): 1452-1463.

Zheng, H. Y., Minett, J. W., Peng, G., & Wang, W. S. Y., 2010: The impact of tone systems on the categorical perception of lexical tones: An event-related potentials study, *Language and Cognitive Processes*, 27: 1-31.

Zhu, J., Chen, X., & Yang, Y., 2021: Effects of amateur musical experience on categorical perception of lexical tones by native Chinese adults: An ERP study, *Frontiers in Psychology*, 12: 611189.

Zhu, S., Wong, L. L. N., & Chen, F., 2014: Tone identification in Mandarin-speaking children with profound hearing impairment, *International Journal of Pediatric Otorhinolaryngology*, 78(12): 2292-2296.

Zinszer, B. D., Chen, P., Wu, H., et al., 2015: Second language experience modulates neural specialization for first language lexical tones, *Journal of Neurolinguistics*, 33: 50-66.

布龙菲尔德著,袁家骅、赵世开、甘世福译,钱晋华校:《语言论》,北京,商务印书馆,1997。

布洛赫著,特雷杰、赵世开译:《语言分析纲要》,北京,商务印书馆,1965。

蔡荣男:《傣语的声调格局和元音格局》,成都,四川大学出版社,2007。

曹文:《汉语平调的声调感知研究》,《中国语文》第6期,第536—543页,2010。

陈飞、张昊、王士元、彭刚:《内部因素与元音范畴化感知》,《语言科学》第4期,第410—425页,2019。

陈树雯:《第二语言语音产出研究的理论基础及新进展》,《当代语言学》第4期,第541—561页,2023。

戴庆厦:《载瓦语声调研究》,《中央民族学院学报》第1期,第61—66页,1989。

邓斯、平森著,曹剑芬、任宏谟译:《言语链——说和听的科学》,北京,中国社会科学出版社,1983。

方特、高奋:《言语科学与言语技术》,北京,商务印书馆,1994。

高云峰:《声调感知研究》,博士学位论文,上海师范大学,2004。

龚锦文:《傣文化研究》,昆明,云南民族出版社,2003。

古明霄:《藏语拉萨话声调感知实验研究》,硕士学位论文,西北民族大学,2021。

何勒腊:《载瓦语语音研究》,博士学位论文,上海师范大学,2016。

何江:《汉族学生与维吾尔族学生对普通话声调的范畴感知》,《新疆师范大学学报(哲学社会科学版)》第27卷第2期,第153—158页,2006。

何江、梁洁、刘韶华:《维吾尔、汉族学生对普通话三声声调的范畴感知差异及其对汉语教学的启示》,《民族教育研究》第4期,第94—99页,2011。

胡坦:《藏语(拉萨话)声调研究》,《民族语文》第1期,第22—36页,1980。

胡坦、瞿霭堂、林联合:《藏语(拉萨话)声调实验》,《语言研究》第1期,第18—38页,1982。

黄布凡:《藏语方言声调的发生和分化条件》,《民族语文》第3期,1994。

霍凯特著,索振宇、叶蕚声译:《现代语言学教程》,北京,北京大学出版社,1986。

金鹏:《藏语简志》,北京,民族出版社,1983。

金哲俊:《朝鲜族学生汉语单音字声调发音的统计分析》,《汉语学习》第2期,第97—104页,2014。

康宇、吴辰琛、黄丽芳、李利:《声调语言经验对第二语言声调习得的影响》,《现代语言学》第5期,第234—240页,2017。

孔江平：《苗语浊送气的声学研究》，《民族语文》第 1 期，第 67—73 页，1993。

孔江平：《藏语（拉萨话）声调感知研究》，《民族语文》第 3 期，第 56—64 页，1995。

孔江平：《论语言发声》，北京，中央民族大学出版社，2001。

孔江平：《动态声门与生理模型》，北京，北京大学出版社，2007。

孔江平：《实验语音学基础教程》，北京，北京大学出版社，2015。

孔江平：《认知音位学的理论与方法》，《中国语音学报》第 10 辑，44—56 页，2018。

孔江平：《基于音位负担量的汉语方言认知研究》，《方言》第 2 期，第 187—199 页，2020。

孔江平：《认知音位学》，《中国语言文字学的发展》，北京，中西书局，第 165—188 页，2024。

孔江平、李永宏：《基于语言结构功能的音位负担计算方法》，《方言》第 1 期，第 1—12 页，2016。

林茂灿：《语音研究的新进展》，《语文建设》第 6 期，第 10—17 页，1989。

刘娟：《普通话阳平和上声调的感知界限》，《乐在其中——王士元教授七十华诞庆祝文集》，天津，南开大学出版社，第 222—233 页，2004。

刘掌才、秦鹏、石锋：《汉语普通话基础元音的听感格局初探》，《南开语言学刊》第 1 期，第 1—13 页，2016。

陆尧：《德宏傣语母语者普通话声调感知研究》，《中国语音学报》第 1 期，第 118—128 页，2019。

陆尧：《载瓦语母语者普通话声调感知研究》，《语言学论丛》第 2 期，第 129—139 页，2024。

陆尧、孔江平：《载瓦语声调的声学及感知研究》，《民族语文》第 1 期，第 55—65 页，2019。

陆尧、孔江平：《苗语母语者普通话声调感知研究》，《语言文字应用》第 4 期，第 83—93 页，2023。

罗安源：《中国语言声调概览》，北京，民族出版社，2006。

梅丽：《泰国学习者知觉与产出普通话塞擦音/擦音的实验研究》，博士学位论文，北京语言大学，2009。

梅丽：《泰国学习者汉语普通话塞擦音知觉的实验研究》，第九届中国语音学学术会议，天津，2010。

梅丽：《汉语辅音范畴的第二语言习得研究》，广州，暨南大学出版社，2013。

覃夕航：《母语经验对汉语普通话声调范畴化感知的影响——基于北京话母语者和粤方言母语者的研究》，硕士学位论文，北京大学，2012。

瞿霭堂：《藏语的声调及其发展》，《语言研究》第 00 期，第 177—194 页，1981。

荣蓉：《汉语普通话声调的听感格局》，博士学位论文，南开大学，2013。

荣蓉、石锋：《音高和时长对普通话阴平和上声的听感影响》，《语言科学》第 12 期，第 17—26 页，2013。

上官雪娜：《日本学习者对汉语送气特征的感知与产生》，硕士学位论文，北京语言文化大学，2003。

谭克让、孔江平：《藏语拉萨话元音，韵母的长短及其与声调的关系》，《民族语文》第 2 期，第 12—21 页，1991。

王辅世：《贵州威宁苗语的声调》，《中国民族语言论文集》，成都，四川民族出版社，第 91—134 页，1986。

王璐、孔江平：《德宏傣语长短元音声学及感知研究》，《中国语音学报》第 1 期，第 42—48 页，2019。

王璐、孔江平：《德宏傣语单元音和复元音感知范畴研究》，《民族语文》第 1 期，第 90—98 页，2021。

王红洁：《甘肃红古话声调感知研究》，硕士学位论文，西北民族大学，2019。

王茂林、陈容如：《汉语"元 - 辅 - 元"组合辅音感知研究》，《中国语文》第 5 期，第 622—637 页，2021。

王维阳：《苗汉词典（滇东北次方言）》，昆明，云南民族出版社，2013。

王韫佳、李美京：《调型和调阶对阳平和上声知觉的作用》，《心理学报》第 9 期，第 899—908 页，2010。

王韫佳、李美京：《韩语母语者对普通话阳平和上声的知觉》，《语言教学与研究》第 1 期，第 17—25 页，2011。

王韫佳、覃夕航：《再论普通话阳平和上声的感知》，第十届中国语音学学术会议，上海，2012。

王韫佳、覃夕航：《普通话单字调阳平和上声的辨认及区分——兼论实验设计对声调范畴知结果的影响》，《语言科学》第 14 期，第 337—352 页，2015。

王韫佳、吴倩、刘思维：《母语和非母语者对北京话相似和相异调拱声调的范畴感知——基于 MMN 的研究》，《当代语言学》第 3 期，第 413—432 页，2021。

王士元、彭刚：《语言、语音与技术》，上海，上海教育出版社，2006。

吴宗济、林茂灿：《实验语音学概要》，北京，高等教育出版社，1989。

徐悉艰、徐桂珍：《景颇族语言简志（载瓦语）》，北京，民族出版社，1984。

杨洁、孔江平:《基于语调的普通话语音情感感知范畴研究》,《语言文字应用》第4期,第72—81页,2023。

杨洁、李永宏、胡阿旭、孔江平:《藏语拉萨话声调与喉塞韵尾感知研究》,《民族语文》第4期,第101—110页,2023。

杨若晓:《德宏(芒市话)傣语声调的声学研究》,第38届国际汉藏语会议,厦门,2005。

杨若晓:《基于发声的汉语普通话四声的范畴知觉研究》,硕士学位论文,北京大学,2009。

杨玉芳:《元音和声调知觉》,《心理学报》第1期,第31—36页,1989。

姚尧、陈晓湘:《音乐训练对4～5岁幼儿普通话声调范畴感知能力的影响》,《心理学报》第4期,第456—468页,2020。

喻翠容、罗美珍:《傣语简志》,北京,民族出版社,1979。

于谦:《方言背景与普通话声调范畴感知研究》,博士学位论文,北京大学,2017。

于谦、黄乙玲:《普通话母语者对粤语声调的感知研究》,《语言学论丛》第54辑,第213—230页,2016。

张丽娟:《英德母语者对普通话声调的感知和发音》,硕士学位论文,北京大学,2012。

张林军:《母语经验对留学生汉语声调范畴化知觉的影响》,《华文教学与研究》第2期,第15—20页,2010a。

张林军:《日本留学生汉语声调的范畴化知觉》,《语言教学与研究》第3期,第9—15页,2010b。

张锐锋、孔江平:《河南禹州方言声调的声学及感知研究》,《方言》第3期,第206—214页,2014。

周耀文、方峰和:《汉族怎样学习德宏傣语》,昆明,云南民族出版社,1983。

郑秋晨:《汉语元音对声调感知边界的影响》,《心理学报》第46卷第9期,第1223—1231页,2014。

朱雯静、魏岩军、吴柳、王建勤:《调域时长对二语学习者汉语声调感知的影响》,《汉语学习》第2期,第83—92页,2016。

中国少数民族语言简志丛书续订本编委会编:《少数民族语言志丛书(修订本)》,北京,民族出版社,2009。

中国社会科学院语言学研究所、中国社会科学院民族学与人类学研究所、香港城市大学语言资讯科学研究中心编:《中国语言地图集(第二版)》(少数民族语言卷),北京,商务印书馆,2012。

附　录　实验刺激基频值

T1-T2 声调连续统刺激连续统基频（赫兹）

S1	S2	S3	S4	S5	S6	S7	S8	S9	S10	S11
294.91	282.69	270.47	258.25	246.03	233.82	221.60	209.38	197.16	184.94	172.72
284.28	273.05	261.82	250.59	239.36	228.13	216.90	205.67	194.44	183.21	171.98
286.45	274.46	262.46	250.47	238.47	226.48	214.49	202.49	190.50	178.50	166.51
288.60	276.99	265.38	253.76	242.15	230.54	218.93	207.32	195.70	184.09	172.48
284.27	274.08	263.89	253.69	243.50	233.31	223.12	212.93	202.73	192.54	182.35
282.12	273.07	264.02	254.97	245.92	236.87	227.82	218.77	209.72	200.67	191.62
281.21	273.73	266.24	258.76	251.28	243.80	236.31	228.83	221.35	213.86	206.38
276.70	272.28	267.87	263.45	259.04	254.62	250.20	245.79	241.37	236.96	232.54
277.09	275.56	274.03	272.49	270.96	269.43	267.90	266.37	264.83	263.30	261.77
281.24	281.07	280.89	280.72	280.54	280.37	280.20	280.02	279.85	279.67	279.50
288.13	289.08	290.02	290.97	291.91	292.86	293.80	294.75	295.69	296.64	297.58

T1-T3 声调连续统刺激连续统基频（赫兹）

S1	S2	S3	S4	S5	S6	S7	S8	S9	S10	S11
294.91	284.08	273.25	262.42	251.59	240.77	229.94	219.11	208.28	197.45	186.62
284.28	272.24	260.20	248.16	236.12	224.09	212.05	200.01	187.97	175.93	163.89
286.45	273.13	259.81	246.50	233.18	219.86	206.54	193.22	179.91	166.59	153.27
288.60	273.56	258.52	243.48	228.44	213.40	198.35	183.31	168.27	153.23	138.19
284.27	268.51	252.75	236.98	221.22	205.46	189.70	173.94	158.17	142.41	126.65
282.12	266.96	251.79	236.63	221.46	206.30	191.14	175.97	160.81	145.64	130.48
281.21	267.64	254.08	240.51	226.94	213.38	199.81	186.24	172.67	159.11	145.54
276.70	264.96	253.22	241.48	229.74	218.00	206.25	194.51	182.77	171.03	159.29
277.09	266.72	256.34	245.97	235.59	225.22	214.85	204.47	194.10	183.72	173.35
281.24	272.41	263.59	254.76	245.93	237.11	228.28	219.45	210.62	201.80	192.97
288.13	280.49	272.84	265.20	257.55	249.91	242.27	234.62	226.98	219.33	211.69

T1-T4 声调连续统刺激连续统基频（赫兹）

S1	S2	S3	S4	S5	S6	S7	S8	S9	S10	S11
294.91	297.11	299.31	301.51	303.71	305.92	308.12	310.32	312.52	314.72	316.92
284.28	286.55	288.82	291.09	293.36	295.64	297.91	300.18	302.45	304.72	306.99
286.45	287.57	288.69	289.81	290.93	292.05	293.16	294.28	295.40	296.52	297.64
288.60	287.88	287.16	286.43	285.71	284.99	284.27	283.55	282.82	282.10	281.38
284.27	281.26	278.24	275.23	272.22	269.21	266.19	263.18	260.17	257.15	254.14
282.12	277.29	272.46	267.62	262.79	257.96	253.13	248.30	243.46	238.63	233.80
281.21	274.14	267.07	259.99	252.92	245.85	238.78	231.71	224.63	217.56	210.49
276.70	267.98	259.26	250.54	241.82	233.10	224.37	215.65	206.93	198.21	189.49
277.09	266.40	255.70	245.01	234.31	223.62	212.92	202.23	191.53	180.84	170.14
281.24	266.87	252.49	238.12	223.74	209.37	195.00	180.62	166.25	151.87	137.50
288.13	269.58	251.02	232.47	213.91	195.36	176.80	158.25	139.69	121.14	102.58

T2-T3 声调连续统刺激连续统基频（赫兹）

S1	S2	S3	S4	S5	S6	S7	S8	S9	S10	S11
172.72	174.11	175.50	176.89	178.28	179.67	181.06	182.45	183.84	185.23	186.62
171.98	171.17	170.36	169.55	168.74	167.94	167.13	166.32	165.51	164.70	163.89
166.51	165.19	163.86	162.54	161.21	159.89	158.57	157.24	155.92	154.59	153.27
172.48	169.05	165.62	162.19	158.76	155.34	151.91	148.48	145.05	141.62	138.19
182.35	176.78	171.21	165.64	160.07	154.50	148.93	143.36	137.79	132.22	126.65
191.62	185.51	179.39	173.28	167.16	161.05	154.94	148.82	142.71	136.59	130.48
206.38	200.30	194.21	188.13	182.04	175.96	169.88	163.79	157.71	151.62	145.54
232.54	225.22	217.89	210.57	203.24	195.92	188.59	181.27	173.94	166.62	159.29
261.77	252.93	244.09	235.24	226.40	217.56	208.72	199.88	191.03	182.19	173.35
279.50	270.85	262.19	253.54	244.89	236.24	227.58	218.93	210.28	201.62	192.97
297.58	288.99	280.40	271.81	263.22	254.64	246.05	237.46	228.87	220.28	211.69

T2-T4 声调连续统刺激连续统基频（赫兹）

S1	S2	S3	S4	S5	S6	S7	S8	S9	S10	S11
172.72	187.14	201.56	215.98	230.40	244.82	259.24	273.66	288.08	302.50	316.92
171.98	185.48	198.98	212.48	225.98	239.49	252.99	266.49	279.99	293.49	306.99
166.51	179.62	192.74	205.85	218.96	232.08	245.19	258.30	271.41	284.53	297.64
172.48	183.37	194.26	205.15	216.04	226.93	237.82	248.71	259.60	270.49	281.38
182.35	189.53	196.71	203.89	211.07	218.25	225.42	232.60	239.78	246.96	254.14
191.62	195.84	200.06	204.27	208.49	212.71	216.93	221.15	225.36	229.58	233.80
206.38	206.79	207.20	207.61	208.02	208.44	208.85	209.26	209.67	210.08	210.49

（续表）

S1	S2	S3	S4	S5	S6	S7	S8	S9	S10	S11
232.54	228.24	223.93	219.63	215.32	211.02	206.71	202.41	198.10	193.80	189.49
261.77	252.61	243.44	234.28	225.12	215.96	206.79	197.63	188.47	179.30	170.14
279.50	265.30	251.10	236.90	222.70	208.50	194.30	180.10	165.90	151.70	137.50
297.58	278.08	258.58	239.08	219.58	200.08	180.58	161.08	141.58	122.08	102.58

T3-T4 声调连续统刺激连续统基频（赫兹）

S11	S2	S3	S4	S5	S6	S7	S8	S9	S10	S11
186.62	199.65	212.68	225.71	238.74	251.77	264.80	277.83	290.86	303.89	316.92
163.89	178.20	192.51	206.82	221.13	235.44	249.75	264.06	278.37	292.68	306.99
153.27	167.71	182.14	196.58	211.02	225.46	239.89	254.33	268.77	283.20	297.64
138.19	152.51	166.83	181.15	195.47	209.79	224.10	238.42	252.74	267.06	281.38
126.65	139.40	152.15	164.90	177.65	190.40	203.14	215.89	228.64	241.39	254.14
130.48	140.81	151.14	161.48	171.81	182.14	192.47	202.80	213.14	223.47	233.80
145.54	152.04	158.53	165.03	171.52	178.02	184.51	191.01	197.50	204.00	210.49
159.29	162.31	165.33	168.35	171.37	174.39	177.41	180.43	183.45	186.47	189.49
173.35	173.03	172.71	172.39	172.07	171.75	171.42	171.10	170.78	170.46	170.14
192.97	187.42	181.88	176.33	170.78	165.24	159.69	154.14	148.59	143.05	137.50
211.69	200.78	189.87	178.96	168.05	157.14	146.22	135.31	124.40	113.49	102.58

后　记

　　这本小书是在我的博士论文基础上修订完成的。未曾料想，历经疫情大考与工作更迭，六年前那份稍显粗糙的初稿，在辗转重返母校任教后，才得以抽出时间潜心完善，终得付梓。

　　对语音学产生兴趣，对语音的感知与习得产生兴趣，与我而言，似乎是再自然不过的一件事情。少时对主持和朗诵的热爱自大学时代始得到展示的舞台，在华师广播台和北大电视台的两段"播音员"经历，悄然引我走向了那门探究"如何发声、如何臻于至善"的"实验语音学"。而后，在哈佛大学北京书院与莱顿大学的两段对外汉语执教岁月，进一步激发了我对二语语音习得与感知的极大热情与研究动力。因而，及至博士阶段，选择实验语音学为志业深耕不辍，我想，这确是兴趣与热爱的指引。人生一世，能择所爱而读、而研，更能以此为业，何其奢侈，又何其有幸！

　　感谢我的导师孔江平教授，从实验语音学入门、本研究的选题、实验操作到本书撰写的过程中对我孜孜不倦的教导，在遇到坎坷时永远支持我、鼓励我，带领我一步步成长。感恩我的师母陈华老师，是您在最初帮我树立了走上学术之路的勇气和决心，更在生活上给予我无微不至的关心。感谢实验室的吴西愉老师、林幼菁老师亦师亦友的指导，感谢昌维每每在我的实验程序出现bug时的及时援助。感谢鲍怀翘老师、王洪君老师、李爱军老师、陈保亚老师、汪锋老师、彭刚老师、葛鉴桥老师和陈傲姐在本书撰写的各个阶段给我提出的宝贵建议。

　　感谢于谦师兄带我做感知实验入门。感谢小阮和小江在后期数据统计分析中协助我完成相关工作。铭记陪我共赴云贵边陲、勇闯帕米尔高原、穿行瓦罕走廊的老王、璐璐、茂茂等师弟师妹，以及实验室全体同门倾情相助的点点滴滴。亦感念人大诸位前同事在我攻读博士学位及修订书稿期间的默默支持。

　　在远赴祖国大江南北寻访发音人与被试的历程中，深蒙英浩师兄、永宏师兄不遗余力的相助，更在多次深入交流中为我的研究内容惠赐宝贵建议。感谢佳姐、春梅、小邓警官在石门坎地区开展实验时的全程协助。

感谢晓华、王珏委员、腊端村主任、李木迪老师、杨相洼老师、莫俊文老师、岩晚老师、唐相亚老师、唐永旭老师、张爱华老师、沙沙、关立、木鲁还有所有在德宏热情参与实验的村民们。本以为"一次"实验的缘分牵绊至今，你们也让德宏成为了我眷恋的第二故乡。

  在这本小书从"论文"到"书"的过程中，我还有幸获得了2020年度北京大学—香港理工大学"语言学前沿丛书"最佳博士论文奖的资助，以及2023年度国家社科基金后期资助项目的支持。在此，我要感谢各位匿名评审专家对书稿的认可，和他们在评审过程中提出的宝贵意见。本书部分章节曾于《语言文字应用》《民族语文》《语言学论丛》《中国语音学报》等期刊发表，感谢期刊匿名审稿人和编辑对这些章节的把关，在本书修订过程中，我也对之前发表中存在的疏漏之处进行了更正。此外，我更要感谢本书的责任编辑宋思佳老师，他在接手书稿的编辑工作后，不厌其烦地协助我一遍遍梳理书稿的不足之处，一处处校对书稿中的疏漏，没有宋老师的帮助，这本书不可能出版得如此顺利。

  最应感谢的，是我的家人。从博士毕业到本书付梓的六年里，我的女儿小树苗逐渐成长为我的学术征途中的得力"小助手"，不仅自己积极担任我的各类实验"发音人"和"被试"，还常常协助我说服她的小伙伴们一同参与进来。小儿麒麒的降生，不仅为全家带来欢笑，更馈赠我诸多珍贵的语音习得研究素材。而父母与先生对家庭的默默奉献与无言守护，始终是我安心科研路上最坚实的倚靠。

  最后，我深知本书还有很多不足。比如，虽然我已经选择了汉藏语系中较有代表性的几种声调语言母语者作为被试，但由于时间和条件限制，实验被试人数仍然有限，被试的年龄、受教育水平、普通话水平未能保持完全一致，可能会对实验结果有一定影响。此外，随着新技术的发展和大语言模型的涌现，近年来学界对语音感知的相关问题也涌现出诸多有争议性的意见。比如，以往学界所认为的"范畴感知"是"神话"还是真实存在的？语音在大脑中究竟是如何产生、编码和被感知的？母语者和二语者感知语音的机制在大脑皮层中的不同之处在哪里？已有国内外学者开始采用无创的脑电技术（EEG）甚至有创的高密度皮层脑电技术（ECoG）来尝试对这些问题进行探索。但同样限于时间和实验条件，本书仅采用了传统行为学实验的方法，未曾涉及这些更新的实验范式。

  无论从解决语言学理论问题的角度，还是从探索人类语言习得与认知的角度，甚至包括未来脑机接口的实现，都离不开对语言活动认知和神经机制的研究。人工智能时代的来临和各种新技术的出现，可以让人文学者也尽可能地大胆思考，迎接最大、最艰难的挑战。所以，在未来的研究中，我希望可以沿着热爱的方向，采用脑电、脑磁、核磁共振甚至是 ECoG 等更多新技术手段，和更为严格的控制实验条件，来对声调感知乃至语音感知与习得的问题进行更大规模的实验研究，努力对其背后的认知机制作出更为合理的解释，为语言感知理论和语言演化问题提供更多证据。

文中错误和疏漏之处，恳请各位读者斧正。

2025 年 1 月 27 日
于北京大学 22 楼 309 办公室